Gabriel ALEXANDER

SECONDE CHANCE

W0400904

« On a deux vies, et la deuxième commence quand on se rend compte qu'on n'en a qu'une. »

Confucius, 530 av. J.-C.

Tous droits réservés. Toute reproduction, même partielle, de cet ouvrage est interdite. Une copie ou toute reproduction par quelque moyen que ce soit constitue une contrefaçon passible des peines prévues par la loi du 11 mars 1957 et la loi du 3 juillet 1985 sur la protection des droits d'auteur.

© 2015
gabriel.alexander.books@gmail.com
ISBN : 978-2-7466-8804-9

Merci à mon papa !…

Merci tant à mes amis qu'à mes ennemis, qui tous m'ont enseigné
à forger mon être intérieur !

Remerciements à Angelica Russoniello, Nathalie De Wulf
et Odile D.

« Tout ce qui ne me tue pas me rend plus fort ! »
Friedrich Nietzsche

SOMMAIRE

AVANT-PROPOS

Il est très difficile de se lancer dans un récit autobiographique. On pense tous avoir eu une existence tellement originale qu'elle mériterait d'être racontée avec panache. D'autant que chaque destinée l'est sûrement à sa façon. Alors, pourquoi moi ? Je me suis souvent posé la question : ma vie a-t-elle été suffisamment captivante pour en faire un livre, sans ennuyer les malheureux lecteurs qui se seraient fait piéger par un achat impulsif ? Maintenant que vous avez ce livre entre les mains, ce sera à vous d'en juger.

Je me suis demandé si je devais tout dire, et surtout, comment relater certains épisodes peu glorieux tout en restant élégant. Malgré ma vigilance, il n'est pas exclu que, dominé par mon ego, j'aie été tenté d'être original ou charmeur au point d'en travestir la réalité.

J'ai donc essayé de retracer mon histoire le plus fidèlement possible, quand bien même certaines situations n'auraient pas été très flatteuses. Je dois bien avouer qu'il m'a été parfois fort difficile de résister à l'envie d'enjoliver certains épisodes scabreux de mon existence, dans le but de séduire les (éventuels) lecteurs.

Finalement, poussé par mon entourage et surtout par mon ego (ah ! celui-là, si je l'attrape…), j'ai décidé de coucher sur le papier les événements particuliers qui ont imprégné mon existence de manière indélébile.

Une vie faite de hauts et de bas… souvent de très bas. J'épinglerai aussi certains renversements de situation, les changements fondamentaux qui m'ont permis de voir la vie d'un point de vue totalement différent.

Ces bouleversements m'ont tout d'abord sauvé la vie, puis m'ont permis d'évoluer, tant au sens physique, psychologique et philosophique du terme. Cette métamorphose m'a propulsé dans la vie que je rêvais de vivre, « la vie rêvée des anges ». J'en suis venu à prendre conscience de ce formidable cadeau qu'est l'existence : une véritable aventure qui m'amènera à la découverte de notre univers, plutôt de cette magnifique planète qu'est la Terre, dont la magie s'exprime au travers de sa foisonnante et merveilleuse biodiversité.

Fin de ce préambule, je vous souhaite de trouver autant de plaisir à lire cet ouvrage que j'en ai pris à l'écrire.

Gabriel Alexander

P.-S. : J'avais d'abord pensé au texte ci-dessous pour conclure cet avant-propos, mais je l'ai supprimé par la suite, car je le trouvais un brin prétentieux. Après mûre réflexion, j'ai décidé, à la dernière minute, de le rétablir. Je pense, en effet, qu'il est parfaitement adapté au contenu et à l'esprit de mon récit. Vous me pardonnerez, je l'espère, le côté aguicheur, mais son style s'accorde au rythme du livre. Vous en jugerez maintenant par vous-mêmes. Je vous le livre tel quel :

Une chose est sûre, vous allez être secoués, bousculés, renversés, bringuebalés. Alors, enfoncez-vous bien dans votre fauteuil, attachez votre ceinture de sécurité, vérifiez bien votre position airbag… Accrochez-vous pour le départ, et roulez jeunesse. Maintenant, tournez la page et surtout ouvrez bien les yeux dans la descente. Voilà, c'est parti…

Chapitre premier

Tout ce qui ne me tue pas me rend plus fort

La sonnerie stridente du téléphone résonne dans ma tête, mais je ne parviens pas à m'arracher de mon sommeil profond et comateux. Il me semble presque impossible de me sortir de l'accablante torpeur qui me paralyse. J'ai le sentiment d'être continuellement happé, enlacé par les bras anesthésiants de Morphée. Mon instinct de survie émet d'importants signaux de détresse… Je suis prévenu par toutes les cellules de mon corps : il faut que je réagisse rapidement.

Je dois absolument répondre à cet appel ressenti d'abord par mes circuits cérébraux comme une grinçante agression. Après un effort intense et soutenu, je réussis enfin à tendre la main pour attraper ce maudit combiné et le porter lentement jusqu'à mon oreille.

Cela m'a demandé tant d'énergie que j'en suis totalement exténué. J'ai la sensation de peser quatre fois mon poids, d'être carrément encastré dans mon matelas. Mais qu'a-t-il bien pu se passer pour que je sois dans cet état ? J'ai l'impression d'être aux portes de l'enfer ! J'ai tellement mal à la tête que j'y sens battre mon cœur, comme si l'on me frappait le crâne à coups de massue !

Je reconnais soudain la voix de mon beau-frère qui ne cesse de me répéter : « Allô, Gabriel ? » J'essaie de lui répondre, mais je n'ai plus de voix. Aucun son ne sort de ma bouche, à peine un léger souffle, comme si j'étais soudain devenu complètement muet.

Je panique, raccroche lourdement le combiné. Il faut que je sorte de ce lit, sinon, c'est sûr, je vais crever là, comme un chien, englouti dans un sommeil de marbre ! Je ne sais pas combien de cachets et de verres d'alcool j'ai pu avaler la nuit précédente pour être dans cet état lamentable. De toute façon, je m'en fous... Il y a bien longtemps que je ne compte, ni ne contrôle plus ma consommation d'alcool et de barbituriques. J'en ai trop besoin pour survivre, pour supporter chaque instant de mon existence. Mon existence... plutôt ce cauchemar qu'est devenue ma vie.

Je transpire, sue à grosses gouttes... je suis maintenant en nage. Si je ne tente pas de me lever, je risque fort de ne plus jamais me réveiller. Impossible de remuer un seul de mes doigts, tous mes membres semblent ankylosés. J'essaie donc de rouler sur moi-même, pour tomber du lit, dans un seul et unique but... ne pas me rendormir.

La meilleure stratégie serait de me diriger vers la salle de bains. Je suis persuadé que c'est mon ultime planche de salut !

Je réussis enfin à tomber du lit pour m'effondrer sur le sol dans un bruit sourd de sac à patates balancé sur une épaisse moquette. Je tente désespérément de rejoindre cette maudite salle de bains qui me semble si lointaine et peu encline à collaborer à ma survie !

J'avance… ou plutôt je rampe, à la manière d'un soldat passant sous des barbelés pour échapper à l'ennemi. Seulement là, l'ennemi, c'est moi ; l'ennemi, c'est mon ivresse et mon désespoir. C'est horrible, mais c'est vrai… je suis devenu mon propre ennemi ! Comment se protéger de soi-même, et est-ce vraiment possible ?

Pourquoi tout semble toujours être contre moi, comme si j'étais maudit, pourquoi les autres ne font pas plus attention à mes envies et à mes besoins ? Après tout, ils devraient tous savoir qui je suis ? MOI, le suprême MOI ! L'éternel égoïste et immature adolescent qui a un besoin incessant de l'attention de tous les autres, de tout le monde autour de lui. Les désirs, besoins et envies des autres sont bien sûr moins importants… non ? (Enfin, du moins, de mon égocentrique point de vue.)

Mon propre cerveau, mes pensées les plus intimes semblent vouloir me tirer, m'entraîner dans le plus profond des gouffres, là-bas, dans les abysses où vivent les désespérés et les rejetés de la société, tous ceux qui n'ont pas su s'intégrer, qui n'ont pas réussi à se couler dans le moule que la société impose. Un moule trop précis, trop exigu pour certains ; pour moi en tout cas, et aussi pour tous ceux qui, comme moi, ne savent pas comment s'exprimer, comment rire, comment dormir, comment vivre tout simplement… sans un petit cachet ou un petit verre d'alcool. « Qu'importe le flacon pourvu qu'on ait l'ivresse ! » Cette citation du poète et écrivain, Alfred de Musset, cette phrase banale et stéréotypée prend tout son sens quand on a le malheur d'être un malade alcoolique, un handicapé de l'âme, un frustré de l'émotionnel.

Quelle tristesse, quelle misère que d'être perpétuellement dans cet état ! Il me semble alors que rien ni personne ne pourra m'en libérer. Condamné à mort… ou condamné à vivre ainsi jusqu'à la dernière heure, ce qui est bien plus terrifiant

Après cinq minutes qui m'ont semblé interminables, j'arrive enfin, en m'appuyant sur le bidet, à me hisser au-dessus du lavabo. J'ouvre le robinet, l'eau coule sur ma main, mais je n'éprouve rien, aucune sensation, ou si peu. Mon corps est tellement engourdi que j'ai du mal à réellement ressentir la différence entre le chaud et le froid.

Je décide de mettre ma tête sous l'eau. Pour y parvenir, je dois faire un ultime et suprême effort afin de soulever ce corps engourdi et ankylosé. Je puise mes dernières ressources dans l'énergie du désespoir… et l'eau finit par dégouliner sur mon front, pour enfin ruisseler le long de mon visage.

J'ai la désagréable impression que mon visage n'est plus le même, qu'il n'est plus fait de la même matière, qu'il est devenu dur, insensible, comme si on l'avait recouvert d'une couche de résine, comme un masque étrange plaqué contre ma peau.

Je n'éprouve plus aucune sensation ; c'est à peine si je perçois la différence entre le chaud et le froid. Je vais peut-être mourir… là, bêtement, dans ma salle de bains… Moi qui avais toujours rêvé d'un destin fabuleux !

Je ne sais plus très bien pourquoi je me suis battu avec autant d'énergie pour ma survie. Cela faisait pourtant des années que je voulais me suicider, j'aurais plutôt dû être content de la tournure que prenaient les événements.

Mais ce jour-là, non ! Je n'avais plus envie de mourir, du moins pas à cet instant précis, pas à cet endroit, pas comme ça. Un suicidaire n'accepte de mourir que lorsqu'il a choisi le moment et l'heure, sinon l'instinct de survie reprend le dessus.

Heureusement (ou malheureusement, c'est au choix), je sens peu à peu la fraîcheur de l'eau caresser ma peau, mes paupières et mes lèvres. J'ouvre la bouche pour y laisser pénétrer un peu de cette eau bénite qui ruisselle maintenant de tous côtés. Je reviens tout doucement à la vie (Alléluia).

Je sais, ou plutôt je sens maintenant que je vais m'en sortir. La Vie, les dieux, l'Univers, me donnent encore une nouvelle chance.

Pourquoi ? Pas encore prêt à leur goût, peut-être ? Pas tout à fait mûr pour le baiser de la mort, pour le grand saut de l'ange ?

C'est du moins ce que semble vouloir me faire comprendre le vieux monsieur avec sa longue barbe blanche, assis là-haut sur son moelleux nuage blanc, et dont l'humour paraît souvent si particulier, voire parfois, à travers les âges, plutôt guerrier et sanguinaire.

Quelques minutes après ce bain d'eau fraîche, je commence à sortir peu à peu de ma lourde torpeur. Je décide d'aller m'asseoir dans le fauteuil du salon, face à la grande télévision familiale, l'écran d'animateur de soirées morbides, celui qui nous conditionne inlassablement dans nos moindres faux désirs formatés à volonté. Je rejoins donc péniblement mon trône de dérision, la place royale, celle du bon à rien, du chômeur, de l'insignifiant noctambule.

Je me traîne tant bien que mal et réussis enfin à me vautrer dans ce fauteuil bon marché en cuir marron, à l'admirable « faux style anglais ». Dans cet appartement, tout est de mauvais goût : des couleurs excentriques et criardes, une gondole verte et bleue d'un parfait kitsch désargenté, une poupée rose achetée sur les marchés en Italie, des bougeoirs dorés, un lustre baroque en cristal de pacotille, un faux salon Louis XVI et un meuble TV ultradesign. Rien n'est en harmonie avec rien ! C'est un appartement dans le plus pur « style populaire » au sens le plus péjoratif du terme. Les murs sont aussi épais que du papier à rouler des joints, ce qui vous permet (avantage très relatif) d'entendre les voisins tirer la chasse d'eau, faire l'amour, et même – comble de l'ironie – se chuchoter leurs petits secrets à l'oreille ! Ce décor de carton-pâte, c'est l'appartement de mes parents, celui où j'ai passé mon enfance et ma très douloureuse adolescence ; c'est là que j'ai connu mes plus violentes angoisses existentielles.

Cinq sœurs, trois frères et mes parents : plus de dix personnes essayant de vivre tant bien que mal sous le même toit.

Moi qui avais toujours souhaité être fils unique pour qu'on ne s'occupe que de moi et qu'on ne s'intéresse qu'à mon sort, je ne pouvais pas rêver mieux ! Ça oui, j'étais servi : « Dans la famille Pauvre-de-Moi, je demande le fils ! » Comme tous les êtres complexés et mal dans leur peau, j'étais évidemment égoïste et égocentrique.

Assis dans le fauteuil, je commence petit à petit à reprendre mes esprits, ce qui ne présage rien de bon : un alcoolique est en très mauvaise compagnie avec lui-même, particulièrement quand il recouvre ses esprits.

En fait, le problème est qu'un alcoolique n'est vraiment bien que lorsqu'il est assez saoul pour ne pas voir la réalité, pour ne pas être écrasé par le poids imaginaire de son quotidien. Alors, s'il y a une chose qu'il ne veut surtout pas reprendre, c'est bien ses propres malheureux esprits !

En l'occurrence, je dois reconnaître que je n'étais pas mécontent de revenir à la réalité, pour une fois. Cela signifiait que je n'allais pas mourir, pas maintenant du moins.

Mais, qu'avait-il bien pu se passer hier, ou plutôt… avant-hier, pour que je sois dans cet état-là ?

J'avais dormi presque quarante-huit heures d'affilée… Oui voilà, ça y est ! Je me souviens peu à peu de ce qui s'est passé. Bien sûr… J'avais décidé de me suicider ! Eh oui, encore une fois ! J'en avais marre de faire semblant d'être heureux, semblant d'être normal. Alors, après avoir supporté une nouvelle période difficile où je me sentais de moins en moins un être humain et de plus en plus un zombie, j'avais pris la décision de mettre fin à ma souffrance mentale. Pour atteindre rapidement et simplement cet objectif, une seule solution : mettre un terme au compte à rebours qui me séparait du moment fatal, du moment crucial, celui de l'extinction des feux, du repos final et éternel.

Quoi de plus logique, quand on vit dans l'illogisme, que de choisir une solution illogique à ses problèmes irrationnels ?

Durant cette mémorable nuit dont chaque seconde défilait dans ma tête, j'avais vainement cherché un peu partout dans la maison mes pilules de survie, les petites pilules blanches qui soudain me faisaient défaut.

Plus rien, zéro, ma boîte était lamentablement vide... Zéro, un chiffre qui saccage votre nuit en un rien de temps et qui la rend tout aussi blanche que ces foutues pilules ! Il faut dire qu'on était dimanche et que mon stock de Témesta, ma petite drogue légale (vendue par mes deux dealers préférés, mon médecin et mon pharmacien), était épuisé.

Ce soir-là, dans mon lit, j'étais en état de manque, et tout prenait des proportions démesurées. Pas moyen de dormir : angoissé, paniqué, je transpirais abondamment. Je me tournais et me retournais inlassablement dans mes draps chauds et mouillés de sueur. Je fixais désespérément le plafond pour tenter de calmer mes angoisses.

Après quelques heures de ce traitement tout juste bon à ruiner le moral du plus joyeux des gais lurons (ce que j'étais loin d'être), ne trouvant plus aucune issue à mon angoisse, incapable de m'extraire de l'immense dépression où je m'enlisais, j'échafaudais un plan pour éliminer radicalement ma cruelle maîtresse : ma souffrance. Oui, je devais me débarrasser une fois pour toutes de cette trop fidèle compagne, cette insoutenable souffrance quotidienne qui avait pris, cette nuit-là, de gigantesques proportions !

Or, le meilleur moyen, me semblait-il, d'éliminer un ennemi qui réside à l'intérieur de moi, c'était d'en détruire son habitation.

Le plan était simple et limpide : un beau suicide, avec une lettre d'adieu, touchante si possible, intelligente aussi, pour que l'on sache enfin quel être sensible et raffiné j'étais. (Je veux bien mourir, mais dans l'admiration générale, s'il vous plaît !)

Il ne me restait plus, dès lors, qu'à attendre le matin pour faire le tour des médecins du quartier et leur expliquer que, mon médecin de famille étant en vacances, que devant partir moi-même pour trois mois aux USA, il me fallait ma dose habituelle de tranquillisants, et que bla-bla-bla...

Tôt ce matin-là, je m'étais donc levé de ce lit-prison, que je vivais comme une véritable camisole de force, pourtant personne ne m'avait obligé à y passer la nuit... Mais je m'y étais senti happé, comme aimanté contre le matelas par une force sournoise et maléfique... C'était devenu, cette nuit-là, ma pauvre fatalité.

Je me souviens très bien avoir enfilé mon jeans sans faire de bruit pour ne pas réveiller mon jeune frère. Michel, un frère avec lequel je ne m'entendais pas et ne m'entends d'ailleurs toujours pas à ce jour, vingt ans après. Avec le temps, j'ai compris qu'il y a des gens qui ne sont pas forcément mauvais, qui peuvent même être plutôt sympathiques, mais avec qui on ne s'entendra jamais.

Une fois vêtu de mes vêtements de condamné à mort, je descends dans la rue, la gorge serrée. (J'avais quand même décidé de me suicider !)

Je ne cessais de me répéter tristement et avec un rien de nostalgie : tiens, c'est la dernière fois que je vois ce voisin, la dernière fois que je passe devant ce café, que je vois madame la concierge et tout ce folklorique voisinage qui avait peuplé mon enfance !

Moi, c'est certain, je n'allais pas leur manquer. Un désespéré, ça ne manque à personne, ça dérange même un petit peu. On ne sait pas comment se comporter en sa présence. Si l'on est trop heureux, on culpabilise de l'être devant lui ; si l'on n'a pas le moral, on n'ose pas le lui montrer de peur d'être indécent face à sa véritable détresse. C'est vrai quoi, c'est dérangeant un déprimé, surtout un déprimé chronique, un déprimé perpétuellement mal dans sa peau !

Voilà, c'était exactement cela : j'étais devenu dérangeant. Moi, moi qui avais tellement rêvé, tant espéré pour le petit Gabriel : « Quand je serai grand, je serai chanteur, je serai directeur, je serai capitaine, je serai, je serai… » Tous les mômes font ça, n'est-ce pas ? Mais là, c'en était fini de moi : plus de rêves, plus de projets, plus de grands voyages. C'était la fin de tout, je partais mettre un terme définitif à toute idée de futur !

J'ai passé une bonne partie de la nuit à imaginer mon enterrement. Je peux vous assurer que, dans cette mise en scène orchestrée par moi-même, tout le monde pleurait : mes parents, mes frères et sœurs, mes amis. Ils étaient tous profondément peinés de ne pas avoir compris plus tôt que j'avais besoin d'une main tendue, besoin d'une aide charitable, généreuse et compatissante.

Après avoir romancé et « scénarisé » à plusieurs reprises mes touchantes funérailles, j'étais fin prêt, ce matin-là, à accomplir l'acte qui allait sceller mon destin, l'unir à jamais à celui de tous les auteurs maudits, tous les incompris, les trop sensibles, trop clairvoyants, trop réalistes : Verlaine, Rimbaud, Proust… et moi ! « Mais moi, moi qui étais le plus fier, je me prenais encore pour MOI », comme le chantait mon parrain adoptif, le grand Jacques Brel (l'adoption ne s'était faite que dans un sens, car lui, malheureusement, n'avait pas eu vent de mon existence).

J'ai repéré les médecins des alentours. Aucun d'eux ne recevant avant 13 heures 30, je devais encore patienter un moment avant d'en finir avec ma piteuse existence.

La dernière heure, je l'ai passée dans un bar-tabac-brasserie très bruyant. Dans ce vain brouhaha, tous les prolos et les petits bureaucrates du quartier venaient avaler rapidement leur petit repas avec leur petite bière désaltérante – la justifiable : celle de midi !

L'ambiance rêvée pour mes dernières minutes sur terre, n'est-ce pas ? J'ai commandé un Coca, car l'alcool ne passait plus dans ma gorge sans ma prise quotidienne de pharmaco-drogue. En fait, sans vraiment m'en rendre compte, j'étais en manque, physiquement et mentalement. Il me fallait donc absolument mes anxiolytiques !

La bouche desséchée et la gorge serrée par mon angoisse omniprésente, assis à une petite table près de la fenêtre, j'ai porté le verre à ma bouche en me disant : « C'est mon dernier Coca… » Et là, comble du désespoir, ma bouche était tellement sèche que le liquide est resté bloqué. Je n'ai pas pu boire une seule goutte de ce merveilleux breuvage (aussi infect qu'étrangement addictif).

C'est idiot, mais, à ce moment-là, je me suis mis à pleurer. Mon corps souffrait tellement que je n'étais plus capable de le nourrir ni même d'avaler le moindre liquide.

J'étais vraiment triste, des larmes coulaient sur mes joues. Personne ne me regardait, personne ne me voyait. J'étais seul au milieu de la foule, de ce tumulte, de cette cacophonie où je n'avais rien à dire à personne et où personne n'avait rien à me dire !

C'est la pire des solitudes : être parmi la foule, parmi ses semblables, ses frères humains (paraît-il), et s'y sentir aussi solitaire qu'un naufragé perdu au milieu de l'océan.

Moi qui adorais les mélodrames, j'étais pleinement servi !

Je n'osais regarder personne dans les yeux. J'avais l'impression d'avoir un regard tellement triste, tellement effrayé et tourmenté... qu'il allait, à coup sûr, faire peur à tous ces braves gens ordinaires et stabilisés ! Je regardais fixement la table devant moi afin de ne pas les déranger, eux, les vrais êtres humains, ceux qui, nonobstant une vie morne et stupide, semblaient malgré tout heureux de vivre... « Bienheureux, les pauvres d'esprit... », pensais-je avec un rien de condescendance (et d'humilité inversée).

Moi, j'étais trop intelligent pour être heureux. Mon esprit avait déjà tout compris de l'existence. Je ne pouvais pas me satisfaire de ces petits plaisirs absurdes qui semblaient rendre heureux la plupart de ces gentils idiots-naïfs.

Quel orgueil, n'est-ce pas ? Oui, mais quand on est dans cet état-là, on ne se rend même pas compte que c'est cet orgueil qui est justement le responsable de notre isolement et souvent de la plupart de nos maux.

Et puis, lorsqu'on est vraiment malheureux, autant penser que c'est dû à un trop-plein d'intelligence plutôt que le contraire ! (Une bonne gifle en passant à tous les petits Verlaine et à tous les poètes maudits des temps modernes, moi y compris, qui se pensent trop intelligemment malheureux et douloureusement incompris.)

13 heures 25, je me lève et demande timidement à payer ma consommation. Dans ma paranoïa, j'ai l'impression que le barman me jette un regard noir et « culpabilisateur », et surtout que tout le monde m'en veut d'être mal dans ma peau. Comme si je montrais aux gens une face cachée d'eux-mêmes, une face dont ils ne veulent pas reconnaître l'existence. En la niant, on se dit peut-être qu'elle nous oubliera, que nous pourrons l'esquiver jusqu'à ce que la vieillesse et la mort nous offrent l'ultime échappatoire, nous, pauvres malheureux dissimulés, perdus, cachés dans une vie confuse de faux-fuyants et de camouflages dignes d'un caméléon.

Moi, je n'avais plus de protection, j'étais un écorché vif, j'avais petit à petit enlevé chaque couche de ma peau, de l'épiderme à la chair même, à coup de vodka, de pensées métaphysiques, de whisky, d'univers intersidéral, de barbituriques, de relativité générale et de drogues douces. (Ah ! la marijuana... Douce, mais tellement enveloppante qu'elle vous projette dans un monde où la paranoïa règne en maîtresse absolue.)

Je pensais que mon corps, mon âme, mes organes, mes cellules m'en voulaient atrocement de cet état pitoyable auquel je les avais réduits et où ils mijotaient à longueur de journée.

Ils avaient donc décidé de me le faire payer au prix le plus fort, c'est-à-dire par une lente agonie ! Objectif : autodestruction. Comme l'option *delete* sur un ordinateur : lorsqu'on clique sur le bouton, c'est fini, tout se détruit irrémédiablement... Il n'y avait plus, dans mon cas, de bouton STOP.

Quand je sors enfin de ce charmant café-tabac, j'ai très mal à la tête et surtout une impression de sourdine dans les oreilles qui m'empêche d'entendre correctement tous les bruits qui m'entourent, ceux des pas, ceux des voitures... Je perdais de plus en plus l'instinct animal, l'instinct d'autoprotection, cet indispensable instinct de survie !

Je me dirige vers l'entrée de l'immeuble du premier médecin. J'avance la tête basse pour ne pas croiser le regard des passants, afin de surtout ne pas les déranger avec mon mal de vivre. Je n'osais pas exister trop fort, j'étais d'une discrétion forcée par mon mal-être constant. Mais, comme tous les alcooliques, il me suffisait d'avoir ma dose pour devenir bruyant, lourd et tapageur.

J'entre dans le cabinet du docteur. C'était un petit être dodu, avec le visage bien rond, probablement originaire d'Afrique du Nord, il n'avait pas le type arabe, plutôt pied-noir, sûrement Juif, comme moi. Mais moi, aujourd'hui, je n'étais plus Juif, ni pied-noir, ni français, je n'appartenais plus à l'espèce humaine mais plutôt à celle des morts-vivants, ceux dont le cerveau s'était sûrement perdu dans le gouffre noir et sans fin du désespoir.

Quand on est un désespéré, on est hors religion, hors nationalité, hors vie, HORS SERVICE...

Je n'ose pas regarder le médecin dans les yeux. Je balbutie quelques mots, je bégaie, je transpire, je suis trop nerveux, je tente même un sourire complice tout en lui parlant, mais il n'a pas l'air de marcher dans mon baratin.

Il pose un regard inquiet sur ma personne et tout à coup me demande si je ne suis pas, par hasard, le frère d'une nommée Martine mariée à un certain Simon B. ?

Incroyable ! Moi qui voulais garder le plus strict anonymat (quand on se suicide, on souhaite un minimum d'intimité quand même), voilà que le premier docteur que je consulte pour préparer ma misérable mort est un grand ami de ma sœur et de mon beau-frère !

Pourquoi, dans les situations les plus dramatiques, y a-t-il toujours un détail ridicule qui vient briser la solennelle gravité de l'instant ? J'exige un minimum de mélodrame ! On n'est ni au cirque, ni dans un vaudeville : c'est ma vraie vie qui tourne et qui se joue ici, que diable !

Je dois avouer qu'à ce moment-là, je n'en riais pas vraiment. J'étais même plutôt mal à l'aise, très gêné d'avoir à confier mon désespoir à ce médecin passé en quelques secondes du statut du parfait inconnu à celui d'ami de la famille.

Merci, vous là-haut, quelle situation embarrassante, quelle dérision ! Si cela ne vous dérange pas trop de m'humilier un peu plus, allez-y, n'hésitez surtout pas, au point où j'en suis.

Même quand je veux me suicider, on ne me respecte pas, on ne me prend pas au sérieux. J'ai même l'impression qu'on essaie de me faire passer pour un des héros pathétiques qui caractérisent souvent les films de Woody Allen !

J'avais envie de crier à tous ces dieux, là-haut : « Y a des gens qui se suicident ici, un peu de respect, tout de même ! », à la manière des livreurs parisiens qui assènent la même formule aux automobilistes depuis des années : « Bougez de là, y a des gens qui travaillent ici, un peu de respect, merde ! » Enfin, j'arrive malgré tout à faire comprendre au médecin que j'ai absolument besoin de ces médicaments. Il m'en prescrit quelques boîtes, il n'était pas très convaincu, il aurait préféré que j'entame rapidement une psychothérapie. J'acquiesçais pour lui faire croire que j'étais d'accord avec lui et ainsi couper court à toute discussion. Comment lui dire que le seul but de ma visite était de récupérer le plus d'anxiolytiques possible afin de me suicider tranquillement en m'endormant tout doucement, sans faire trop de bruit et sans trop souffrir physiquement.

En fait, j'avais envie de lui crier : « C'est pas d'une psychothérapie dont j'ai besoin ! » Je veux qu'on me change le cerveau, qu'on me mette un cerveau tout neuf, un cerveau standard, un peu comme on échange le moteur d'une voiture ! Ensuite qu'on balance l'autre à la poubelle, il doit bien y avoir des poubelles pour les cerveaux qui ne fonctionnent pas bien, pour ceux qui ont un défaut de fabrication… Les plus grands constructeurs ont l'humilité de le reconnaître quand il y a des ratés. J'entends cela à la radio toutes les semaines : « Veuillez, s'il vous plaît, rapporter tous les véhicules de la marque… dont le numéro de série commence par… Ils vous seront échangés contre un nouveau véhicule. » Alors, pourquoi DIEU ne ferait-il pas de même ?

Moi, je voulais un nouveau cerveau, sans fantômes, sans angoisses, sans peurs, sans ces ennemies invisibles et diaboliques (mes pensées) qui y habitaient et dont le seul objectif était de me voir finir dans la chambre d'un hôpital psychiatrique, simplement vêtu d'une somptueuse camisole de force et entouré de murs aux renforts matelassés destinés à protéger de lui-même et de son propre cerveau malade le pauvre bougre que j'étais devenu !

Au bout du compte, le médecin m'avait également prescrit un petit flacon pour m'aider à dormir. Je devais en prendre seulement huit gouttes, pas plus (bien sûr !), avant de me coucher. Eh bien, ce n'est pas tombé dans l'oreille d'un muet ! Cette petite bouteille allait servir une grande et noble cause... celle de mon dernier voyage vers le baiser de la mort ! Merci petit docteur de quartier, vous rendez service à un grand homme (grand par sa souffrance et par son égoïsme). Mon cher ami, vous rendez service à la Nation tout entière, le général de Gaulle vous remercie et vous salue en mon nom !

Je repars de chez lui encore plus mal que j'y étais entré. Je passe à la pharmacie d'en face. La pharmacienne me regarde avec un mélange de tristesse et de dégoût. J'ai horreur de ce genre de fausse compassion, quand on vous regarde avec cette expression de répugnance qui veut dire : « Pauvre homme... Dieu merci, moi, je ne suis pas comme lui. » Allez tous vous faire foutre avec votre fausse pitié !

Je prends les médicaments prescrits et m'empresse de recommencer le même cinéma chez le généraliste suivant. Le matin même, j'avais sélectionné plusieurs toubibs afin d'atteindre le nombre de médicaments nécessaire au bon déroulement de mon suicide salvateur.

J'arrive dans le cabinet du second médecin de quartier, réputé pour ses consultations et ses arrêts de travail conciliants. On m'accueille dans la salle d'attente. Beaucoup de monde, avec quand même une majorité de Maghrébins. Sont-ils plus fragiles ou plus malades que les autres ? Ont-ils des amitiés particulières avec les médecins de quartier ?

(Moi qui suis d'origines juive et maghrébine, je devrais donc être affublé de tous les maux ? C'était pour ça que je me sentais plus malade que les autres, que je fréquentais tant les salles d'attente des médecins ? Tout s'expliquait enfin…)

C'est drôle, j'ai écrit « Maghrébins » ! On dirait un terme scientifique qui permet de parler des Arabes sans passer pour un raciste. Mais est-ce raciste de dire « Arabes » ?

C'est pareil pour le mot « Juif », il sonne comme une insulte, c'est pourquoi certains disent « israélite » ou « de religion juive ».

Pourtant, je ne suis pas raciste. Je le suis peut-être, mais, c'est plus contre les fascistes, les ignobles, les salauds, ceux qui veulent imposer leurs idées, leurs points de vue, ceux qui frappent et martyrisent les femmes, les enfants, les animaux pour se donner une contenance, pour avoir l'impression de dominer ou de se sentir plus forts que les autres. Oui, envers ceux-là, je suis raciste ! Les Arabes qui sont comme ça, je ne les aime pas, c'est vrai ; les Juifs, les Français et tous les autres qui le sont à leur manière, je ne les aime pas non plus !

Qui plus est, malgré mes origines, il y a des Arabes que j'aime beaucoup et des Juifs que je n'aime pas (et vice versa) ! La majorité d'entre eux, ceux que je connais en tout cas, sont sensibles, compatissants et humains. Un de mes amis les plus proches, un de ceux que je considère réellement comme un frère, s'appelle Samy El Ouardani. Il est Arabe tunisien et de religion Musulmane. C'est l'un des êtres les plus doux et les plus gentils que j'aie eu la chance de rencontrer dans mon existence.

Je n'ai pas l'impression, en ce qui me concerne, d'appartenir réellement à la communauté juive. Je me sens citoyen du monde, et même citoyen de l'univers ! Nous ne savons pas combien d'exoplanètes compte l'univers. Des milliards sûrement. Combien d'entre elles sont peut-être habitées par des êtres, comme nous, plus ou moins évolués ? Qu'importe d'ailleurs d'où viennent les êtres que nous rencontrons ou que nous rencontrerons. L'important est leur capacité de compréhension et d'amour envers les autres, qu'ils soient de race humaine, animale, ou autre ! La gentillesse et l'humour priment pour moi sur tout autre critère.

L'important est invisible à l'œil nu, l'important, c'est l'âme, c'est ce qui n'est pas palpable, c'est ce qui vous fait aimer quelqu'un ou le détester. Référence au merveilleux livre de Saint-Exupéry, *Le Petit Prince*.

J'aime les gens eu égard à leur sensibilité, à leur beauté intérieure, le reste ne m'intéresse pas vraiment, qu'ils soient Juifs, Arabes, Anglais, Américains, Martiens…

Je me réserve le droit de dire que je n'aime pas certains agissements typiquement arabes ou typiquement Juifs ou encore typiquement américains sans pour autant avoir peur de passer pour un raciste, un antisémite ou de faire de l'antiaméricanisme. De toute façon, j'ai un peu de ces trois cultures en moi.

Je n'aime pas les religieux. Je n'aime pas non plus les fanatiques. Mais s'il y a une catégorie qui m'exaspère au plus haut point, c'est bien celle des fanatiques religieux ! Ils profitent souvent d'une mauvaise interprétation (ou plutôt de leur propre interprétation des livres religieux) pour dominer et manipuler leurs femmes, leur famille et leur entourage.

Il a fallu tellement de courage et de ténacité pour que les femmes obtiennent leur indépendance et leur liberté que les voir d'elles-mêmes, aujourd'hui, exiger le droit de retourner en arrière en raison de pratiques religieuses, de contraintes familiales, ou du besoin de marquer leur différence, me chagrine profondément ! Des pratiques religieuses qui n'ont d'ailleurs de religieux que l'apparat ! La religion ne doit se vivre que de l'intérieur.

La différence se remarque de l'intérieur vers l'extérieur, pas l'inverse !

Les femmes qui me désolent le plus sont celles qui obéissent aveuglément à ces contraintes et qui se couvrent la tête de foulard, de perruque ou encore le corps entier, artifices symboliques de soumission (pratiques courantes chez les Juifs et les Musulmans orthodoxes). Cela me donne l'impression de voir entrer un crocodile dans un atelier de maroquinerie ou un magnifique cerf traverser volontairement une meute de chasseurs assoiffés de trophées ridicules représentés par la pauvre tête de l'animal tué pour la circonstance.

Il y a des choses qui m'échappent totalement dans ce monde, tous ces gens qui agissent à l'encontre de leurs propres intérêts, de leur propre sensibilité et de leur propre liberté intrinsèque !...

Ce sont plutôt ces gens-là que je sens être d'une autre race, d'une autre religion, pas ceux qui viennent de pays différents ou qui pratiquent des traditions différentes.

Fin de mon premier coup de gueule... ;-)

J'attendais donc avec impatience mon tour de consultation chez le deuxième médecin dans une ambiance qui n'était pas des plus agréables. Des chuchotements plus qu'audibles, des bruits, des déplacements et des odeurs (comme l'avait dit si élégamment Jacques Chirac) qui me faisaient penser davantage à un bureau de la Sécurité sociale qu'à la salle d'attente d'un médecin.

Je me sentais pour ma part de plus en plus mal, j'étais très nerveux, j'évitais de croiser le regard des gens autour de moi.

Cela faisait quand même quarante-huit heures que je n'avais pas pris un antidépresseur ou la moindre pilule de survie. J'étais donc dans une terrible phase de manque.

Soudain, une idée pratique me vient : en attendant d'avaler mes deux cents anxiolytiques en vue de la concrétisation d'une mort préméditée, je pouvais très bien aller dans les toilettes pour en avaler une petite dizaine bien méritée. Cela me permettrait de me sentir un peu moins angoissé et un peu moins stressé face à ce brave et conciliant médecin !

Le temps que mon tour de consultation arrive, les antidépresseurs avaient déjà commencé à faire leur effet à l'intérieur de mon corps et de mon cerveau. Je me suis senti tout à coup plus relax, plus détendu, j'avais envie de m'amuser, de rire, j'étais presque euphorique.

Le docteur me fait gentiment entrer dans son cabinet et me demande, avec un regard sérieux et grave, ce qui n'allait pas.

J'essaie de lui expliquer tant bien que mal mais… tout à coup, je suis pris d'un fou rire (l'effet des médicaments). Je bafouille alors quelques mots en essayant de garder mon sérieux, je suis rattrapé par ma crise de fou rire. Je m'excuse stupidement tout en m'esclaffant… J'en pleurais presque.

Le plus incroyable, le plus antinomique, c'est que j'essayais d'expliquer au médecin en face de moi que j'étais dans une période de forte déprime, que j'avais besoin d'antidépresseurs de toute urgence afin de ne pas tomber dans une profonde dépression… tout cela en riant aux éclats !

Il m'a regardé avec des yeux tout ronds et sans un sourire, sans même prêter attention à mon hilarité excessive, comme s'il n'avait rien remarqué. Il me prescrit complaisamment l'ordonnance nécessaire à mon cher suicide. Je m'empresse de sortir de son cabinet tout en essayant maladroitement de cacher ce satané fou rire. Je me demande encore aujourd'hui ce qu'a pensé de moi ce médecin en me voyant dans cet état. Un comportement qui était complètement contradictoire avec mon discours de patient en détresse, mais il en avait sûrement vu d'autres. « Au suivant… » (Jacques Brel)

Après un passage rapide dans une autre pharmacie pour les besoins de la cause, j'arrive enfin chez mes parents avec mon panier à provisions rempli de bons et nourrissants cachets bien frais. Heureusement, personne n'était là : ma famille était partie en vacances et mon frère Michel n'apparaissait que quelques heures tous les deux ou trois jours entre deux discothèques.

À moitié stone, je ne suis même plus déprimé, j'ai plutôt l'esprit enjoué, enivré par ma consommation récente et importante de pilules, surtout après un sevrage forcé de 48 heures.

Je savais très bien au fond de moi que cet état d'euphorie n'allait pas durer. Une fois l'effet des anxiolytiques dissipé, mes peurs et mes angoisses existentielles reprendraient de plus belle le contrôle de mon cerveau. Je le savais pour l'avoir expérimenté des centaines de fois auparavant. Pourquoi relâcheraient-elles une proie aussi facile ? Un peu comme le virus du sida : c'est pratiquement pour la vie… ou plutôt jusqu'à la mort !

J'ai vidé le contenu des boîtes de Témesta sur la table, j'ai fait un joli petit tas avec mes pilules, un tas de forme pyramidale, comme si l'esthétique avait de l'importance dans un moment pareil. J'ai pris une bouteille de vodka, je m'en suis servi un verre plein, j'ai mis une dizaine de pilules dans le creux de ma main et je les ai avalées avec une grande rasade. Je recommence deux autres fois la même opération, bien déterminé à en finir avec ma triste et malheureuse existence !

J'attaque ma quatrième poignée quand le téléphone se met à résonner : d'abord je laisse sonner, deux fois, trois fois. Finalement, je décide d'aller décrocher, moins dans le but de répondre à ce futile appel que pour arrêter le bruit de cette maudite sonnerie qui semblait s'être insinuée dans mon circuit cérébral. J'étais de plus en plus groggy à cause de toutes les saloperies que j'avais avalées durant cette rocambolesque fin de matinée.

Au bout du fil, j'entends soudain la voix de mon ami Édouard, qui semblait émerger d'une fréquence radio brouillée. Il me demande ce que j'ai prévu de faire ce soir-là. Que lui répondre ? « Rien de trop spécial, juste un petit suicide, et toi mon pote, tu vas faire quoi ? » Je préfère bien évidemment prétendre être occupé à différentes petites choses. Il s'étonne de ma voix somnolente (après un peu plus de cinquante Témesta avalés : notez bien qu'il est normal d'avoir ce genre de voix).

Il me propose alors de venir le rejoindre dans sa bijouterie. Il était, d'après ses propos, avec deux jolies filles dont l'une me connaissait de vue, apparemment. Elle semblait très intéressée de faire ma connaissance, mon physique l'avait sûrement marquée au fer rouge puisque nous ne nous étions, semble-t-il, jamais parlé.

J'ai répondu à Édouard : « Je ne peux pas, car je dois absolument finir ce que j'ai déjà commencé. »

Un temps de pause, puis il me suggère (très habilement d'ailleurs) de reporter au lendemain ce que j'étais en train d'accomplir. D'un coup, ça a fait tilt dans ma tête. Je me suis dit : « Oui, pourquoi pas, après tout, je peux très bien finir mon suicide demain ! Il n'y a pas le feu, personne ne m'attend là-haut. En tout cas, si quelqu'un m'attend, il ne semble pas y avoir d'urgence particulière ! Et puis, je serai toujours assez vivant demain (pas moins qu'aujourd'hui en tout cas) pour pouvoir me suicider comme promis et mettre fin à ma misérable vie ! Pourquoi ne pas profiter de cette belle soirée offerte par le hasard, avec une jolie blonde dans mes bras en plus ? Ce serait idiot de refuser. J'avais tellement souffert la nuit dernière que je méritais bien un peu de bon temps ! »

L'esprit complètement embué par ma consommation de drogues médicamenteuses, je prends ma belle voiture blanche décapotable et je traverse Paris à plus de 178 km/h. Le radar de la police et la contravention que j'ai reçue par la suite faisaient foi de ma folie – une folie tout aussi dangereuse pour moi que pour les malheureux passants que j'aurais pu violemment percuter sur ma route avec ce véhicule contrôlé par un incontrôlable.

Édouard et les deux filles m'attendaient sagement devant la bijouterie. Des présentations courtoises mais brèves s'imposent… Hélas, tellement drogué par mes cocktails d'alcool et de médicaments, je n'arrive pas vraiment à distinguer les traits du visage de cette jeune blonde, comme brouillés par un léger voile !

Nous sommes partis tous les quatre, les cheveux au vent (moi, c'était plutôt le cerveau au vent), dans ma belle voiture décapotable. « *La dolce vita* », pensais-je stupidement !

On décide de s'installer dans une pizzeria, à Saint-Germain-des-Prés, où je n'ai presque ingurgité que du vin et de l'alcool fort. J'ai à peine touché à la nourriture : manger était pour moi synonyme de dessaoulement, or je me sentais vraiment trop bien dans mon ivresse pour commettre ce genre de bêtise ! Vous vous rendez compte ? Plus aucun fantôme pour me tirer les pieds ni pour m'injecter dans les neurones des pensées négatives. Le bonheur absolu !

Ensuite, nous sommes allés dans une discothèque branchée pour finir la soirée. (Et quelle soirée !) J'y ai commandé une bonne bouteille de vodka « bien frappée, s'il vous plaît, et avec des glaçons ». Je voulais jouer au connaisseur, mais je n'étais plus vraiment en état de faire la différence entre de la vodka et tout autre liquide fortement alcoolisé.

J'ai pratiquement bu la bouteille entière à moi tout seul. Je faisais semblant de m'amuser, j'étais tellement saoul que je me suis allongé sur la banquette après avoir embrassé cette pauvre fille que mon état semblait ne pas déranger plus que cela.

Je ne sais toujours pas aujourd'hui comment j'ai pu traverser tout Paris en voiture dans cet état-là, déposer cette belle demoiselle à quatre heures du matin et rentrer ensuite jusque chez moi. Je me rappelle que mes yeux étaient juste entrouverts, je distinguais à peine les feux rouges des lumières des néons.

J'entre enfin dans ma cité HLM au 11, rue de l'Ourcq dans le dix-neuvième arrondissement – un endroit où ne vivaient que des gens de classe populaire : la mienne ! Le papa de mon voisin était éboueur, et le mien, que j'adorais, était pompiste.

Je m'arrête devant la porte de mon immeuble, j'ouvre la portière de ma voiture, je sors un pied et puis l'autre, mais… impossible de me soulever, de me tenir debout.

Je décide alors de me mettre à quatre pattes, mais même cela devenait difficile. J'ai donc commencé à ramper comme un serpent, ou plutôt comme un crocodile. Heureusement, j'habitais au premier étage. Bien sûr, comme tout bon alcoolique qui se respecte, j'ai mis une bonne vingtaine de minutes pour insérer la clef dans la serrure.

J'entre enfin chez moi, non… chez mes parents, dans ce « merveilleux décor cossu ». Avant de me mettre au lit, je me rappelle soudain ce que ce bon docteur de quartier m'avait dit : « Avant de dormir, cher ami malade, huit gouttes de ce flacon miracle. Huit gouttes, pas plus… » Ensuite, j'allais, paraît-il, dormir comme un petit ange !

J'attrape la potion magique, mais, trop fatigué et trop saoul pour compter les gouttes, je décide d'en prendre une bonne gorgée. Par maladresse, je finis presque toute la bouteille. Bon, ce n'est pas très grave, pensais-je, je dormirai d'autant mieux. En plus, j'avais quand même une nuit à rattraper ! (Ah folie… quand tu nous tiens !)

Voilà donc ce qui s'était réellement passé quarante-huit heures avant mon réveil comateux dans l'appartement de mes parents. Je comprends mieux la situation maintenant, c'était donc pour cela que j'avais dormi autant !

Et me voilà maintenant assis, enfoncé dans ce fauteuil, attendant que les effets des différentes drogues que j'avais consommées l'avant-veille se dissipent pour que je puisse enfin me lever.

J'ai parlé de cet épisode à un médecin plusieurs années après. Il m'a dit qu'avec tout ce que j'avais avalé, j'étais sûrement passé à côté de la mort et que j'avais donc de la chance d'être là aujourd'hui pour le raconter. Beaucoup d'autres personnes dans ce cas n'ont pas eu la même opportunité ! Le suicide, la première cause de mortalité chez les jeunes. À cette époque, j'avais d'ailleurs tout juste vingt ans !

Je reste là, vautré dans ce fauteuil comme un roi déchu. Je ne peux pas bouger, à peine respirer convenablement. Je laisse ma vie défiler devant moi et je pense à tout ce que j'y avais fait – ou peut-être pas fait d'ailleurs – et qui m'avait amené là, complètement perdu, face à une défaite totale de mon existence.

La question pour moi n'était pas pourquoi je buvais, mais comment je faisais pour ne pas boire constamment.

Pour pouvoir vivre avec ce cerveau malade, il me fallait absolument être imbibé d'alcool et de drogue du matin au soir ! Personne ne peut vivre avec autant de fantômes dans la tête sans avoir recours à des calmants ou à des « désinhibants » !

L'alcool n'était pas une souffrance. Pour moi, c'était plutôt les périodes sans alcool qui l'étaient. Sans cette drogue, je me sentais vide, stupide, inintéressant, sans personnalité, sans profondeur et sans âme ! L'alcool m'était un besoin vital, tout comme la sève l'est pour l'arbre, ou une perfusion de sang pour un malade. Il me redonnait vie en passant dans mon corps, dans mes veines, dans mon cerveau, dans mon âme, dans mon cœur...

Tous mes organes pouvaient ainsi revivre et bouger dans le rythme de la vie – comme un mécanisme bloqué, trop sec, auquel on ajoute un peu d'huile, et hop ! tous les pistons reprennent leur activité. Grâce à ce merveilleux liquide salvateur, mon corps pouvait reprendre vie, les articulations pouvaient swinguer, les organes reprendre leurs fonctions initiales et mon sourire revenir se glisser sur mon visage. Je me transformais, tel un bon danseur qui monte sur scène : tout était enfin dans le bon rythme, et en mouvements coordonnés, s'il vous plaît !

Beaucoup d'amis m'ont demandé pourquoi et comment j'étais devenu alcoolique. Je ne savais pas très bien. Sûrement parce que j'étais mal dans ma peau, je ne voulais pas être moi, je voulais être quelqu'un d'autre. J'étais en fait trop timide, trop sensible, trop susceptible, trop complexé, trop tendu, trop rien, trop vide... En fait, je buvais parce que l'alcool avait un effet très fort sur moi. Après un ou deux verres, mélangés à plusieurs antidépresseurs, j'étais tellement enivré que j'avais toujours envie d'en boire plus, pour rester tout le temps dans cet état désinhibant, irréel et envoûtant. Après avoir bu, je n'étais soudain plus complexé, je passais instantanément du complexe d'infériorité au complexe de supériorité. Ce qui avait pour conséquence de déstabiliser les gens autour de moi, car ils ne comprenaient plus très bien si j'avais besoin d'affection ou d'un bon coup de pied au cul (un peu des deux de manière alternée).

Une scientifique américaine a découvert qu'il existe, semble-t-il, une glande qui réagit, différemment selon les personnes, à l'absorption d'alcool, un peu comme pour les diabétiques avec le sucre. Si, en outre, ces mêmes personnes présentent un terrain fertile, c'est-à-dire une personnalité fragilisée ou déstabilisée, elles vont alors essayer de s'appuyer sur l'alcool désinhibant pour se créer une autre personnalité. Mais celle-ci reposera sur cet élément externe, un élément chimique, « l'alcool », une substance modifiant le comportement et le raisonnement… Et qui manquera, obligatoirement, s'il n'est pas absorbé ! (Exemple : Gabriel + rien = rien ; Gabriel + alcool = Mister Hyde le super-cool.) Eh bien, cela a été exactement mon cas. J'étais mal dans ma peau, et l'alcool me donnait le courage qui me manquait pour m'exprimer et m'affirmer.

Sans cet alcool, je me sentais exclu, complexé, j'essayais de faire semblant d'être heureux, car j'avais peur que les gens me fuient. Je n'étais jamais dans le bon timing : mes plaisanteries tombaient à plat, mes coups de gueule n'arrivaient jamais au bon moment. J'étais un pitre ridicule, un bouffon sans humour, qui, par ses comportements inappropriés, mettait mal à l'aise tout son entourage !

Je supportais très mal les plages de silence. Il fallait que j'en rajoute, que je comble les vides. J'en faisais toujours trop, je me sentais souvent comme un mauvais animateur de jeux télévisés qui essaie lourdement de justifier son salaire en rajoutant toujours une petite blague inutile.

Je fatiguais les gens qui m'aimaient et j'agaçais ceux qui ne m'appréciaient pas !

J'ai toujours été complexé. Je voulais être blond aux yeux bleus, avec les cheveux raides. Je voulais que l'on dise de moi : « Regardez, il a une tête d'ange, il est blond comme un petit ange. » Au lieu de cela, j'étais brun, cheveux frisés, on devinait facilement mes origines orientales. Moi qui voulais ressembler à un Occidental, un Français, un Anglais ou, mieux, un Suédois... j'étais un Juif, né en Tunisie ! Quel paradoxe pour un petit pied-noir ! J'avais d'ailleurs horreur de ce mot « pied-noir », cela sous-entendait dans mon cerveau d'enfant que j'avais les pieds sales !

La réflexion qui me faisait le plus mal à l'époque, c'était quand les gens me disaient de manière péjorative : « Mais, les pieds-noirs, c'est pas pareil que les Arabes ? » (J'essayais de trouver un subterfuge pour cacher mes origines arabes.) Non, merde ! Les pieds-noirs, ce sont des colons : nous sommes des Français envoyés par la France pour occuper les colonies qu'avaient conquises les militaires à la demande de la France ! Nous avons été au service de la France ! Décidément, personne ne comprend rien !... Cela m'agaçait et me contrariait terriblement.

Moi, j'aimais Jacques Brel, Jean Ferrat, Léo Ferré, Georges Brassens, Barbara, Jean-Paul Sartre, Stendhal ! Je connaissais par cœur toutes les chansons du grand Jacques. Je pouvais, à partir d'un seul mot extrait de son répertoire, vous réciter toute la chanson. J'aimais la littérature, la poésie, l'opéra, les expositions, la peinture impressionniste et surréaliste, Van Gogh, Claude Monet, Paul Cézanne, Salvador Dali…

Quelle discordance ! Quelle contradiction ! Ressembler physiquement à la caricature d'un des personnages du film *La vérité si je mens* et se retrouver avec l'âme et la sensibilité d'un écorché vif !

Un autre petit clin d'œil de la part de mon petit ange gardien qui avait quand même, vous le reconnaîtrez, un humour assez particulier !

J'étais tellement timide que, dans certaines situations, quand on me faisait une réflexion en public ou que l'on me regardait avec insistance, je devenais tout rouge. Je sentais le sang battre dans mes joues, j'avais l'impression d'être écarlate, je bégayais, je transpirais, c'était un sentiment atroce ! Dans ces moments-là, je ne voulais plus qu'une seule chose, me sauver, courir, courir le plus vite possible pour aller me cacher dans un coin, un endroit… n'importe où, pourvu qu'il n'y ait aucun regard sur moi !

J'étais vraiment complexé de tout, je rêvais d'être d'une famille bourgeoise avec un père médecin ou avocat, de nationalité française, anglaise ou suédoise, peu importe, mais pas pied-noir, pas Juif pied-noir, par pitié… s'il vous plaît !

C'est pas possible, ils se sont trompés là-haut ! Hé, les gars… Vous avez fait une erreur ! Ça arrive, pas de problème, je ne vous en veux pas, on est des copains ! Il faut juste le reconnaître et rectifier le tir rapidement ! Je ne peux pas rester là-dedans, aidez-moi, sortez-moi de là ! **NE ME LAISSEZ PAS COMME ÇA !**

Mais rien, aucun écho, aucune réponse, silence radio... Ils étaient sûrement tous gênés, ils avaient probablement honte de faire face à la réalité, faire face à leur grossière erreur.

Et moi, pendant ce temps-là, je souffrais, je n'étais pas dans le bon corps, pas avec le bon cerveau, pas dans la bonne communauté, pas dans la bonne famille !

Allez, qu'on me vienne en aide, à la fin ! Mais rien, tout le monde avait l'air de s'en foutre complètement...

Alors, je buvais pour ne pas trop ressentir la douleur. Mais à force de boire pour être quelqu'un d'autre, j'avais fini par développer deux personnalités en moi. J'étais devenu schizo, un peu comme Docteur Jekyll et Mister Hyde. Il y avait celui qui n'osait pas trop parler, qui ne savait pas rire, pas vivre, celui qui était toujours maladroit, tendu et angoissé. Puis, il y avait l'autre, celui qui n'avait le courage d'apparaître que lorsque le peureux avait bu la potion magique. Une fois sa soif étanchée et son besoin de médicaments assouvi, il pouvait enfin exister et prendre les commandes, ce Mister Hyde qui avait l'audace de répondre aux réflexions sarcastiques en regardant les gens, droit dans les yeux. Il répondait du tac au tac, ne rougissait pas, ne bégayait pas, ne transpirait pas. Au début, il faisait même rire tout le monde. Ah ! Je l'ai aimé, celui-là, je l'ai même admiré par moments. Il savait parler aux femmes, les séduire avec un petit regard souriant et complice.

Il savait refaire le monde, parler philosophie. Je pouvais ainsi mettre en valeur tous les livres que j'avais lus, toutes les poésies que j'avais aimées ! Ma sensibilité pouvait enfin s'exprimer sans que ce maladroit, ce poltron rougissant, ne vienne tout gâcher !

Mais ça, c'était le début : l'alcool ami, l'alcool complice, l'alcool béquille. Celui qui vous donne l'impression que vous pouvez dévorer le monde, que vous pouvez tout vous permettre ! Par exemple, expliquer au président de la République comment se comporter et surtout comment diriger la France et pourquoi pas le monde… Tout vous semble permis et accessible ! « Eh oui, bande de naïfs, d'alcooliques drogués aveugles et bornés, quand l'alcool veut vous piéger, il ne va tout de même pas vous dévoiler l'autre côté du miroir tout de suite ! » Il va d'abord vous séduire, vous montrer le pouvoir que vous allez acquérir, qui va vous être offert grâce à lui, grâce à sa collaboration, grâce à son compagnonnage ! Un peu comme dans ce vieux film avec Michel Simon et Gérard Philipe, *La Beauté du diable*. Quand j'ai revu ce film dernièrement, j'ai compris à quel point il m'était directement adressé.

À l'époque, je n'avais rien compris du sens de la vie, je ne comprenais d'ailleurs pas pourquoi le héros de ce film refusait la proposition de Méphistophélès : être « puissant, fort et envié », même si des personnes en souffrent ! Pas grave, la souffrance, ça fait partie de la vie après tout ! Tant pis, tant pis pour eux. En plus, ce n'était même pas moi qui allais souffrir, les autres pouvaient bien accepter cela. Et puis, c'était pour la bonne cause, la seule importante à mes yeux : MOI ! Moi, mon bonheur, ma soif de pouvoir et de reconnaissance ! Je voulais qu'on m'aime, qu'on m'admire, qu'on se prosterne devant mon intelligence et mon humour exceptionnels !

À cette époque, je l'aurais acceptée, moi, et les yeux fermés même, cette fantastique et généreuse proposition : la « beauté du diable » ! Être beau, fort et puissant en marchant sans scrupule sur la tête des autres. D'ailleurs, c'est bien ce que j'ai essayé de faire pendant des années avec l'aide de l'alcool, mais malheureusement sans réelle réussite.

Je vous passerai toutes les fois où je me suis endormi chez des femmes dont j'avais tout oublié, le visage, le prénom, et même l'existence ! Mes vomissements dans les toilettes des boîtes de nuit, mes petits accidents de la route, mes pertes de mémoire, mes crises de pleurs, mes réveils glauques. J'aurais préféré être mort tellement j'avais honte, mal à la tête et mal à l'âme ! Les frustrations, les angoisses, les peurs, les pleurs, la paranoïa, la misogynie, la déprime, les mensonges… rien ne manquait ! J'avais tous les maux, toutes les angoisses, toutes les maladies : parano, schizo, mégalo…

Je pense que vous comprenez maintenant peut-être un peu mieux pourquoi je voulais tant mettre fin à ma futile existence.

Ma vie n'avait aucune contenance, aucune intégrité, aucune authenticité : du vide, du vent, de l'esbroufe ! Un courant d'air avait plus de contenu. Je me sentais, à certains moments, plus inutile qu'une mouche !

Parfois, mon angoisse était tellement forte que j'avais du mal à respirer sans ressentir une puissante douleur au niveau des poumons et du sternum. Avoir perpétuellement la gorge serrée et la bouche desséchée semblait être devenu mon pain quotidien. Peut-on pour autant s'habituer à la souffrance, aussi familière soit-elle ?

Je ne sais pas. Je ne crois pas. En tout cas, en ce qui me concerne, je ne m'y suis jamais réellement habitué. J'ai toujours tenté de lui résister, de me débattre, de vendre chèrement ma peau, d'être pour elle une proie difficile… Mais l'extrême souffrance, l'intense douleur mentale que vous ressentez quand, par malheur, vous tombez dans ses griffes devient si sournoise qu'elle finit par resserrer son étreinte autour de votre gorge et vous enlace comme une pieuvre géante. Elle vous fait l'amour une première fois et vous viole ensuite chaque jour, presque chaque instant… Elle devient une maîtresse exigeante et impitoyable, dont les bras et les doigts acérés vous pénètrent comme des lames de rasoir jusqu'au plus profond de votre être, de vos organes, de vos entrailles…

Je me souviens d'un artiste pakistanais qui exposait ses peintures boulevard Saint-Germain. Il avait une pancarte avec une formule qui me faisait souffrir chaque fois que je passais devant : « Si vous êtes hors du monde, vous gênez le monde ! » J'avais l'impression que cela m'était adressé, à moi en particulier !

Je me sentais perpétuellement hors du monde. Je ne pouvais communiquer réellement avec personne. Je craignais de parler de mes angoisses à mes proches de peur de les faire fuir. Mon cerveau ne fonctionnait pas comme il fallait, je n'avais pas la notice, j'avais perdu le mode d'emploi. J'aimais la vie, mais je ne savais pas comment vivre avec mes concitoyens sans me heurter à eux, sans les déranger par mes paroles et mes comportements inappropriés !

Quand je réussis enfin à me lever du fauteuil après quelques heures de semi-somnolence, les yeux hagards, le visage et la bouche encore engourdis, presque anesthésiés (la même sensation qu'en sortant de chez un bon dentiste de quartier), je fais quelques pas dans le salon en me massant les cuisses comme pour aider le sang à circuler. Enfin, ça y est, je suis maintenant revenu dans le monde des vivants ! « *Welcome back, my friend!* La belle vie va recommencer comme avant, ne t'inquiète pas, tout est là, rien n'a bougé pendant ton absence. C'est pas une bonne nouvelle, ça ? Toutes tes peurs, tes angoisses, tes frayeurs, tes appréhensions, tes pensées négatives, tes fantômes… tous, ils sont tous là, tous tes amis sont revenus ! Ils sont tous là pour fêter ton retour, ils sont tellement contents de retrouver leur stupide et égoïste proie ! Magnifique, non ? Alors… elle est pas belle la vie ? Si c'est pas de l'amour ça, c'est quoi ? »

Le téléphone sonne. (Heureusement qu'il est là, lui !) Je réponds d'une voix tremblante – j'avais horreur de répondre au téléphone à jeun. Une voix féminine me dit : « Tu vas bien ? Je suis inquiète. Depuis hier j'essaie de te joindre. » C'était la charmante blonde de l'avant-veille, Sylvie. Elle voulait m'inviter à dîner ce soir-là, chez elle, à la condition que cela ne me dérange pas qu'il y ait sa fille de quatre ans avec nous. Quand on est un désespéré, personne ne nous dérange, c'est plutôt nous qui craignons de déranger les autres par notre manque de présence, notre néant intérieur, notre âme vide et notre personnalité décalée !

Je suis passé la voir chez elle vers dix-neuf heures. (Je n'avais rien d'autre à faire.) Je suis entré avec un sourire figé. Elle m'a gentiment fait remarquer que je n'avais pas vraiment bonne mine. J'ai esquissé un deuxième sourire maladroit, balbutié quelques mots d'excuse et me suis attablé. Elle a essayé de me faire la conversation. Moi, je répondais tant bien que mal : en fait, ma bouche tremblait chaque fois que je prenais la parole. Sa fille me dévisageait, étonnée et inquiète de ce drôle d'adulte qui n'avait vraiment aucune assurance !

Sylvie tentait d'entretenir la conversation avec moi quand, tout à coup, n'en pouvant plus, je me suis mis à pleurer, mais à pleurer tout mon saoul ! Je pleurais en suffoquant comme un petit enfant malheureux. Elle m'a pris dans ses bras pour me consoler. C'était un geste plus maternel que sensuel. Ensuite, elle m'a demandé de l'attendre dans sa chambre le temps qu'elle couche la petite... C'est ce que j'ai fait.

Quand elle est revenue dans la chambre, elle m'a repris dans ses bras, j'ai pleuré tout doucement quelques instants, puis je suis resté toute la nuit serré contre elle comme un enfant terrorisé à l'idée de quitter les bras de sa maman. Au milieu de la nuit, il a même fallu qu'elle desserre mon étreinte pour pouvoir aller aux toilettes.

Je suis resté chez elle quelque temps. Je suis presque devenu son deuxième enfant, mais pour quelques mois seulement, le temps de soigner mes blessures intérieures. J'avais tellement besoin de tendresse ! Puis, je suis parti, je me suis sauvé. Dès que les gens me témoignaient trop d'amour, cela m'était insupportable, donc je partais... Je disparaissais, car leur amour m'étouffait. Ne pouvant pas m'aimer moi-même, je ne pouvais pas comprendre ni supporter que l'on m'aime !

J'ai passé ensuite des mois à faire semblant d'être normal, à faire semblant d'exister, d'être comme les autres. Heureusement, l'alcool et les pilules m'aidaient beaucoup dans cette démarche laborieuse !

Je me rappelle certaines fois, je me promenais toute la journée, seul, dans les quartiers bourgeois et isolés de Paris, évitant ainsi de croiser des gens de mon entourage. Mais lorsque, par malheur, il m'arrivait de rencontrer quelqu'un et que l'on me demandait : « Alors, comment ça va ? », je ne savais plus quoi répondre. Je pensais que mon désespoir se voyait tellement que je ne pouvais le dissimuler.

Que leur dire, d'ailleurs ? « Je vais très mal, figurez-vous, j'essaie de ne pas trop penser au suicide, mais c'est difficile, j'ai du mal à vivre, à respirer convenablement à cause de mes angoisses. »

Voilà la vérité que je n'avais absolument pas le courage d'avouer à qui que ce soit ! Alors, quand il m'arrivait de rencontrer quelqu'un par hasard, je balbutiais, gêné, quelques mots avec un sourire niais et « m'excusais déjà de n'être pas plus loin. » (Jacques Brel) Les gens me regardaient avec une expression affligeante, un mélange de dégoût et de pitié. Je souffrais beaucoup de ces rencontres accidentelles. Je me haïssais d'être devenu un bouffon stupide, incolore, inodore, insipide, un rien de chez rien, un léger courant d'air, une pauvre âme perdue et errante dans les rues de la ville !

Je me sentais déconnecté de tous les autres êtres humains, je ne pouvais m'identifier à personne et je pensais être malheureusement le seul dans cet état ! Il ne me venait pas à l'idée, il ne me traversait même pas l'esprit que d'autres personnes pouvaient ressentir les mêmes souffrances. J'enviais tout le monde, les malades, même les cancéreux, car ils avaient droit à une reconnaissance, eux, une reconnaissance de leurs souffrances… moi pas ! Moi, je n'avais aucune maladie apparente, c'est la raison pour laquelle la plupart des gens me regardaient souvent avec répulsion et culpabilité.

Pourtant, j'étais malade, très malade même. Mon âme souffrait, mais cela ne se voyait pas. Je n'avais pas de blessures ouvertes ni de virus détectables. On ne reconnaît véritablement la maladie d'un déprimé ou d'un dépressif que quand son symptôme le plus apparent s'exprime de la manière la plus lugubre... lorsqu'il tente en désespoir de cause de se suicider – ou mieux, quand il a réussi l'exploit majeur : mettre fin à sa pauvre et misérable vie ! Là, tout le monde y va de bon cœur : « Le pauvre garçon, il devait vraiment souffrir pour en arriver là, pauvre petit chéri, j'aurais tellement aimé le consoler, le prendre dans mes bras, lui donner de l'amour et de l'affection. » Mais, c'était avant qu'il fallait le faire, avant l'irréparable, pas après ! Après, on s'en fout de votre amour et de votre compassion : on est mort, disparu, plus personne, plus rien... *Nada*. Alors, utilisez vos pansements avant, quand on n'est que blessé... pas après, pas quand c'est trop tard ! Un mort ne ressent pas votre amour, un mort ne ressent pas votre affection, celle que vous auriez dû soi-disant lui donner avant l'irréparable !

On devrait apprendre aux gens à reconnaître les symptômes de la détresse, de la déprime, de l'angoisse et de l'isolement intérieur ! Comment venir en aide à ces jeunes qui souffrent du mal de vivre, qui saignent de l'âme et dont l'hémorragie vide au fur et à mesure la substance invisible qui forge l'âme, cet esprit qui constitue la densité de l'être ? Moi, je me sentais vidé, perpétuellement en courant d'air, d'aucune consistance, d'aucune densité. J'osais à peine dire bonjour de peur de déranger ceux qui semblaient vivre normalement. Je me vidais petit à petit de mon âme comme un corps blessé se vide de son sang. Malheureusement pour moi, cela ne se voyait pas, pas autant du moins que sur un blessé corporel dont le sang qui coule provoque une empathie générale, par contre une âme qui se vide, qui s'évapore, est incolore, donc invisible pour la plupart des gens, sauf pour ceux qui réussissent à voir avec leur cœur.

Je me sentais tellement désemparé, tellement seul, tellement déconnecté des autres, que j'enviais le monde entier de ne pas avoir eu la malchance d'être moi !

Je me souviens d'un retour de discothèque au petit matin. Nous étions trois nouveaux couples formés dans la chaleur de la nuit, dans la chaleur des spots clignotants, le véritable amour, quoi… Celui qui venait juste de naître, provoqué, bien souvent, plus par la circonstance et aussi la peur de rentrer seul chez soi, que par la rencontre de deux âmes sœurs. Cet amour éphémère, nourri autant par un désir sexuel que par l'envie de plaire, de séduire… Séduire tous ceux qui passaient devant, pourvu qu'ils soient du sexe opposé en ce qui me concernait. Dans mon cas, c'était le manque d'affection et de tendresse qui me faisait confondre l'amour et le besoin d'être aimé. D'être aimé par n'importe qui d'ailleurs : ma voisine de palier, madame pipi, les sœurs de mes amis, leur maman, leur tante, n'importe qui… Donnez-moi juste de l'amour, vite, n'importe comment, en perfusion, en pilules, en bouche-à-bouche, mais ne me laissez pas tomber, pas comme ça, seul, assis dans la chambre sale et obscure de mon cerveau malade avec mes milliers de pensées assassines.

Nous avions donc décidé d'aller prendre un petit-déjeuner dans un café parisien. L'heure avançant, mes anxiolytiques et mon alcool consommés la veille faisaient leur descente vers le bas. Je me sentais dessoûler. Petit à petit, mon sourire se crispait, je faisais semblant de m'amuser, de participer à l'ambiance générale, mais j'étais très mal à l'aise, de plus en plus mal dans mon être.

Soudain, mes yeux se sont attardés sur deux balayeurs d'origine africaine qui travaillaient dans la rue devant la vitrine du café. Ils discutaient, ils semblaient rire de leur conversation. Je les ai regardés, j'ai eu un temps de pause, et tout à coup, je me suis mis à pleurer tout doucement. J'étais arrivé à un point tel que j'enviais le monde entier. Même les gens qui paraissaient être au plus bas de l'échelle sociale (selon, bien sûr, nos critères occidentaux de réussite) me semblaient plus heureux que moi : un balayeur pouvait parler, communiquer, rire, sans avoir besoin de drogues ou d'autres artifices de survie. Moi, pour communiquer avec les êtres autour de moi, il me fallait une aide chimique extérieure, à la manière d'un handicapé qui a besoin de ses béquilles pour se déplacer comme tout le monde – enfin presque comme tout le monde (les bras cassés me comprendront).

J'ai continué de tenter de survivre, de faire semblant d'être heureux, de paraître normal quelques mois de plus, quelques années de plus, et bien sûr, avec l'aide de mes deux meilleurs potes, mes pilules et mon alcool. Avec eux, cela me semblait possible de tenir encore quelque temps.

Quelques mois plus tard, j'ai rencontré une fille dont la maman était alcoolique (pour un hasard, celui-ci en était un beau, non ?), et qui s'était éprise de moi. Je l'ai manipulée autant qu'elle m'a manipulé, entre autres pour qu'elle me suive à Los Angeles. Je ne voulais pas que les gens autour de moi, un peu comme des vautours, me voient dégringoler encore plus bas. Je savais très bien au fond de moi que je ne pouvais pas empêcher cette descente aux enfers. Je me sentais pris à l'intérieur d'un entonnoir géant dont les parois huilées interdisaient toute tentative de ralentir la chute ; vous ne pouvez vous accrocher à rien, vous glissez inexorablement vers le petit trou noir qui représente la fin absolue.

J'ai vendu ma voiture, une Golf blanche décapotable, j'ai emprunté un peu d'argent à mon père, qui a d'ailleurs, le pauvre homme, contracté un prêt auprès de sa banque pour l'occasion. Il ne pouvait rien refuser à ses enfants : trop généreux, trop compatissant, mon papa, le héros de mon enfance. Puis, j'ai contacté des sociétés qui fabriquaient des vêtements. Les patrons étaient censés être des amis d'amis à des amis à moi... Des amis par alliance, en quelque sorte. J'ai réussi à en convaincre quelques-uns de me prêter une collection de vêtements afin que je les représente à Los Angeles, moyennant une commission sur les ventes. Je suis donc parti avec deux lignes de vêtements ainsi qu'une magnifique collection de ceintures baroques fabriquées en Allemagne par une jeune styliste d'origine juive. C'est surtout la vente de ces ceintures, dans les magasins de détail de Los Angeles, qui m'a permis de vivre dans un confort matériel relatif pendant ces deux ans aux USA.

Arrivé à Los Angeles, j'ai été d'abord enthousiaste, euphorique, presque heureux, je me sentais léger et plein d'énergie. Les avenues bordées de palmiers, de cocotiers, les étoiles de stars faussement éternelles sur Hollywood Boulevard, les plages de sable blanc et les énormes maisons de Malibu et de Venice Beach : j'étais au paradis des enfants de Disneyland, mieux... j'étais dans l'écran couleur de ma télévision, je marchais dans les rues des films de mon enfance, de Starsky et Hutch, de Paul Newman, de

Steve McQueen et de tous les héros que j'avais aimés et adulés quand j'étais môme. Moi, le petit Juif pied-noir venant d'une cité HLM, je pataugeais dans la ville du show-business. N'était-ce pas merveilleux ? J'étais à Los Angeles, en Californie, California dream, et tous mes amis parisiens m'enviaient, me jalousaient même… Le bonheur. J'adorais que les gens m'envient, cela me donnait l'impression d'exister, de ne pas être un pauvre type, un pauvre désespéré, perdu et rejeté par tous ses frères humains.

Oui, cela semble idiot aujourd'hui, mais avoir de l'importance aux yeux des autres me réconfortait, me donnait du courage, me mettait du baume au cœur. C'était, hélas, « pour quelques instants, pour quelques instants seulement », car mon mal de vivre m'attendait, tapi tranquillement dans un coin. Il semblait me répéter chaque fois la même chose : « Amuse-toi, petit. Moi, j'en profite pour me reposer un peu afin d'être encore plus puissant, plus violent et plus acharné à ta prochaine déprime. »

Et bien sûr, très vite, quelques jours, quelques semaines au maximum, une fois l'euphorie du « tout nouveau tout beau » dissipée, mes angoisses et mes peurs ont réussi à me rejoindre… je ne sais pas quel vol elles ont pris : Air France, British Airways, ou peut-être Air Lucifer ou Air Belzébuth ? Enfin, qu'importe… Elles étaient là et bien là, mes angoisses, pas de problème, arrivage à bon port, tout le monde descend et on va faire un petit bisou au propriétaire des lieux… moi, en l'occurrence !

C'est drôle, pendant que j'écris ces lignes, un événement me revient en mémoire : quand j'avais vingt ans, j'écoutais les paroles d'une très belle et très triste chanson que je pensais écrite pour moi et qui m'allait d'ailleurs comme un gant (de crin). Le refrain commençait ainsi : « J'ai la tête qui éclate, je voudrais seulement dormir, m'étendre sur l'asphalte et me laisser mourir. » Je me suis dit que le compositeur avait fait un petit séjour dans ma tête. Cela m'étonnait d'autant plus que j'étais persuadé, à l'époque, d'être le seul à penser et à ressentir ce genre de choses. L'égocentrisme parfois nous joue de ces tours. Il veut absolument nous faire croire que nous sommes uniques, surtout dans la tourmente, la souffrance et le mal de vivre, afin de nous isoler davantage des gens qui nous entourent, et plus spécifiquement de ceux qui nous aiment... c'est assez drôle, car symboliquement, dans les écrits spirituels, Dieu est l'unificateur et le diable le séparateur. Je me croyais tellement différent et vide que je ne laissais personne m'approcher de trop près. Je craignais qu'en voyant à travers mon âme ils ne disparaissent, repoussés par le triste spectacle qu'offrait mon intimité cérébrale, mais aussi et surtout par la peur d'être happé par ce vide absolu où semblait flotter cette personnalité sans ossature.

Je continuais donc à boire et à prendre des médicaments de plus en plus fréquemment, en plus grande quantité, et de manière plus assidue. J'accumulais les faux pas, les disputes, les bagarres... Et les gens recommençaient à me fuir. Indéniablement. Quand il y avait des barbecues ou des soirées, le mot d'ordre général était de ne pas tenir au courant le maladroit, le « fouteur de merde », et surtout, bien sûr, de ne pas faire l'erreur de l'inviter. Ils avaient malheureusement raison : j'étais ingérable, « insortable », insociable, incontrôlable. Je tentais lourdement de séduire toutes les femmes présentes, même accompagnées. Je m'engueulais avec tout le monde, je riais, pleurais et vomissais tour à tour – ou même parfois simultanément. Quel charmant jeune homme, n'est-ce pas ? On en voudrait tous les jours un à sa table pour égayer les longs déjeuners d'été.

Mais voilà qu'un soir, quelques semaines après avoir renvoyé chez elle, à Paris, la pauvre fille qui m'avait accompagné à Los Angeles (cette inconsciente m'empêchait de boire tout mon saoul), je me suis retrouvé vers deux heures du matin chez une adorable jeune femme d'origine iranienne dont je ne me rappelle plus le prénom. (Elle aussi avait, comme par hasard, un papa alcoolique.) Elle avait un visage étroit avec un tout petit nez très retroussé qui laissait deviner de façon inesthétique l'intérieur de ses narines – résultat sans doute du travail bâclé d'un charcutier-chirurgien... En guise de poitrine, deux gros pamplemousses disproportionnés s'accrochaient désespérément à un corps trop menu. Ils étaient tellement droits et tendus qu'on les aurait dits tenus par des renforts d'acier (Mister Silicone, chapeau bas pour les dégâts). Malgré tout, l'ensemble paraissait assez sexy pour un garçon dans mon état (d'ivresse). J'ai bu chez elle quelques dizaines de verres de vodka et sniffé plusieurs lignes blanches de cet extrait de feuille de coca que de gentils agriculteurs sud-américains cultivent et qui est revendu par des coopératives de charmants Colombiens armés jusqu'aux dents. Et tout cela, pour notre plus grand plaisir, ou pour notre plus grand malheur, c'est au choix.

Mais moi, bien sûr, ce n'était pas pareil. Moi, je buvais surtout pour me désaltérer l'âme et m'aérer le cerveau. J'en avais besoin, car mon cerveau était constamment pris dans un étau, et ces drogues le libéraient, lui permettaient de décompresser, comme un malade qu'on emmène respirer dans le jardin, ou une cocotte-minute dont la petite soupape relâche la pression pour éviter l'explosion. Tel était le rôle que tenaient pour moi l'alcool et les barbituriques. Ils empêchaient mon cerveau d'exploser, ou d'imploser, sous la tension, la pression constante que je m'infligeais moi-même, ce stress quasi permanent, nourris essentiellement par mon pathétique égocentrisme.

Vers trois heures du matin, une autre amie me contacte sur mon portable en me demandant de venir la rejoindre pour boire et fumer de la drogue. Proposition honnête et bienveillante, me suis-je dit, impossible de refuser... On est un gentleman ou on ne l'est pas. Je trouve une excuse bidon pour quitter ma pauvre maîtresse du moment, mais malgré son insistance devant mon état d'ébriété, je prends tout de même ma voiture et pars pour de nouvelles aventures (Tintin et la bouteille interminable). Je commence à rouler sur Ventura Boulevard, j'avais du mal à distinguer les lignes blanches qui séparaient les voies entre elles, j'ouvre grandes les fenêtres pour me tenir éveillé, car conduire les yeux fermés et fortement déconseillé... Soudain, le bruit d'une sirène retentit derrière moi. Je regarde dans mon rétroviseur, merde ! Une voiture de police me fait signe de me mettre rapidement sur le côté. Ils n'ont pas autre chose à faire que d'emmerder les honnêtes gens comme moi, ces flics (beuverie, quand tu philosophes).

Il faut absolument que j'essaie de paraître normal et sobre. Je me range sur le bas-côté, je respire un grand bol d'air frais par la fenêtre et descends de mon véhicule avec un grand sourire figé, le sourire stupide du coupable stéréotypé. Deux anges déguisés en policiers américains s'approchent de moi et me demandent les papiers du véhicule. Je m'exécute sur-le-champ. Puis, celui au visage octogonal, aux mâchoires musclées, et aux pommettes saillantes me regarde droit dans les yeux et me demande sur un ton linéaire et autoritaire : « Avez-vous bu de l'alcool ou pris des drogues ce soir ? » Je lui réponds que oui, j'ai pris deux ou trois bières avec des amis. Il me regarde avec un air soupçonneux et me dit : « Savez-vous que vous rouliez en zigzaguant d'une voie à l'autre ? » J'essaie d'imiter l'expression d'une personne étonnée, commence par avaler ma salive et m'embarque dans des explications rocambolesques.

Tous ceux qui ont, comme moi, vécu aux USA savent qu'il est très difficile de manipuler un policier américain. Il me fait soudain un signe de la main, la paume face à moi comme pour me faire comprendre d'arrêter mon baratin ; j'obtempère tout de suite, car j'étais, malgré tout, assez inquiet pour mon sort. Il me demande alors de marcher sur une ligne blanche en posant mon pouce sur le bout du nez et sans regarder mes pieds. Très efficace comme méthode. En moins de trois secondes, je me retrouve à terre. J'étais trop saoul pour y arriver. Je demande gentiment au policier si je peux réessayer, si je peux avoir une deuxième chance, quoi ! Il me regarde avec un petit sourire narquois et rétorque : « Pas de problème, fils. Tu vas réessayer, toute la nuit si tu veux même, mais bien au chaud au poste de police. » L'humour policier, on aime ou on n'aime pas…

Un des deux anges de la route me passe les menottes comme à un criminel, me fait entrer dans le véhicule de police et m'emmène finir ma nuit en prison. Je lui demande ce que va devenir mon véhicule ; il me suggère de m'inquiéter plutôt pour ma personne. « Pour ta voiture, me dit-il, pas de problème, tu la récupéreras assez tôt. Pour ce que tu en auras besoin… » Pas très bien compris le sens de sa réponse, mais enfin son métier ne consistait pas à être philosophe.

J'ai passé une nuit au poste, dans des petites cages où nous étions cinq par cellule. Je peux vous assurer que ce n'est pas le meilleur endroit pour dormir comme un bébé. Je vous passe les odeurs de transpiration et de chaussettes sales pour vous éviter ainsi des haut-le-cœur.

Au matin, on vient me chercher pour passer devant madame la juge, et là… miracle : elle me condamne à faire six réunions A.A. et à payer 1 200 dollars d'amende. C'était une sacrée somme pour l'époque, mais j'ai eu beaucoup de chance, car nous étions en 1986. Si cela s'était passé aujourd'hui, avec le taux d'alcool que contenait mon sang, j'aurais sûrement passé quelques mois au frais dans une belle prison fédérale avec air ventilé et camaraderies particulières à tous les étages. Dans ma condamnation, il était précisé que je me devais d'assister à ces réunions A.A. Je ne savais pas du tout ce que cela pouvait être, je pensais que c'était un endroit où l'on réunissait des gens qui buvaient excessivement pour leur montrer des photos d'accidents de la route afin de les terroriser en leur faisant prendre conscience des dangers de l'alcool au volant.

Je me suis dit : « Fastoche, j'ai juste à faire semblant d'être traumatisé par le spectacle pour récupérer mon permis de conduire, et ensuite à moi la belle vie d'artiste… », la fuite en avant pour de nouvelles aventures, et quelles aventures. De quoi faire pâlir d'envie Marco Polo *himself*. Attention, la comédie, moi, ça me connaît. Je sais faire semblant d'être heureux – ou du moins pas trop malheureux –, je sais faire semblant d'être amoureux, d'être enthousiaste, d'être... normal, ou presque. À condition, bien sûr, d'avoir dans les neurones une petite dose de ce dont a besoin tout bon alcoolique. »

Avant mes réunions A.A. obligatoires, je devais me rendre à une consultation auprès d'un organisme spécialisé en « alcoologie ». Des spécialistes de l'ivresse, de la soûlerie : des gens qui ont sûrement dû boire énormément afin de mieux comprendre ceux qui boivent constamment. Je ne savais pas qu'il y avait des spécialistes pour les alcooliques, pour les personnes continuellement bourrées. Drôle de métier, quand même, comprendre l'intérieur des cerveaux. Comment faisaient-ils ? Je ne vous cache pas que cela me laissait perplexe, je trouvais même ça un peu bizarre. Cher Monsieur, prenez votre lampe à rayons X, et dites-moi ce qu'il y a dans ce cerveau, car moi, d'où je suis, enfin... de mon point de vue, je n'y vois rien, rien de rien. Vous aurez sûrement une meilleure perspective de là où vous êtes placé... Et si jamais vous voyez un boulon mal serré, ou un fil déconnecté, réparez ça, s'il vous plaît, et dites-le-moi, cela m'expliquerait tellement de choses sur mon existence, cela m'éclairerait tellement sur mes comportements et sur ma façon de penser. Aidez-moi à lever ce rideau opaque qui m'empêche de voir la vie comme tout le monde, de m'intégrer dans la société comme un bon citoyen heureux, un client satisfait qui n'aura aucune réclamation à adresser à ses gentils créateurs le jour des comptes rendus.

Sur place, je suis reçu par une dame d'une cinquantaine d'années, un peu ronde avec des épaules de camionneur, mais charmante, le sourire franc et rassurant, tout ce dont j'avais besoin pour être à l'aise. Elle me fait asseoir en face d'elle et me demande si j'ai, d'après moi, des problèmes d'alcool. J'étais en forme ce jour-là – il y a des jours comme ça où tout glisse même sans aucune goutte d'alcool. Je suis parti sur une explication abracadabrante : « Je ne bois jamais, ou très peu. Quand je bois, c'est si rare que j'en suis malade, et malheureusement, par le plus grand des hasards, ce jour-là, j'avais bu quelques verres. Comme je ne voulais pas dormir chez des gens que je ne connaissais pas très bien, j'ai préféré rentrer, ce qui n'était pas très intelligent de ma part dans l'état où j'étais, je le reconnais tout à fait et en toute humilité. » (Quel paradoxe en ce qui me concerne.)

Elle m'observe, étonnée, mais semble convaincue par mon explication. J'étais vraiment en forme ce jour-là. J'étais un alcoolique de type cyclothymique. J'avais des périodes de forte dépression qui atteignaient parfois des pics hauts comme deux fois l'Himalaya, et d'autres périodes très courtes où je donnais vraiment l'impression d'être heureux, enfin… plutôt surexcité et hyperactif. Mon comportement dépendait de ces périodes que je ne contrôlais pas vraiment. C'était chaque matin un peu comme la Roue de la Fortune, j'attendais de voir quel tirage le sort me réservait : complètement déprimé, parano, schizo, triste, névrosé, enthousiaste ? Je pouvais passer par tous ces états, voire parfois en associer plusieurs. Selon le tirage que me servait ce jeu de hasard, j'essayais de gérer tant bien que mal (plutôt mal, en général). Ce jour-là, j'étais très en forme, je dois dire. J'ai moi-même failli y croire à ce « Tout va très bien dans ma vie, merci humblement et sincèrement de vous en préoccuper. Et bravo pour votre magnifique dévotion pour ces pauvres bougres d'alcooliques et de désespérés. Ils sont un véritable fardeau pour notre société, il faudrait plus de gens comme vous et moins de gens comme *eux*. »

Au bout d'une petite heure de cette belle représentation théâtrale, la dame commençait vraiment à avaler mon baratin de petit garçon qui siffle fort dans le noir pour se persuader qu'il n'a pas peur. Elle me dit : « Je pense vraiment que vous n'êtes pas un alcoolique, mais faites attention à ne pas le devenir. Vous n'en avez pas la personnalité et pour cela vous pouvez me faire confiance, je m'y connais en alcoolo-dépendants. J'en traite plusieurs centaines par an. »

Ayant reçu la bénédiction d'un « docteur ès ivrognes et autres pauvres piliers de comptoir », je me suis dit : « Eh bien voilà, je ne suis pas un alcoolique, c'est une bonne nouvelle, non ? Allons de ce pas fêter cela en grande pompe, en commençant, pourquoi pas, par une bonne bouteille de whisky, un douze ans d'âge et de la meilleure marque si possible. »

J'étais maintenant sûr de ne pas être un alcoolique. D'ailleurs, pour moi, un alcoolique c'était quelqu'un qui ne buvait que pour le plaisir. Or, moi, je buvais par nécessité existentielle. C'est différent, pensais-je, plus noble, plus respectable, moins superficiel, une réelle démarche d'esprit, d'émotions et de sensibilité spirituelle. Je bois pour me créer une personnalité qui puisse s'intégrer dans ce monde cruel et sans pitié. Ce monde mal adapté aux gens trop sensibles, trop décalés, trop émotifs, à ceux qui sont en constante demande d'affection… ceux dont je faisais malheureusement et majestueusement partie. Allons, vous voyez bien que je n'étais pas comme les autres. Différent dans mon originalité, ma stupidité et ma complexité d'esprit. J'avais raison de penser ce que je pensais, même si parfois je ne savais plus trop quoi penser de ce que je pensais réellement.

Je décidais donc de me rendre à ma première réunion A.A. afin d'honorer ma parole vis-à-vis du juge. A.A., c'étaient les initiales des « Alcooliques anonymes ». Mais qu'est-ce que cela pouvait bien être ? Sûrement une réunion de gens masqués ou affublés de longues robes à cagoule pointue rappelant la coupe seyante du costume des gentils et tolérants membres du Ku Klux Klan, et dont le but était de pouvoir boire en secret ou, peut-être, de s'auto-interdire de consommer de l'alcool sous peine d'encourir de sévères flagellations sur la place publique, mais toujours masqués bien entendu… Fantastique, me suis-je dit, il ne me manquait plus que ça dans mon existence. Faire partie d'une association de pauvres débiles mentaux habillés comme des fantômes du Moyen Âge afin de s'impressionner mutuellement… Merci, là-haut, encore quelques bons moments en perspective.

Moi qui ai toujours eu en horreur les groupes, les clubs ou les associations, tous ces gens qui se rencontrent pour des séances d'autocongratulation autour d'actions souvent insignifiantes, du genre passer ses soirées à monter des maquettes d'avions ou de trains, utiles à leur seul petit ego, et qui leur permettront peut-être un jour d'être l'invité vedette d'un quelconque « dîner de cons » organisé par des petits-bourgeois en mal de sensations et suffisamment snobs et prétentieux pour se croire les uniques détenteurs du bon goût et de l'intelligence. Mais s'ils se veulent plus malins que leurs naïves proies, ils ne voient pas que cet autre qu'ils dénigrent est simplement un miroir à deux faces où se reflètent le meilleur et le pire d'eux-mêmes.

On a tous deux facettes, pour ne pas dire plusieurs : deux personnages, le timide ou le vaillant, le peureux ou le courageux, le triste ou le joyeux. Tout dépend des périodes, de l'état de fatigue, du tempérament et de l'humeur ou de l'humour du jour.

Ma vie a toujours connu des hauts et des bas assez prononcés. Certains jours, je me sentais aussi fort qu'un lion et aussi drôle que Woody Allen ; d'autres jours, sans aucune explication, je me sentais moche, idiot, stupide, lourd et sans personnalité. Il m'arrivait très souvent, et parfois pour un rien – pour un sourire, un rire mal interprété, une réflexion désobligeante ou un compliment mal digéré – de m'abîmer dans des gouffres d'angoisses qui me bloquaient plusieurs heures, plusieurs jours, voire plusieurs semaines. Je me sentais, dans ces moments-là, timide, craintif, inutile… Tel l'idiot du village qui, de crainte d'être rejeté par son entourage, sourit niaisement à tout le monde. Rappelez-vous le pathétique personnage d'une des merveilleuses chansons de Jacques Brel qui parlait des « timides » en termes très éloquents. Je me suis fortement identifié à ce personnage. Je vous livre plus bas les paroles de cette chanson, car elles m'ont marqué de façon indélébile durant toute ma période d'alcoolique et ont provoqué chez moi de véritables crises d'angoisse. Je me disais : « Plutôt boire que finir coincé, timide et inutile comme un ver de terre ou une limace. » Dans mon délire du non-mimétisme, j'étais prêt à tout à condition de n'être jamais aussi faible et transparent que le piètre personnage de cette chanson :

Les timides, ça se tortille, ça s'entortille, ça sautille, ça se met en vrille, ça s'recroqueville, ça rêve d'être un lapin. Peu importe d'où ils sortent, mes feuilles mortes, quand l'vent les porte devant nos portes, on dirait qu'ils portent une valise dans chaque main. Les timides suivent l'ombre, l'ombre sombre de leur ombre, seule la pénombre sait le nombre de leurs pudeurs de Levantin. Ils se plissent, ils pâlissent, ils jaunissent, ils rosissent, ils rougissent, s'écrevissent, une valise dans chaque main. Mais les timides, un soir d'audace, devant leur glace, rêvant d'espace, mettent leur cuirasse, et alors place, allons Paris tiens-toi bien. Et Vive la gare Saint-Lazare, mais on s'égare, on s'effare, on s'efface, on s'désempare, et on repart, une valise dans chaque main. Les timides, quand ils chavirent pour une Elvire, ont des soupirs, ont des désirs, qu'ils désirent dire, mais ils n'osent pas bien, et leur maîtresse plus prêtresse en ivresse qu'en tendresse, un soir les laisse, du bout des fesses, une valise dans chaque main. Les timides, alors vieillissent, alors finissent, se rapetissent, et quand ils glissent dans les abysses, je veux dire quand ils meurent, n'osent rien dire, rien maudire, n'osent frémir, n'osent sourire, juste un soupir, et ils meurent une valise sur le cœur.

Alcoolique, d'accord… mais pas timide, pas craintif, pas insignifiant, s'il vous plaît. Je ne me rendais même pas compte que c'était justement ma peur d'être insignifiant qui me rendait si souvent « insignifiant ». C'était l'orgueil de ne pas vouloir être comme tout le monde. Je voulais être un personnage spécial. Je l'ai été, « spécial », mais surtout spécialement con, spécialement stupide, spécialement égocentrique et spécialement égoïste.

Mais revenons à Los Angeles et aux Alcooliques Anonymes.

J'arrive donc à ma première réunion A.A., le poil hérissé et l'esprit contrarié, inquiet de ce que j'allais découvrir. Il n'y avait certes qu'une heure à passer, j'avais vu pire dans mon existence, non ? Je n'aurai qu'à faire semblant de m'intéresser à cette maudite réunion, attendre patiemment, au fond de la salle, que ça se termine, et aller faire signer ce stupide document de police qui fera foi de ma bonne participation à ces rassemblements d'anciens buveurs repentis. Je pourrais alors rentrer chez moi, boire mon produit de jouvence favori, un bon verre de whisky avec de gros glaçons dedans (on the rocks, comme disent nos amis américains). Rien que d'imaginer le bruit des glaçons qui s'entrechoquent, flottant comme de petits icebergs dans ce liquide jaune d'or (parfois, j'avais vraiment l'impression de boire de l'or, tellement ce produit m'était salvateur), cela suffisait à me faire saliver. Le seul problème, c'est qu'un verre pour moi n'était jamais suffisant. Il me fallait le deuxième pour me sentir encore un peu plus à l'aise et un peu plus drôle, puis le troisième pour être vraiment comique, le quatrième pour être complètement « désinhibé », enfin tous les autres pour me maintenir continuellement dans cet état (l'état sans douleur, comme disent les hindous). Or, c'était bien sûr impossible : en accélérant la cadence de ma consommation, j'étais de moins en moins apte à la contrôler. La prise de conscience s'amenuisait, car mon état d'esprit empirait, selon le principe logique des vases communicants, et je finissais pratiquement chaque fois mes dégustations de liqueurs par des beuveries, qui elles-mêmes s'achevaient par de raffinés vomissements ou par des sommeils semi-comateux, souvent affalé sur les épaules de ma pauvre et malchanceuse conquête du moment. (Quel charmant garçon, non ?) Je rentre donc dans cette salle immense qui était située dans l'arrière-bâtiment d'une église de West Hollywood.

Et là, à ma grande surprise, aucun homme masqué ni même « cagoulé » à la manière de nos chers amis du KKK. Plutôt des gens souriants et gentils, habillés de façon décontractée et qui m'ont accueilli de manière très amicale et conviviale. J'étais surtout très étonné de voir autant de femmes que d'hommes, et autant de gamins que de personnes ayant passé la quarantaine. Qu'est-ce que tous ces gens « normaux » faisaient là ?

Nous sommes quand même supposés être dans une réunion d'anciens ivrognes, des alcoolos, alors un rien de vraisemblance, s'il vous plaît. Ces gens étaient sûrement aussi alcooliques que moi collectionneur de timbres-poste. Ils semblaient avoir eu autant de contact avec l'alcool que moi avec les bonnes sœurs du couvent Sainte-Marie-en-Mer. Ils n'avaient vraiment pas l'air déprimés ou angoissés. Leur niveau d'angoisse intrinsèque semblait n'avoir jamais dépassé, à vue de nez, le niveau cinq ou six sur l'échelle de Richter-Bacchus (qui, elle, en compte près de vingt).

J'étais d'ailleurs persuadé que ces gens-là ne savaient même pas ce qu'était une bonne vieille dépression, une vraie, celle qui vous plaque la tête et le mental contre terre, à même la moquette pour vous y faire bouffer tous les acariens. Celle qui vous compresse le cerveau, vous transperce l'estomac, vous déchire les entrailles et tous les centres vitaux. Ils ne connaissaient sûrement pas cette impression de perdre son cerveau dans l'espace-temps intersidéral au fond d'un gigantesque trou noir, là où la densité de l'espace représente plusieurs tonnes par centimètre carré et a pour effet de vous broyer les circuits cérébraux avec comme résultat final une épouvantable détresse et un infernal mal de tête. (Des clients parmi vous pour un petit tour de manège ?)

Cela doit sûrement vous paraître excessif à vous, les gens normaux, vous qui buvez trois verres et rentrez sagement vous coucher dans vos petits appartements douillets. Mais je suis sûr que les pauvres désespérés, les frustrés, ceux qui comme moi ont vécu des crises d'angoisse existentielle poussées à leur paroxysme, sans aucune retenue, sans ceinture de sécurité, sans même un petit airbag pour amortir les chocs, peuvent seuls comprendre et ressentir ce que j'ai éprouvé jusque dans la moindre cellule de mon corps.

En revanche, dans cette réunion, les participants semblaient n'avoir bu, selon moi et à vue de nez, que quelques liqueurs de trop, sûrement pour calmer des maux de tête passagers ou pour apaiser l'angoisse de ne pas avoir payé leur loyer avant la date limite inscrite sur le contrat de location.

Je me sentais supérieur ou inférieur à eux, suivant le critère choisi pour juger. En tout cas, en ce qui concernait la détresse et la déchéance… j'étais largement supérieur. Il n'y avait pas photo, je remportais haut la main cette étape, un vrai champion du monde. Je suis passé par tant de périodes durant lesquelles je sentais que je perdais toute notion de dignité : j'étais un véritable mendiant d'amitié, un mendiant d'affection, constamment en train de quémander auprès des autres, un peu de temps, un peu d'attention, un peu de reconnaissance. Juste un regard amical, un regard compatissant, s'il vous plaît, un peu d'amour.

La dignité, il y avait bien longtemps que je l'avais perdue. Je ne cherchais même pas à la récupérer. J'avais juste besoin d'amour et d'affection. Mais avais-je été capable de les ressentir un jour sans que mon ego ne s'interpose ? Je ne pense pas, ou du moins, je ne m'en souviens pas vraiment.

Enfin, pour revenir à cette réunion A.A., son ambiance « bon enfant » me rassurait – tout en m'excluant dans mes différences –, mais je me sentais en sécurité parmi ces gentils naïfs. Il y avait une centaine de personnes. Tout le monde s'était assis et faisait face à un pupitre surmonté d'un micro. Des participants venaient tour à tour s'y exprimer dans la bonne humeur. Une aura de complicité semblait flotter dans l'atmosphère, connectant entre eux les intervenants et les participants. Pour moi, tout cela était d'autant plus incompréhensible que je maîtrisais très mal le « dialecte » de ce grand pays, l'anglais USA. C'était ma petite amie de l'époque qui me servait habituellement de traductrice, et malheureusement elle n'était pas présente ce soir-là. Je vous rappelle que je l'avais renvoyée chez elle *manu militari*, parce qu'elle avait tendance à vouloir m'empêcher de boire, crime de lèse-majesté.

Après deux ou trois interventions au micro, il y eut une pause de dix minutes qui me permit d'aller voir le modérateur afin de lui expliquer avec un petit sourire complice que je trouvais la réunion intéressante, mais que, n'étant pas alcoolique moi-même, je ne pouvais me sentir concerné par ce genre de problème. Je lui ai donc amicalement demandé, ou plutôt conseillé, de me signer rapidement le document de police, ce qui m'éviterait d'avoir à assister à la deuxième partie de la réunion, car, comme il pouvait l'imaginer, j'avais des choses bien plus importantes à faire.

Il m'a observé un instant puis m'a répondu avec un petit sourire moqueur : « Si tu n'es pas alcoolique, tant mieux pour toi. C'est une très bonne nouvelle te concernant. En revanche, je ne peux absolument pas te signer ce document avant la fin de la réunion, désolé c'est une règle ici. Mais pourquoi n'en profites-tu pas pour écouter les prochains intervenants afin de te rendre compte à quel point tu as de la chance d'être différent et de ne pas connaître la déchéance de l'alcoolisme ? »

Quelle arrogance, quel esprit narquois. Il me prend pour un con. En plus, il n'y a que moi qui ai le droit de faire de l'humour décalé dans ce livre. Je suis le narrateur, quand même.

Encore un jaloux des Français, de la France, de l'élégance, de la bonne cuisine, de la subtile littérature, des bons vins de Bordeaux, de Bourgogne et *tutti quanti*... Idiot d'Américain ! (Encore un qui se croit plus malin et plus manipulateur que moi.) On aura vraiment tout vu dans ce pays de bouffeurs de hamburgers et de siroteurs de jus de cola gazeux, ce pays où les femmes ont leurs attributs gonflés à l'hélium et les lèvres boursouflées par d'incessantes injections de silicone au point de perdre figure humaine pour ressembler à certains extraterrestres de séries TV ou à des poupées gonflables de sex-shops. Même les nouveaux mâles américains cèdent à la tentation de rajouter des formes « siliconées » aux parties de leur corps qu'ils désirent rendre plus sensuelles. Mais où va s'arrêter cette plaisanterie de mauvais goût ? A-t-elle vraiment une limite, d'ailleurs ?...

Bref, j'ai regardé mon Américain effronté d'un air méprisant et m'en suis retourné à ma place sans mot dire, tel un prince qui marque son mécontentement par un noble silence.

À la fin de la réunion, « je me rentre chez moi, le cœur en déroute et la bite sous le bras » (ah ! Jacques Brel ! Mon maître à penser, décidément).

Ma consommation d'anxiolytiques avait atteint son apogée à cette époque. J'en étais à vingt cachets par jour que j'avalais instantanément dès six heures du matin. C'était à ce moment de la journée que mes angoisses étaient les plus fortes et mon état de manque le plus insupportable. Je me réveillais très souvent au matin dans un état que je qualifiais de brumes matinales. Mon cerveau était littéralement embué par la brume de ma cuite de la veille. La gorge serrée, la bouche complètement desséchée, et l'affreuse impression d'avoir été roué de coups : voilà l'ambiance fort agréable de la plupart de mes réveils. C'était une sensation intolérable, une impression de profonde douleur, de vide absolu, le grand vertige. Je vivais dans un perpétuel déséquilibre physique, mental et émotionnel. Je n'avais plus aucun contrôle sur ma consommation. Il me fallait ma pharmaco-drogue tous les jours. Toutes les parties de mon corps la réclamaient : mes cellules, mes cheveux et jusqu'à mes dents, dont les gencives semblaient se déchausser sous la douleur. Alors, le seul remède, la seule échappatoire qui s'offrait à moi, c'était de poser sur le bord de ma tablette en bois mes vingt pilules de Témesta, de me servir un grand verre de vodka avec un soupçon de jus d'orange juste pour le colorer (couleur sucre d'orge, afin de tromper mon entourage), de mettre ensuite les dix premières pilules dans ma bouche, de les mâchouiller légèrement pour en faire une petite pâte que j'avalais ensuite avec une grande rasade de mon cocktail fantasmagorique. Je pensais qu'ainsi mâchouillées, les pilules feraient leur effet plus rapidement. J'avalais ensuite les dix autres pilules d'un geste rapide, comme un vrai héros de série B. J'allumais alors une bonne Marlboro rouge (pas *light*. Moi, j'étais un vrai cow-boy, pas une mauviette), je restais assis sur mon grand tabouret, accoudé au bar de ma cuisine américaine et j'attendais tranquillement que l'effet de ce savoureux et explosif mélange se répande dans toutes les cellules de mon corps. Certaines fois, j'étais tellement déjanté, que dans mes fantasmes sous influence je sentais les produits consommés passer dans mes veines.

J'avalais de grandes bouffées de ces bonnes cigarettes. (Je remercie et salue ici, à titre posthume, les fabricants américains de ce merveilleux cadeau offert à tous les poumons roses de ceux qui, après en être devenus dépendants, en sont morts.) Petit à petit, mes mains, mes dents, mon estomac, tous mes nerfs relâchaient la pression qu'ils avaient exercée sur mon corps. Je sentais un à un mes organes s'assouplir : mes mâchoires se desserraient enfin, mes muscles se ramollissaient, mon corps devenait lourd et mou à souhait, mon âme pouvait s'enfoncer confortablement dans ce corps devenu malléable, je pouvais alors vagabonder tranquillement dans mes rêves les plus fous. Un sourire légèrement moqueur prenait place sur ce visage auparavant contracté et fermé. Mister Hyde était de retour, il pouvait affronter cette nouvelle journée à ma place.

Mais mon admiration pour lui déclinait : il devenait de plus en plus maladroit, de moins en moins drôle. Les gens l'évitaient ; ils avaient malheureusement décelé la supercherie. Plus personne n'était dupe. Mister Hyde n'arrivait plus qu'à séduire les femmes de dernière catégorie, celles que les hommes surnomment maladroitement « les boudins ». (Désolé pour ce mot inélégant, mais c'est celui qui convient le mieux à ce pitoyable passage de mon existence. Moi-même, j'étais devenu un boudin et un boulet pour toutes les malheureuses qui avaient la malchance de m'approcher de trop près.)

De dix-huit à vingt-quatre ans, Mister Hyde avait réussi à attirer et conquérir de jeunes et jolies biches piégées par cette ultrasensibilité mise en avant par l'absorption de tous ces produits « désinhibants ». Mais là, j'avais vingt-six ans, cela faisait deux ans que je me contentais de produits de second choix, c'est-à-dire ces pauvres femmes qui avaient du mal à trouver un amant (à cause d'un physique ingrat ou qui n'arrivaient plus à dissimuler le choc des années et des nuits blanches accumulées). Elles cherchaient un homme désireux de réchauffer leurs petits pieds froids, et apte à combler les nombreux manques sexuels et affectifs de leurs longues nuits solitaires.

Quoi qu'il en soit, je ne cherchais pas l'amour – en tout cas pas à faire l'amour. J'espérais plutôt une relation affective et maternelle. J'avais tellement besoin d'être choyé, d'être dorloté, que ce qui comptait le plus pour moi, c'était l'attention qu'on m'accordait, celle réservée à ma personne tout entière. Je voulais des mamans, plein de mamans, pas des femmes, ni des maîtresses, mais des infirmières de l'âme, celles qui débordaient d'amour maternel… et c'étaient celles qui n'avaient jamais eu d'enfants qui, souvent, en donnaient le plus. Elles en avaient trop contenu en elles, et comme pour une piscine à débordement, cela dégoulinait de tous les côtés : il suffisait d'être là au bon moment. Alors, je récupérais tout ce qui tombait pour me soigner, pour panser mes blessures. J'avais eu trop mal, trop longtemps. « Laissez-moi en prendre un peu plus, je vous en prie. Je suis assoiffé, affamé, j'ai besoin de cet amour, de ce liquide épais et nourrissant. » Je buvais ce trop-plein comme un nourrisson se délecte du suc extrait des mamelons de sa génitrice. Je ne pouvais plus m'arrêter, je restais parfois des nuits à pleurer contre elles, contre leur ventre, contre leur généreux amour débordant, comme un grand gamin perdu, un petit lionceau orphelin qu'une généreuse maman lionne prenait sous son sein. Mais c'était pour une nuit, pour une nuit seulement, car, dès le lendemain, mes blessures se rouvraient, tout était à refaire.

Je crois que dans ces terribles moments d'émotion, « d'adipeux en sueur et de bouffeurs d'espoir qui vous montrent du nez* », il y avait quelque chose de magique, quelque chose que même les dieux ne pouvaient ou n'osaient casser. Dans ces moments-là, ces nuits passées avec des inconnues en mal d'amour, dans ces moments-là seulement, je me sentais en communion avec l'univers. D'ailleurs, je ne faisais l'amour que pour satisfaire mes éphémères partenaires. Pour qu'elles m'aiment, pour me sentir plus proche d'elles, pour pouvoir simplement communiquer viscéralement avec un autre être humain.

Si je fréquentais des femmes de moins en moins jolies, il y avait aussi une raison physique à cela. Je dois dire, pour être précis, qu'entre-temps, mon corps s'était lesté de plus de vingt-six kilos de bonne graisse bien de chez eux. Car pour calmer mes angoisses, qui s'exprimaient souvent par des douleurs stomacales, je mangeais, non… je bouffais plutôt, et toutes sortes d'aliments, sucrés ou salés qu'importe, pourvu que cela me donnât l'impression d'exister… Et ainsi, par la pression du volume et du poids, amplifiée par les lois de la gravité et de l'attraction terrestre, mon estomac se distendait, dénouant mes torsions stomacales, avec pour conséquence bénéfique la diminution de mes crampes d'estomac et de mes angoisses (compliqué comme interprétation, non ?). Mon visage, lui, était boursouflé par la prise constante d'alcool et de médicaments. En à peine deux ans, j'avais physiquement vieilli de plus de quinze ans.

Qu'est-ce qui avait bien pu se passer dans mon enfance ou mon adolescence pour que j'en sois arrivé là ? J'essayais de temps en temps de comprendre d'où cela venait.

C'est vrai, j'avais passé mon adolescence dans une cité pauvre d'un quartier populaire de Paris, une cité ouvrière dont les immeubles étaient rangés comme des dortoirs. Dormir une nuit entière devenait un exploit tellement les nuits étaient perturbées par le bruit des scooters (souvent volés) dont le ballet incessant au son rauque des moteurs trafiqués par les heureux propriétaires d'un soir ne s'arrêtait réellement qu'au petit matin. Ils n'avaient pas trouvé mieux comme divertissement que de retirer le silencieux du pot d'échappement, permettant ainsi à ce chant mélodieux de pénétrer violemment par vos oreilles pour finir dans un feu d'artifice au centre de votre cerveau endormi.

Ces cités habitées par de pauvres bougres qui occupaient leurs journées à travailler dans des usines ou des garages, entourés de collègues dont le niveau intellectuel et artistique était situé (ou du moins chaque fois recentré) au niveau d'un organe placé en dessous de la ceinture. Ils avaient comme seule échappatoire de merveilleux posters collés sur les murs : de jeunes blondes magnifiques aux seins proéminents, aux fesses bien rondes, à la peau huilée et reluisante, qui mettaient ainsi en valeur la seule chose qu'elles avaient à offrir, leurs formes aguichantes. Les hommes passaient leurs journées à rêver de monter sur ces belles poupées et rentraient le soir après une journée exténuante rejoindre leurs chères et tendres épouses. Elles, elles les attendaient, la cigarette au bec, vingt ans et vingt kilos de plus que les belles tant convoitées sur ces posters magiques.

Ils me font rire, ces artistes faussement engagés qui, par démagogie ou sûrement par souci de garder leur audience (ou leur fonds de commerce), plébiscitent le milieu ouvrier, en parlent comme d'un milieu vrai et authentique : « J'aime le milieu ouvrier, ce sont des gens sensibles, généreux, et purs. Je les fréquente régulièrement ; ils sont vrais, ils sont touchants, ils parlent le langage du cœur. » C'est faux. La plupart manquent de finesse et de sensibilité, ça gueule pratiquement tout le temps, ça s'insulte souvent à tour de bras, ça se tabasse pour un rien. Ils me font rire, ces démagos millionnaires, chanteurs populaires. Près du peuple ? Tu parles ! Ils passent chanter une chanson, faire un concert, serrer deux ou trois paluches, et retournent ensuite dans leurs somptueux quatre cents mètres carrés, ou leurs petits hôtels particuliers dans le sixième arrondissement, près de Saint-Germain-des-Prés, s'il vous plaît.

Moi, je l'ai connu de l'intérieur, j'en suis même issu de ce milieu ouvrier. J'ai arrêté mes études à quinze ans, j'ai exercé pendant un an tous les petits boulots possibles pour gagner un peu d'argent de poche : peintre en bâtiment, livreur, déménageur, barman, coursier... Certaines fois, je démarrais un nouveau job le matin, mais l'ambiance y était tellement lourde et déprimante – mes collègues n'arrêtant pas de se lancer des méchancetés – qu'à l'heure du déjeuner je prétextais un courrier à poster pour me sauver, sans même toucher mon salaire. Je partais angoissé, avec une très forte envie de pleurer en me disant : « C'est pas possible… la vie, c'est pas ça, c'est pas que ça ? » Ces gens sont petits, vulgaires, sales et méchants. Ils s'amusent à péter et à roter, à qui le plus fort. Quel jeu intéressant, n'est-ce pas ? En plus, cela avait l'air de beaucoup leur plaire. Leurs centres d'intérêt, c'était le foot, le cul de la voisine, mais aussi – et surtout – l'argent et les privilèges des autres.

Je me rappelle qu'une fois une agence d'intérim m'a trouvé une place comme apprenti ouvrier en bâtiment, une belle qualification. J'ai commencé le matin, à 7 heures 30. C'était l'hiver, il faisait encore presque nuit. Le supposé chef du groupe m'a donné des directives qui se limitaient à gratter la paroi d'un mur pour en décoller l'ancienne tapisserie. J'avais froid, j'avais mal aux mains. À onze heures du matin, j'étais lessivé. La plupart des collègues sont venus me voir pour se foutre un peu de ma gueule. Moi, je n'avais pas encore seize ans, je ne comprenais pas ce qui pouvait tant les amuser. Le plus bizarre, c'est qu'ils me parlaient à la troisième personne : « Alors, comment qu'y va l'nouveau, y tient le coup, il ne va pas nous tomber dans les pommes ? Il est de quelle origine, pas complètement Français, ça ? Il a quoi comme origine ? Hein, quoi ? Pied-noir ? C'est quoi encore, ce bordel ? Bon… faut qu'y boive son coup, y tiendra jamais jusqu'à midi sinon… »

Moi, au contraire, leur présence ne m'amusait pas du tout. Leur attitude me déprimait. Quelques heures avec eux, et mon univers s'assombrissait, tout devenait gris, noir, sans échappatoire, sans espoir. Certes, je les respectais pour leur courage – car répéter, des heures, des jours, des mois, des années durant, les mêmes tâches éreintantes et abrutissantes afin de nourrir sa famille, ça se respecte. Pour autant, je n'aimais pas leur compagnie. Je préférais passer mes journées avec des littéraires, des artistes, même complètement fauchés, plutôt que d'être avec des gens qui sentent la transpiration, le mauvais vin et qui rigolent de blagues grasses, vulgaires et sexistes.

Tous ces artistes engagés, qui encensent les travailleurs et prétendent se sentir bien avec eux, qu'ils aillent passer une journée avec des déménageurs sur leur lieu de travail et qu'ils partagent leur quotidien, heure par heure, on verra ensuite s'ils feront toujours les malins. Surtout après une bonne journée dans un camion avec trois gros « beaufs » qui racontent des histoires drôles dont l'humour si particulier vous fait hésiter entre le vomissement et le suicide par pendaison.

C'est dans ce genre de voisinage que j'ai passé le plus clair de mon enfance et de mon adolescence. J'avais en dégoût ce milieu pauvre et ouvrier dont l'odeur nauséabonde me remontait le long des narines, jusqu'à la nausée. Parmi ces gens souvent grossiers et violents, qui ne portaient aucun intérêt à l'art ou à la littérature, je me sentais exclu. Volontairement, je m'isolais de ces ambiances inconciliables avec ma sensibilité, mes émotions et mes rêves.

Il fallait même fréquemment que je joue les durs pour ne pas montrer mes faiblesses, car ce charmant voisinage n'aurait pas manqué d'en profiter pour essayer de me faire tomber et me faire payer au centuple l'outrage d'être différent. Dans ce genre de milieu, on n'aime pas ceux qui veulent une autre vie, un autre destin, ça leur rappelle trop leurs propres échecs. Communiquer, pour ces gens-là, se résumait à des coups de gueule, du copinage, du sexe et des coups de poing. Merveilleux environnement, propice à l'évolution spirituelle, intellectuelle et émotionnelle.

Mais je ne pouvais rien reprocher à mes parents qui, eux, venaient d'Afrique du Nord et n'avaient malheureusement pas les moyens de m'offrir mieux. Mon père, un homme à l'esprit élégant et subtil, souffrait beaucoup de ne pas pouvoir nous offrir un bel appartement, une école et une éducation plus raffinée. C'était un homme qui ne buvait pas, ne fumait pas, faisait beaucoup de sport et se nourrissait d'aliments naturels et biologiques trente ans avant que ces produits ne soient vraiment à la mode. Je lui serai toujours reconnaissant d'avoir été un papa différent de ceux de mon voisinage. C'était le héros de mon enfance.

Si mes parents n'avaient pas les moyens de nous inviter au restaurant (je n'y ai pas mis les pieds avant l'âge de quinze ans), ils nous emmenaient de temps en temps dans des cafés, des brasseries. C'était alors comme un jour de fête. Chacun de nous commandait une boisson et mangeait, en cachette du barman, le sandwich préparé par ma maman le matin même. C'étaient des sandwichs au thon, imbibés d'huile d'olive qui nous dégoulinait le long des doigts pour finir le plus souvent à l'intérieur de nos manches. Quand, parfois, le barman s'apercevait de la supercherie, il nous lançait : « Ici, c'est pas une aire de pique-nique, c'est un restaurant ; et nous, on travaille. » À ces moments-là, j'étais gêné, je me sentais rabaissé. J'aurais aimé que, dans ces circonstances, mon gentil papa soit riche pour lui clouer le bec à ce grand con. Mais non, revenons à la réalité, mes parents étaient gentils, mais nous étions une famille pauvre, une famille d'ouvriers.

J'aurais tellement aimé naître dans une famille aisée et respectée – j'étais d'ailleurs très impressionné par les riches –, j'aurais tellement voulu être leur ami, faire partie de leur monde, ce monde feutré et capitonné, jalonné de chalets à la montagne et de grosses limousines hermétiques. Un monde qui, de mon point de vue, me paraissait magique et intouchable. Tout cela a sûrement contribué à accentuer mon malaise et mes complexes.

J'en suis revenu depuis de ces riches snobs, distants (même avec leurs propres enfants) et superficiels. Mais à l'époque, leur monde m'apparaissait comme un rêve, comme un conte de fées dans lequel « tout le monde il est beau, tout le monde il est gentil » (Jean Yanne).

Il m'est arrivé de subir la violence verbale, le sectarisme et le racisme social que certains richards nourrissent envers les pauvres. J'avais rencontré une Anglaise d'origine iranienne qui avait hérité d'une petite fortune venant d'un père commerçant. J'étais dans ma quatrième année de sobriété, je me cherchais toujours, je ne travaillais pas beaucoup mais j'étais heureux de vivre, même si je n'avais pas beaucoup d'argent. Cette fille me faisait de temps en temps des allusions sur l'état de mes maigres finances, c'était souvent des réflexions blessantes et désobligeantes. Un jour, nous sommes allés dans un magasin pour acheter des disques. Arrivée à la caisse, elle a posé sa carte de crédit sur le comptoir. Moi, pour plaisanter, j'ai mis la main dessus. En réaction, devant la caissière, elle m'a dit : « Ne touche pas à ça, tu vas porter la poisse à mon argent. J'ai pas envie de me retrouver comme toi, comme une paumée, sans un sou ! » La caissière et moi, on s'est regardés, interloqués par la violence et la méchanceté de ses propos.

« C'est pas très gentil de dire cela, mademoiselle » a rétorqué la caissière. Moi, je n'ai pas dit un mot. La fille était gênée et est devenue toute rouge, mais elle ne s'est même pas excusée. En sortant du magasin, je lui ai jeté son sac en pleine figure et suis parti de mon côté.

J'ai rencontré dans mon existence certaines personnes riches et arrogantes qui ont tenté de me rabaisser, comme s'il y avait une honte à ne pas avoir d'argent. Ce genre de réflexion m'a souvent blessé.

J'essaie toujours de faire très attention à ne pas agir de la sorte : j'invite presque toujours discrètement mes hôtes au restaurant et je remercie toujours avec beaucoup d'insistance et de respect les gens qui ont la gentillesse de me servir dans les endroits publics. Un des valets de parking du prestigieux Hôtel de Paris, à Monaco, m'a dit un jour : « Monsieur Alexander, vous savez pourquoi tous les gens qui travaillent ici vous aiment bien ? Parce que vous dites toujours : *bonjour, merci, pardon et bonne journée*. Ce n'est pas grand-chose, mais comparé aux autres clients qui parfois ne nous regardent même pas, ça fait une grande différence ! »

J'ai compris rapidement qu'il ne fallait jamais prendre les gens de haut. Se sentir supérieur, c'est méchant, stupide et ça se retourne toujours contre soi un jour ou l'autre. Un mot gentil ou un petit sourire, ça fait du bien à tout le monde, encore plus à ceux qui ne savent pas ou plus sourire.

En résumé, je n'étais à ma place nulle part : avec les riches, j'avais un absurde complexe d'infériorité ; et avec les pauvres, un complexe de supériorité superflu.

Bien sûr, à cette époque, celle de mon adolescence, je n'étais pas encore dépendant de l'alcool ni des médicaments, mais, j'y étais déjà comme prédisposé : j'étais très sensible, très émotif, une nature d'écorché vif comme si je ressentais les mots, les silences, ou toute autre vibration relationnelle de manière plus intense et plus violente que les autres. J'étais une véritable éponge, j'absorbais toutes les ondes, les moindres pulsations négatives venaient à moi, un peu comme les modulations de fréquence sont attirées par les antennes radio. (Plus elles étaient négatives, et plus facilement, elles s'imprégnaient en moi.) J'étais tellement sensible que je recevais tout comme un coup de poing en pleine face. Je me souviens encore qu'avec les copains de ma cité, nous étions allés voir un film diabolique qui m'avait beaucoup traumatisé : *L'Exorciste*. J'avais quinze ans, et j'étais l'un des seuls à ne pas en avoir dormi de la nuit. Pourquoi ? Peut-être à cause d'une hypersensibilité, d'un esprit trop imaginatif, trop vagabond ou trop torturé. Je ne sais pas très bien, mais il y avait en moi un malaise profond qui m'empêchait d'être heureux, quelque chose de plus fort que ma volonté qui s'interposait entre moi et mes émotions. Cela me trimballait, me malmenait, me torturait et me tourmentait continuellement.

J'avais quand même remarqué une chose : je pouvais communiquer plus facilement avec les gens quand j'avais bu deux ou trois verres d'alcool. À cette époque, c'était largement suffisant pour m'aider à m'exprimer et à paraître moins nerveux au sein de petits comités. Mister Hyde n'avait pas encore fait son apparition, le terrain n'était pas encore assez fertile pour lui, je n'étais pas assez atteint, pas assez malade. Mais, tout vient à point à qui sait attendre. Il attendait patiemment que les choses se dégradent, s'accélèrent, s'amplifient afin qu'on le laisse entrer dans ce corps offert cette fois sans aucune réticence. Comment aurais-je pu en avoir, des réticences ? J'étais tellement content que ce corps puisse bouger, se mouvoir, parler et rire. Même si je ne devais l'apprécier qu'en simple spectateur et ne le vivre que par procuration, c'était tout de même mieux que rien, mieux que le néant que pouvait m'offrir l'inodore et incolore Docteur Jekyll. Parce que, sans ma dose, je n'existais pas. Sans alcool, j'étais muet, j'osais à peine respirer. Je passais parfois des soirées ou des dîners entiers sans ouvrir la bouche, j'avais l'impression que tout ce que je pouvais dire n'avait aucune importance, n'était d'aucun intérêt pour personne.

Dans certaines périodes de ma misérable existence, il pouvait se passer des minutes, des heures, des jours, des semaines même, sans que j'entrouvre la bouche, sans que je laisse échapper la moindre syllabe. Ma bouche en devenait pâteuse. J'avais l'impression d'avoir des fourmis dans les mâchoires, tellement leurs muscles n'étaient plus sollicités. Ce fut une des périodes les plus noires de mon existence.

Je n'avais, à l'époque, que vingt-deux ans et je pensais déjà très souvent au suicide comme à une issue de secours, une porte de salut qui me permettrait de faire taire – si cela devenait nécessaire – mon cerveau, mes angoisses, mes fantômes… Le suicide me donnait l'impression de pouvoir, à tout moment, éteindre la lumière ou fermer définitivement les rideaux si le spectacle devenait trop insurmontable. Un peu comme arrêter la vidéo ou sortir de la salle de cinéma pendant un film d'horreur. Cependant, la curiosité nous invite à aller plus loin pour voir ce qui va se passer, voir quelle est la suite du film, la suite de cette vie… Et c'est cela qui nous maintient en vie, nous, les désespérés, les suicidaires, les condamnés à mort dont le juge, l'avocat, l'accusé et le bourreau ne sont qu'une seule et même personne. On a donc toujours un œil sur la sortie de secours. Quand le danger se fait sentir quelque part, on se dit : « Si l'incendie se répand, c'est par là (le suicide) qu'il faudra déguerpir ! »

Mais dans le cas présent, les incendiaires, c'étaient mes pensées, mes peurs, mon propre cerveau qui se retournait parfois violemment contre moi pour m'entraîner dans un labyrinthe de désespoir dont lui seul connaissait le chemin pour sortir.

Je vivais alors dans un petit studio, plutôt une studette (ancienne chambre de bonne) de quatorze mètres carrés avec une petite cuisine équipée – ils appelaient cela une *kitchenette* (terme directement importé du monde ridicule de « Barbie et Ken ») – incrustée dans un placard et recouverte par un store qui ne se refermait jamais complètement, laissant ainsi entrevoir « ce bijou de cuisinette compacte ». Elle me faisait penser aux compressions du sculpteur César. Artistique, mais pas très pratique, ce studio était situé dans le dix-septième arrondissement. J'occupais la plupart de mes journées à errer dans les rues les plus désertes et les plus isolées de Paris.

Dans ce studio exigu, j'ai connu les réveils les plus glauques. Souvent, en hiver, quand le jour se lève tard et la nuit tombe tôt, il m'arrivait de me réveiller en sursaut ; je regardais ma montre qui indiquait huit heures, mais j'étais tellement déboussolé que je ne savais plus s'il était huit heures du matin ou huit heures du soir. Il me fallait téléphoner à des amis ou à des restaurants pour demander quel était le moment de la journée. J'utilisais des subterfuges pour leur poser ces questions débiles, du style : « Je vous appelle de Los Angeles, il est quelle heure chez vous ? Ah, OK ! Mais du matin ou du soir ? »

Ces détails qui ne paraissent pas très graves dans l'absolu, surtout comparés à des événements bien plus difficiles de mon existence, m'angoissaient au plus haut point. Je me disais : « Tu vois, tu deviens fou, tu n'as plus aucune notion de rien, la prochaine étape sera la petite chambre vert pâle dans l'asile de fous. Là, tu pourras te reposer tant que tu veux, pauvre idiot, moins que rien ! » Je me détestais de plus en plus : ma misérable petite vie, ma personnalité, le personnage que j'étais devenu, vide et sans profondeur, me faisait horreur et pitié.

Pourtant, il y a eu une période magnifique (entrecoupée bien sûr de hauts et de bas, je n'étais jamais constant) où je me suis pris pour le plus beau et le plus fort. C'était entre dix-huit et vingt-deux ans. J'avais un physique qui plaisait beaucoup : grand, brun, les yeux noirs, les cheveux frisés, bouclés, un teint presque toujours hâlé. On me prenait souvent pour un Italien. Je sortais dans les endroits à la mode, j'y côtoyais la jet-set, les gens du show-biz. Je suis d'ailleurs sorti avec de très jolis mannequins, dont une qui était à l'époque du niveau de Claudia Schiffer aujourd'hui. J'étais très fier, tout le monde m'enviait. Elle s'appelait Nina K. Elle avait fait la une de tous les magazines, avait été la *playmate* du mois dans *Playboy* ainsi que l'effigie d'une magnifique pub TV pour une marque de jeans dans laquelle, sortant de l'eau, elle apparaissait à moitié nue. Ses yeux verts en amande lui donnaient un magnifique regard de panthère. À la fin de notre relation, elle est devenue la petite amie d'Anthony Delon, ce qui avait eu pour effet d'augmenter le gonflement perfide, mais évident, de mon ego malade.

À cette époque, ma consommation d'alcool restait plus ou moins contrôlable. Quand on est jeune et beau garçon, les gens vous pardonnent plus facilement vos erreurs. C'est idiot pourtant, je n'en étais pas moins malade, ni moins con. Mon aspect physique n'atténuait en rien ma folie ni ma vie décousue de maniaco-dépressif. Cette période plus ou moins faste n'a pas duré. Très vite, j'ai grossi, et enflé du visage, devenant rapidement l'ombre de moi-même, ou plutôt l'ombre de l'ombre d'un être humain.

Pour revenir à ce petit studio dans le dix-septième (« studette », donc, selon l'appellation d'origine), c'est un endroit que je n'ai pas voulu conserver très longtemps, car, au bout de quelques mois, j'avais l'impression que des êtres maléfiques nourris par mes pensées s'étaient immiscés entre le mur et le papier peint, et qu'ils attendaient le noir complet pour pénétrer mon cerveau. (Bienvenue dans le monde merveilleux de Disney-Dracu-Land. Encore un petit acide, mon pote ?)

Parfois, tout de même, j'essayais de me convaincre qu'il devait y avoir autre chose dans la vie, une autre façon de penser, une autre façon de vivre. Il y avait sûrement des gens heureux qui ne jouaient pas de rôle. Il devait y avoir une autre manière d'aborder la vie, une autre dimension – peut-être spirituelle – un peu comme une philosophie basée sur l'amitié, l'amour de son prochain… Peut-être le bouddhisme ? Mais, je ne voulais absolument pas d'ordre religieux ou de pratique religieuse. Pour moi, la religion était « l'opium du peuple » (Karl Marx) et Dieu une soupape de sécurité pour les faibles et les peureux.

Pour subvenir à mes besoins financiers, j'avais eu la chance à l'âge de seize ans de trouver un job qui me permettait d'être complètement indépendant. Je vendais des espaces publicitaires dans de futiles petits magazines tirés à deux mille exemplaires et qui étaient propriété de mairies, de municipalités ou d'associations de police. Ceci facilitait, bien sûr, la démarche commerciale, car les sociétés contactées réservaient ces ridicules placards publicitaires dans le but d'améliorer leurs relations avec ces mêmes organismes ou associations (échanges de bons procédés). Ce n'était pas une activité très intéressante ni même enrichissante à mes yeux, mais elle me permettait de gagner à l'époque deux à trois fois le salaire de mon père, et certaines fois d'ailleurs en à peine une demi-journée. Une fois empochée ma commission, je disparaissais de la circulation pour une à trois semaines. Même lorsqu'il m'arrivait, parfois, de gagner beaucoup d'argent, cela n'atténuait en rien mes douleurs et mes angoisses. Je crois même que cela avait pour effet de les amplifier. Je dépensais la majeure partie de mon argent dans les grands restaurants ou les grands hôtels afin de combler et pallier tous les manques et les frustrations matérielles de mon enfance. Je jouais au riche pendant une journée, un week-end, parfois même une semaine. « Faut pas jouer les riches quand on n'a pas le sou. » (*Ces gens-là*, eh oui, encore Jacques Brel.) Voilà comment j'ai gagné ma vie pendant toute une période de mon existence. Je n'étais pas très fier de faire ce boulot, mais j'en vivais parfois bien. Je rêvais d'être auteur, romancier ou réalisateur de films. Ce job ne ressemblait pas tout à fait à mes attentes ; néanmoins, je n'étais pas obligé d'être enfermé dans un bureau cinq jours sur sept, huit heures par jour, avec un patron-geôlier pour surveiller mes faits et gestes. Moi, j'avais la chance de ne travailler que quelques heures par semaine, et seulement quand je le souhaitais, ou du moins quand le besoin financier s'en faisait sentir. N'importe qui aurait été très heureux de ce genre de situation. Mais moi, je vivais tellement mal mes souffrances intérieures qu'aucun privilège ne pouvait les faire disparaître ni même les atténuer. J'avais beau essayer de me convaincre de mon bonheur et me répéter que de jeunes Africains crevaient de faim sur le continent d'à côté, ça ne diminuait en rien mes angoisses. Bien au contraire, cela me culpabilisait d'être malheureux. « Malgré tous tes avantages d'Occidental, volés à ces pauvres indigènes (discours démagogue avec une légère connotation raciste, supérieurement blanc), tu n'arrives pas à être heureux, ni même reconnaissant ! »

Pendant tout ce temps, je ne pensais pas être un alcoolique. Pour moi, les alcooliques buvaient toute la journée et souvent sous les ponts de Paris en chantant des chansons grasses et vulgaires. Moi, j'étais un angoissé, un déprimé, un désespéré, j'étais perdu dans ce monde trop structuré. Je ne m'identifiais à personne, j'étais différent des autres, différent et malheureux. La différence ne m'aurait pas dérangé si elle avait été joyeuse. J'avais l'impression que personne d'autre ne ressentait ce genre de douleur, ce genre de souffrance mentale.

À l'époque, si on m'avait demandé : « Êtes-vous alcoolique ? », j'aurais répondu : « Non pas du tout, je suis peut-être maniaco-dépressif, dérangé mentalement, mal adapté à la vie, déconnecté de mes semblables, effrayé de vivre… Ça oui, c'est sûr, mais pas alcoolique. Je bois et je prends des pilules pour calmer et endormir mes angoisses, mais pas pour chanter à tue-tête des chansons paillardes, vous voyez bien que je ne suis pas un ivrogne. Moi, je suis un poète, un rêveur, un idéaliste, un fou gentil et solitaire, mais pas un alcoolique, pas un ivrogne… quand même. »

Je croyais sincèrement que tous les gens faisaient, comme moi, semblant d'être heureux. Avec cette seule différence que, pour eux, ça avait l'air de bien marcher. Ils avaient trouvé le rôle qui leur convenait, qui avait l'air de plaire ou, du moins, de convenir à leur entourage. Ils n'avaient donc plus qu'à tenir jusqu'à la libération… L'unique, la vraie libération – pas la prise de la Bastille ou la libération de la femme –, je parle de la seule et unique, Mesdames et Messieurs, *Ladies and Gentlemen*, j'ai nommé… la Mort ! Celle qui va me libérer, vous libérer, nous libérer de ces rôles que nous jouons tous pour faire partie de la société, pour ne pas être rejetés, renvoyés, bannis, mis à l'écart… Tous ces petits rôles que nous endossons continuellement et qui nous bouffent l'âme, nous rongent notre personnalité, grignotent petit à petit mais inlassablement nos cellules, notre densité, notre être profond. Ces rôles grotesques que nous croyons salvateurs, car nous pensons qu'ils nous permettent de mieux nous intégrer dans notre milieu socioprofessionnel. Ces rôles où nous mimons les comportements des plus forts afin d'être acceptés par le dominant. Ces rôles qui étouffent l'enfant qui vit en nous, l'enfant qui a tellement envie de jouer, de communiquer, d'aimer, d'être aimé, de s'amuser et de rire tout le temps… Tous ces rôles de bon citoyen, de bon amant, de bon père, de bon copain, d'ami loyal et sincère, de voisin sérieux et honnête… Ce sont eux les responsables. Enlevez vos masques, il est peut-être encore temps de faire machine arrière. Qui sait, tout n'est-il pas possible dans ce merveilleux monde de fous ? Il y a bien un moment où, trop fatigués – un peu comme un comédien de théâtre après sa représentation –, le corps, l'âme et l'esprit appelleront au repos. Je parle du repos éternel, bien sûr. La vieillesse venant (signe que le prêteur, les prêteurs ou les créateurs veulent récupérer leur bien : cette merveilleuse machine si mal utilisée, ce corps complexe et sophistiqué qu'on nous a offert en « cadeau de bienvenue »), nous implorerons la mort, dans nos rêves les plus fous, de venir nous délivrer de ce corps cassé, vieilli, déchiqueté souvent par trop de faux plaisirs amoureux, trop de cigarettes fumées, trop de pollution aspirée, trop de blessures émotionnelles, trop de tristesse dissimulée, ou trop d'espoirs inassouvis. Nous supplierons nos descendants de nous porter jusqu'à notre dernier lit, notre dernier matelas ; celui de bois précieux pour les bourgeois, et de bois de sapin pour les autres… Mais qu'importe la qualité du cercueil, le repos sera pour tous salvateur. Jusqu'à ce jour, aucun utilisateur n'est revenu se plaindre auprès de son ébéniste de quartier de la mauvaise qualité du bois, on se plaint plus souvent d'une mauvaise bière dans un mauvais comptoir que d'une mauvaise mise en bière… **Ce qui prouve qu'en mourant on devient moins capricieux !** Là, dans notre repos éternel, nous pourrons arrêter de faire semblant d'être heureux, d'être branchés, d'être à la mode, d'être instruits, intellos, courageux, d'être prêts à mourir pour la bonne cause, d'être ce beau chevalier blanc dont toutes les femmes rêvent mais qui, la nuit, tout seul dans son lit, appelle sa maman en sanglotant pour se plaindre de sa trop grande solitude. Alors, avant l'instant fatal, ce dernier moment de notre médiocre existence, essayons une fois au moins, une fois seulement (pour certains) d'enlever nos masques et de pleurer enfin, de crier, de dire qu'on a mal, qu'on a peur, peur d'être seul, peur d'être exclu, rejeté par notre entourage, peur de notre solitude le soir face à cette maudite télévision, cet écran de lumière qui projette les images d'une vie rêvée, celle que nous n'avons pas, celle que nous n'aurons d'ailleurs jamais. Pourtant, c'est celle-là même qu'on ne cesse de nous passer et de nous repasser sous le nez sans aucune pudeur. Un idéal « inatteignable » et, par là même, frustrant. Est-ce charitable de présenter un poulet rôti à un affamé du Bangladesh ? Pourtant, c'est bien ce qu'ils font tous les jours, ces riches magnats, propriétaires de chaînes de télé, propriétaires de nos pensées, propriétaires de nos ambitions formatées. Et nous, pauvres imbéciles, nous en redemandons encore et toujours et toujours un peu plus. Ne serions-nous pas un petit peu masos ? Non, je ne crois pas… On n'est quand même pas si stupides, pas si malléables ?… Criez, dites que vous en avez marre, marre d'être seul devant votre plateau télé à regarder des émissions débilitantes pour des débiles consentants… Marre de passer pour des cons, marre de regarder ces animateurs TV qui veulent nous faire croire qu'ils sont le père Noël, alors qu'ils ne pensent qu'à leur carrière et à leur renommée. Marre de ces jeux télévisés qui promettent des sommes vertigineuses, jusqu'au million d'euros, mais dont l'objectif inavoué est de faire couler des larmes *en direct*, des larmes de crocodile face à la caméra, pour que des millions de téléspectateurs compatissent avec cette pauvre coiffeuse qui, dans le pire des cas, risque de perdre ce qu'elle n'a pas et qu'elle n'aura peut-être jamais : le bonheur.

Osez maintenant me dire qu'elle ne sera pas libératrice, cette mort. Vous qui avez une vie parfaite, une vie comblée, une vie rêvée…

Moi, malheureusement, je n'arrivais pas à faire semblant. Ce n'était pas de la mauvaise volonté de ma part, bien au contraire, j'aurais tellement voulu être comme tout le monde, trouver le rôle qui me convienne le mieux et faire mine d'être satisfait. Un rôle, n'importe lequel, je ne sais pas moi : le grincheux, le souriant, l'intello, le caractériel, qu'importe pourvu que je sois accepté et intégré dans votre société. Mais cela n'a jamais marché, je n'y arrivais pas. Pendant quelque temps, parfois, ça avait presque l'air de fonctionner. Mais très vite, j'étais démasqué. À chaque nouveau rôle endossé, je reprenais espoir. Je me disais : « Ça y est, cette fois c'est bon, personne ne verra rien. » J'arrivais à m'en persuader pendant un moment, mais très vite, en très peu de temps, mon personnage s'effilochait. Il perdait de sa densité au point de tout à coup venir s'écraser contre le vide, contre le mur du silence qui, lui, reprenait sans se faire prier le contrôle de ma morne existence.

Alors, je me retrouvais seul, complètement déprimé, complètement désespéré comme à chaque fois que j'avais épuisé un nouveau personnage... Le vide total, le néant, l'abîme.

Ensuite, comme tout bon maniaco-dépressif, j'entrais dans une période noire. Plus d'espoir, plus d'issue, un passage *down* pendant lequel je sanglotais, seul, tout seul, dans une chambre d'hôtel ou un coin de rue isolé... peu importait l'endroit tant qu'il n'y avait personne pour me regarder pleurer et souffrir. Pendant des années, j'ai pensé souffrir de maladie maniaco-dépressive. Je ne pouvais pas comprendre, à cette époque, que j'étais devenu un malade alcoolique (j'allais dire « tout simplement ») avec son cortège de symptômes associés : isolement, schizophrénie, mégalomanie, crise de paranoïa aiguë, dépression, déprime, etc. La liste est longue. Je portais en moi tous ces maux, tous ces symptômes, mais ils apparaissaient aussi violemment qu'ils disparaissaient. C'était très déroutant, autant pour moi que pour les personnes du corps médical qui ont essayé de me soigner. La maladie de l'alcoolisme est très mal comprise en France, pour des raisons de tradition vinicole essentiellement. Elle est bien mieux abordée dans les pays anglo-saxons, et notamment aux USA.

Eh bien, j'y étais, justement, aux USA ! En plein dedans même, à Los Angeles, Californie, le cœur du « rêve américain ». Une infime minorité de rêveurs y réalisait effectivement ses aspirations, mais cette petite poignée de chanceux faisait rêver et fantasmer le reste de la population de ce gigantesque pays : les mégalos, les ambitieux, les graines de stars (la plupart ne demeuraient que graines, d'ailleurs), arrivés de partout… de Seattle, de Chicago, du Wisconsin, de France, d'Italie, de partout… Chacun voulait être le prochain Brad Pitt, la prochaine Sharon Stone. C'était pathétique à voir, cela faisait même pitié parfois… Et moi, j'étais là, au beau milieu de toute cette effervescence, à juste essayer de vivre… ou plutôt de survivre.

Ma seule ambition était de finir tranquillement ma vie loin de toute chambre d'hôpital psychiatrique, de toute forme de camisole de force et de toutes ces pilules multicolores destinées à me protéger de moi-même et de ma violence autodestructrice.

Je ne sais pas quel cauchemar j'avais fait dans mon enfance pour être ainsi persuadé de finir un jour ma vie dans un tel état de délabrement, végétant comme ces malheureux internés du film *Vol au-dessus d'un nid de coucou.* (J'ai beaucoup de références cinématographiques. « Victime de la mode, tel est mon nom de code », MC Solaar.)

Remplissant dignement mon contrat avec la justice américaine, j'avais assisté à six réunions A.A. – dont une inoubliable à Beverly Hills où il y avait deux Porsche et une Ferrari devant l'entrée, ainsi que deux blondes carrossées comme ces mythiques bolides. Pour des anciens ivrognes, ils avaient l'air de ne pas trop mal se débrouiller, ces petits salopards. J'ai récupéré mon permis de conduire et promis à la juge de ne plus jamais recommencer : « Parole d'ivrogne, promis juré et je crache par terre, bien sûr ! » Je veux bien admettre que je bois de temps en temps, mais je ne mens jamais… au grand JAMAIS ! Enfin… sauf certaines fois, bien sûr, comme tout le monde. Je n'étais pas non plus un saint, ni un sein. Mais, c'était seulement pour des choses essentielles : comme tromper ma petite amie avec sa meilleure copine, dire que je n'avais pas bu depuis plus d'une semaine alors que j'étais complètement bourré la veille, raconter que mon père était un important homme d'affaires, que j'avais traversé l'Afrique à vélo, l'Atlantique à la nage… Des choses importantes, des choses vitales quoi, vous me comprenez… Comme dit Alain Souchon (salut, mon pote !) dans une de ses jolies chansons : « Dans le ventre de ma mère si j'avais su comment c'était dehors, je serais resté dedans, mais personne ne m'a rien dit, bande de petits filous. »

Ma sœur Linda m'envoyait de façon régulière mes anxiolytiques de France. (Je la salue et la remercie au passage.) Tous les deux mois, elle m'envoyait mes pilules de survie. Jamais de retard, elle savait que pour moi c'était important. Mais sur cette période de deux ans à Los Angeles, il y a eu fatalement et malheureusement une fois où le paquet s'est égaré. Cela signifiait quelques jours d'attente, mais il me restait suffisamment de réserves pour patienter sans m'inquiéter vraiment… Les jours passent. Je ne reçois toujours pas mon colis de survie. Je m'inquiète, je m'affole un petit peu, je rappelle ma sœur et lui demande de m'en envoyer rapidement un autre paquet. Pas grave si le premier paquet refait surface. Les pilules ne seront pas perdues : un pharmaco-dépendant ne se plaint jamais d'un trop-plein de stock.

Ma sœur me dit : « Pas de problème, ne t'inquiète pas, je t'envoie cela au plus vite. » J'étais rassuré, mais en même temps, nous, les dépendants d'antidépresseurs, de pilules anti-angoisse, il n'y a que le doux bruit des pilules dans leur boîte qui nous rassure. Ce cliquetis magique de la boîte de comprimés qui s'agite dans notre poche au moindre mouvement sec, voulu et orchestré par nous-mêmes.

Tant que j'entendais ce bruit, je me sentais en sécurité, je n'avais rien à craindre. À la moindre grosse angoisse, à la moindre forte crise de dépression, elles étaient prêtes à m'aider, à me sortir de là, à me sauver la vie… Je les aimais, mes pilules, je les adorais même : c'était mes amours, mes infirmières, mes stars, mes DIEUX de vie. Gloire au Lorazépam, gloire à la société Biodim. Gloire aux maîtres de ce monde, les magnifiques sociétés de laboratoires pharmaceutiques. Merci et gloire à vous pour des générations et des générations. Alléluia !

J'attendais donc, avec une impatience non dissimulée, ce petit colis miraculeux. Ma petite amie, revenue entre-temps, sentait mon angoisse s'amplifier de jour en jour. Malheureusement arriva le jour fatidique où, en me réveillant un matin, je m'aperçus qu'il ne me restait plus aucun cachet de vie, ni un demi, ni un tiers, ni même un petit quart... Rien de rien, que des cadavres de boîtes vides devant moi.

Je vais encore une fois jusqu'à la poste pour demander s'il n'y a rien pour moi : « Un colis de France, je ne sais pas moi, un petit paquet... vous avez bien quelque chose pour moi ? Ma sœur me l'a envoyé de Paris, elle ne ment pas, merde ! Regardez dans vos tiroirs, bande d'idiots d'Américains, de lanceurs de fusées, de bouffeurs de pop-corn ! » Au bout de dix minutes de cette agitation, un vigile arrive et me demande gentiment de me calmer et de laisser tranquille l'employée de la poste qui semblait affolée devant mon insistance et ma nervosité.

Je retourne à la maison avec ma petite amie, qui paraissait maintenant aussi nerveuse et angoissée que moi : « Mais Gabriel, tu n'es quand même pas un drogué. Tu peux bien rester quelques jours sans ces pilules, et puis... elles vont bientôt arriver, un peu de patience. » Je me suis déshabillé et j'ai pris une douche froide pour me calmer. Cela faisait déjà quelques heures que je n'avais plus rien dans le sang, et je commençais à en souffrir atrocement.

Je me suis accroupi tout nu dans un des angles de la chambre, en position fœtale. J'ai commencé par frissonner, puis je me suis mis à pleurer et à crier de douleur et de manque. Mon amie a vraiment pris peur en me voyant dans un tel état. Après un instant de panique, elle me regarde soudain dans les yeux et me dit : « Habille-toi et prends une boîte vide de tes pilules. Je vais t'en trouver, moi, quitte à faire le tour des pharmacies de Los

Angeles. On va en trouver, on ne rentrera pas avant de les trouver, ces foutus médicaments… Fais-moi confiance, mon pote ! » Elle était tellement sûre d'elle, elle était tellement déterminée que je me suis dit que personne ne pourrait l'arrêter. Je me suis senti rassuré, elle allait me trouver une solution, cette fille-là, j'en étais sûr.

Je l'ai suivie dans la voiture. Elle a pris le volant : je n'étais pas capable de conduire dans cet état. Nous avons descendu tout Sunset Boulevard presque jusqu'à Downtown Los Angeles. Nous avons fait toutes les pharmacies les unes après les autres. Je n'en pouvais plus, je commençais à désespérer. Elle, par contre, ne lâchait pas le morceau. Elle parlait avec les pharmaciens, argumentait, se fâchait contre eux, partait même en claquant la porte… une vraie furie.

Ils avaient tous peur de nous vendre des pilules qui n'étaient pas, d'après eux, vraiment de la même composition que les nôtres. Ils avaient surtout peur d'être hors la loi et ne voulaient pas prendre de risque, car en plus nous n'avions pas d'ordonnance.

Après plus d'une dizaine de négociations infructueuses avec des pharmaciens réfractaires (j'étais exténué, affalé sur le siège de la voiture à attendre qu'elle ressorte encore les mains vides d'une énième pharmacie), je la vois revenir soudain avec un sourire enthousiaste. Elle me demande de sortir au plus vite de la voiture. Ce pharmacien-là voulait bien nous dépanner, à deux conditions cependant : voir à quoi je ressemblais, et surtout nous faire payer cent dollars la boîte qui, en définitive, n'en aurait valu que trente si nous avions eu une ordonnance en bonne et due forme.

Je suis sorti de la voiture sous une chaleur accablante. Cela me semblait encore plus pénible de marcher dans cet état. Je me suis approché du pharmacien, un quinquagénaire d'origine hispanique, grand, trapu, un corps en forme de bouteille de Perrier, les cheveux gris et fortement dégarnis, une blouse blanche comme pour montrer qu'il appartenait bien au corps médical.

Il me regarde dans les yeux, m'observe en penchant la tête comme pour mieux voir derrière mes pensées, scrutant si je dissimulais quelque idée malsaine derrière ma tête. J'essaie de lui sourire, je n'y parviens pas très bien. Il ne répond même pas à mon salut, il regarde ma copine et lui dit : « Alors, d'accord pour les cent dollars ? » Je sors moi-même l'argent de ma poche. J'étais tellement impatient et en manque que je me foutais totalement de ces salamalecs. Il prend les billets verts, les compte un par un et les enfouit tout au fond de sa poche. Il revient quelques minutes plus tard avec un petit sac en papier blanc qu'il tend à ma copine en marmonnant quelques mots de prévention. Il s'éloigne ensuite rapidement dans une démarche balourde, un peu comme un ours mal léché.

Je remonte rapidement dans la voiture, avale directement cinq pilules avec un peu d'eau oubliée dans le fond d'une bouteille en plastique sur la banquette arrière. Je m'arrange pour que ma copine ne s'aperçoive pas du nombre de pilules ingurgitées. J'en cachais d'ailleurs la quantité exacte à tout mon entourage pour ne pas les affoler. Je lui demande gentiment de s'arrêter deux minutes devant un supermarché pour que j'aille acheter une boisson fraîche. Je rentre dans ce magasin américain géant et me dirige directement vers le rayon liqueurs. Je prends quatre mini-bouteilles de vodka ainsi qu'une canette de bière bien fraîche, d'un énorme frigo. J'avale la moitié de la canette avec une autre poignée de pilules, puis je vide dans le reste de bière le contenu des mini-bouteilles de vodka. Pour nous, les connaisseurs, c'est un cocktail explosif surtout lorsqu'il est mélangé à ces pilules magiques. Pilules qui, tout le monde le sait, sont accompagnées de cet avertissement : « Ne surtout pas consommer d'alcool pendant la prise de ces médicaments. » Le temps d'arriver à la caisse, j'engloutis une bonne moitié de ce savoureux mélange. Je reviens vers le véhicule où m'attendait mon amie. Elle me voit arriver avec le fameux sourire du malade alcoolique rassasié. Elle m'observe et semble étonnée de me voir si rapidement et si radicalement changer de personnage. Ce garçon stressé, tendu et désemparé laisse soudain apparaître un dandy souriant et nonchalant. Je me mets à rire, presque sans raison, rien que de la voir si sérieuse et si soucieuse. Moi, j'étais tellement bien dans mon corps maintenant, tellement libéré. Je sortais d'un enfer où mes muscles et mon mental avaient été tellement tendus, tellement meurtris, que je me foutais éperdument de ce qu'elle pouvait penser. J'étais dans mon nirvana.

Elle me dit : « Gabriel, tu es devenu un drogué, un toxicomane, tu m'inquiètes vraiment. Il faut que tu fasses quelque chose pour te sortir de là. Tu ne peux pas rester comme ça toute ta vie ! » Je lui souris, mais plus pour la faire taire qu'autre chose. Je lui lance deux ou trois phrases allant dans son sens, ce qui a eu pour effet de la calmer un peu, sans vraiment la rassurer pour autant, personne n'est dupe dans ce genre de situation. Que lui dire de toute façon ? « La vérité, c'est que je suis déjà content d'être en vie. Je préfère être en vie et en liberté même dépendant de ces pilules, qu'enfermé dans un asile de fous, ou alors version définitive, dans un cimetière allongé confortablement sous un mètre de bon et épais terreau après un suicide réussi cette fois, poussé à ce geste par mes insupportables souffrances mentales. Mais cela bien sûr, tu ne peux pas le comprendre. Tu as la chance d'être normale, toi ! » Alors, j'ai préféré lui sourire stupidement. Je ne voulais pas gâcher cet instant de bonheur, ce nirvana, ce moment où l'effet de mes drogues montait au plus haut de mon cerveau, à l'intérieur même de mes neurones.

Je vous passe quelques tristes anecdotes qui me sont encore arrivées à Los Angeles les semaines suivantes pour évoquer directement la « der des ders » de ce long séjour de deux ans.

Un couple de Français nous avait invités, ma petite amie et moi, à passer le réveillon de Noël avec eux. Les malheureux. On n'invite pas un alcoolique pour un soir de réveillon. Il faut être complètement fou ou masochiste pour commettre une erreur pareille. Ils devaient être un peu des deux, je crois. En tout cas, vous, chers amis lecteurs, ne le faites jamais, c'est dangereux. Vous ne pourrez pas dire après cette histoire que vous n'aurez pas été prévenus…

On arrive donc à la soirée qu'ils avaient organisée chez eux. Nous étions deux couples à fêter Noël. Bien sûr, avant de partir de chez moi, j'avais pris quelques verres histoire de détendre l'atmosphère ou peut-être de détendre mon cerveau constamment stressé… je ne sais plus très bien. J'avais l'air un peu trop joyeux pour que ce soit naturel, et mon amie était un peu trop inquiète pour paraître heureuse, ce qui confirmait d'autant plus, s'il en était besoin, mon état d'ébriété avancé. Nous entrâmes ainsi chez ces gens si charmants qui se faisaient une joie de nous recevoir (pour vous dire le niveau de folie de certains).

L'appartement était de type « bourgeois moderne », avec une dominante de blanc, de beaux meubles et vases design : un intérieur assez bien décoré, dans l'ensemble.

Nos nouveaux amis avaient l'air d'avoir de confortables revenus. Lui était banquier et avait créé une entreprise qui importait des vins de France, c'était la mode à cette époque : tout le monde voulait importer des vins de France. Lui, n'avait pas un physique facile : il était un peu rond, le front bien dégarni derrière les oreilles, un visage quelconque sans beauté ni véritable laideur, mais aucun charme superflu non plus. Mes impressions sur son aspect physique ingrat m'avaient été confirmées par ma petite amie qui le trouvait très fade. Sa compagne, quant à elle, était jolie : blonde, grande, peut-être un peu trop mince, mais jolie et sexy, malgré tout. Elle n'était plus très jeune et cachait mal les rides d'un visage marqué par une certaine consommation d'alcool. (Alors, vous voyez bien qu'il n'y a pas que moi qui bois !) De petits vaisseaux sanguins se dessinaient par-dessus ses narines, mais l'ensemble était loin d'être désagréable… surtout pour un pauvre idiot dans un état d'ébriété avancé.

On commence par l'apéritif. Après trois ou quatre verres (je n'allais quand même pas compter, c'était Noël après tout !), je me sentais de plus en plus en confiance : Mister Hyde était de retour, il était là, et bien là. La preuve : nous commençons (Mister Hyde et moi) à faire du pied sous la table à la jeune quadragénaire blonde et sexy de vingt ans mon aînée. Elle était, bien sûr, aussi allumée que moi par les petits verres d'alcool à répétition que nous avions avalés sans complexe et sans retenue. C'est que nous avions notre « joker », ce jour-là : nous étions le soir de Noël.

Pour nous les alcoolos, les grandes occasions, les mariages, les anniversaires ou encore les réveillons, c'est fantastique. On peut boire tout notre saoul, nous avons le prétexte royal. « Que quelqu'un ose dire quelque chose. Comment ? Le soir de Noël, vous voulez empêcher quelqu'un de boire ? Un soir de réveillon ? Mais c'est une infamie. Vous êtes un fasciste, un nazi ? Personne ne se permet de casser l'ambiance un tel soir. Vous n'avez pas honte ? » Vous voyez bien que personne ne peut rien nous dire... C'est pas le paradis, ça ? En tout cas, pour moi, comme pour la plupart des malades alcooliques, je peux vous promettre que ça l'est.

Mes petites amies de l'époque attendaient que ça se passe, sans trop rien dire, les pauvres, et en priant pour qu'il n'y ait pas trop de dégâts. Ces soirs-là, elles évitaient d'intervenir, de peur de passer pour des pimbêches, des emmerdeuses, des sales contrôleuses de vie. Elles savaient très bien, au fond d'elles-mêmes, que ce soir-là ou un autre, qu'importait... la boisson me rendrait aussi malade et aussi dangereux qu'un autre jour, aussi bien pour moi-même que pour mon entourage.

Voilà que la belle quarantenaire répond à mes appels (du pied). Elle y va même de plus belle et plus franco que moi. Elle remonte au niveau de mes mollets, de mes genoux, de mes cuisses et arrive finalement, en bout de course, à mes parties génitales... mon sexe, quoi. Et comme mon sexe passait, lui, un bon moment en compagnie de ce joli pied féminin, j'ai décidé de rendre la pareille à la dame… mais beaucoup moins adroitement, vu l'expression de son visage. Elle n'avait pas l'air d'apprécier la forme rectangulaire de mes belles chaussures. Je comprends en un éclair (un éclair d'alcoolo… c'est lent, pour ceux d'entre vous qui ne le savent pas). Je retire alors ma chaussure discrètement. (Vous avez déjà vu un alcoolique bourré être discret ?) Ensuite, je remonte tant bien que mal le long de ses cuisses et atteins enfin son entrecuisse. Ouf, c'est bon… on y est enfin. Elle est pas belle, la vie ? Bon, maintenant… qu'est-ce qu'on fait ? C'est alors que la blonde me fait signe de la suivre dans la cuisine. Je balbutie une stupide excuse de « petit doigt qui saigne » pour m'éclipser du salon. La maîtresse de maison m'accompagne, bien sûr, puis m'entraîne dans la salle de bains, claque la porte avec son pied et me saute dessus en m'embrassant à pleine bouche. J'avais l'impression qu'elle allait m'aspirer les lèvres, mais j'avoue que c'était très excitant de savoir qu'à quelques mètres se trouvaient nos deux amoureux respectifs.

Comme dans toutes les histoires d'alcoolos, trop souvent pathétiques, il y avait un hic… Elle avait oublié de fermer la porte de la salle de bains à clef. Bien sûr, ma petite amie a fait son apparition sans prévenir. (Je souligne au passage un certain manque d'éducation de sa part, tout de même !) Elle nous surprend bouche contre bouche et mes mains dans… enfin… vous voyez, quoi ! Elle se met à crier et à pleurer en même temps. Et là, messieurs, mesdames, chers amis lecteurs, j'ai fait une chose inqualifiable… Une chose que je n'oublierai jamais… Toutes les associations de femmes libérées vont sûrement m'en vouloir durant plusieurs générations… Chaque fois que j'y repense, d'ailleurs, j'en ai honte… J'ai fait passer ma petite amie pour une hystérique. C'est-à-dire que, cette dame blonde et moi, nous l'avons insultée en criant à tue-tête qu'elle était complètement cinglée, qu'elle s'inventait des histoires pour nourrir ses phobies, que, trop jalouse, elle ne pouvait même pas supporter que quelqu'un pose un pansement sur mon doigt et que… patati patata ! Nous l'avons roulée dans la farine. Elle s'est mise à pleurer. Je lui ai donc demandé de rentrer, car elle avait tout gâché. Incroyable, tout de même, ce que les gens sont égoïstes. Je l'ai alors achevée par ces mots : « C'est mieux que tu partes tout de suite avec la voiture. Tu en as assez fait comme ça pour aujourd'hui. Moi, je trouverai un autre moyen pour rentrer plus tard à la maison. »

Je n'ai jamais oublié ce que j'ai fait ce soir-là à cette pauvre fille qui pourtant m'adorait. Chaque fois que j'y repense, j'ai mal à l'estomac et j'ai envie de pleurer. J'espère qu'elle m'a pardonné ou, du moins, qu'elle a gommé de son âme le mal que je lui ai fait. En ce qui me concerne, je n'ai pas oublié. Je n'oublierai d'ailleurs jamais mon égoïsme et ma stupidité de ce jour-là.

Je profite de ces quelques lignes pour faire de nouveau amende honorable. Je sais, l'alcool n'excuse pas tout… Mais je n'ai malheureusement pas d'autre excuse que celle-là…

Je me suis retrouvé seul avec le couple. Le mari n'avait rien compris à ce qui s'était réellement passé… Ou peut-être, faisait-il semblant de ne pas comprendre ? Cela ne devait sûrement pas être la première fois que cette « gentille dame » lui faisait ce genre d'affront. Mais il acceptait, sûrement en désespoir de cause ou par peur de perdre cette personne qu'il estimait ne pas mériter, cette femme qu'il pensait peut-être trop belle pour lui.

J'étais là, gêné et à moitié bourré – ce qui venait de se passer m'avait tout de même un peu dessaoulé. On l'aurait été à moins, me direz-vous. Ils m'ont proposé de rester dormir chez eux. J'ai accepté. Je n'étais absolument plus capable de rentrer chez moi. Je me suis assis dans le fauteuil, j'ai regardé autour de moi puis, tout à coup... je ne sais pas pourquoi... mais, d'un coup, la stupidité de toute ma vie est remontée à la surface. Comme la moutarde vous monte au nez, comme un cadavre remonte un jour ou l'autre à la surface. (Ne tuez jamais personne, chers amis lecteurs. Mais si jamais vous le faites, ne jetez pas le corps à la mer, ça remonte toujours à la surface un jour ou l'autre. C'est juste un petit conseil.)

Le cadavre de la banalité de mon existence était donc remonté à la surface. Il m'était apparu soudainement comme un gigantesque iceberg. Et là, je me suis mis à pleurer, mais à vraiment pleurer. Je sanglotais comme un petit enfant, de tout mon désespoir, je suffoquais presque sous mes larmes. Mes deux hôtes étaient désemparés devant cette crise. Ils étaient émus par ce grand garçon qui pleurait comme un gosse qui a perdu sa maman dans un centre commercial... Mes larmes étaient sincères, pour une fois. J'osais pleurer et laisser apparaître mon désarroi devant des tiers.

Ils ont tenté, tant bien que mal, de me consoler. J'ai demandé entre deux sanglots si je pouvais appeler ma sœur à Paris. Ils ont composé le numéro à ma place, tant j'étais mal en point et tremblotant. J'ai eu ma sœur Linda au téléphone. Elle était pour moi comme une deuxième maman, à l'époque. Comme je ne pouvais plus prononcer une syllabe correctement tellement je sanglotais, elle s'est affolée, se demandant ce qui m'arrivait. J'ai essayé de reprendre mon calme pour lui expliquer que j'en avais marre, que j'étais en pleine dépression. Et, pour la première fois, j'ai enfin avoué à un autre être humain ma surconsommation d'alcool, mes peurs, ma tristesse et mon désespoir constant.

Elle a essayé de me calmer et a demandé à parler à la personne qui était à mes côtés. J'ai passé le combiné à ce bel homme, banquier de son état, et me suis remis à pleurer tout doucement, sans faire trop de bruit, comme un petit enfant fatigué d'avoir pleuré tout son saoul.

L'homme et la femme m'ont ensuite couché en me disant que tout était arrangé avec ma sœur, qu'ils allaient s'occuper de me faire rapatrier à Paris dans les prochaines quarante-huit heures. Ma famille allait me réserver une chambre dans une clinique privée pour que je fasse une cure de désintoxication afin de me sevrer de l'alcool et des médicaments. Ils m'ont dit que je n'avais plus à m'inquiéter, mais juste à me laisser porter, que ma famille – accompagnée de spécialistes – allait trouver une solution pour me sortir de cet enfer, et qu'il fallait absolument que je leur fasse confiance.

Je ne sais pas pourquoi, mais je me suis endormi rassuré. J'étais heureux, soulagé d'avoir pu avouer que j'étais malheureux, dépressif et dépendant de cet alcool et de ces foutus barbituriques depuis plusieurs années. C'était comme une petite libération. Malheureusement, je n'étais pas encore arrivé au bout de mes peines… même si le chemin n'était plus très long.

Quarante-huit heures plus tard, je prends l'avion pour Bruxelles. Il n'y avait plus de place pour un retour direct sur Paris avant une semaine.

Ma sœur m'avait dit : « Ne t'inquiète pas, Simon (mon beau-frère) et Michel (mon petit frère) seront là pour te prendre à l'aéroport. » Je ne comprenais pas pourquoi mon petit frère devait être là. Cela me gênait un peu, j'aurais préféré deux adultes, mais bon, après tout, ce n'était que pour faire le trajet retour. Mon beau-frère ne voulait sûrement pas être seul à l'aller. Ma sœur Linda m'avait dit pour me rassurer qu'ils me déposeraient rapidement chez ma sœur Martine (la femme de Simon). Tout le monde m'attendrait pour un bon dîner en famille, et, dès le lendemain, une chambre serait réservée dans la clinique privée de Daniel B., le frère de Simon, le mari de ma sœur Martine (vous suivez toujours ?). Enfin, tous ces détails n'avaient pas vraiment d'importance. L'essentiel était qu'on allait enfin me soigner – du moins essayer, ce qui n'était déjà pas trop mal.

J'étais pressé d'être au lendemain. Je n'ai quasiment pas dormi de la nuit. Le matin, on m'a emmené dans cette clinique, qu'on me présentait presque comme la solution magique à tous mes maux. J'avoue que je n'y croyais pas vraiment à cette guérison miraculeuse, mais j'en avais tellement marre de souffrir que j'essayais de m'autopersuader que tout allait bien se passer. Je me sentais comme un malade qu'on emmène à Lourdes. Est-ce que le miracle va s'opérer ? J'étais, pour ma part, je vous l'avoue, assez sceptique.

Après une semaine de cure, on avait diminué petit à petit le nombre d'anxiolytiques que je prenais quotidiennement. J'avais rencontré, pendant mon séjour, quelques psychologues qui me parlaient dans un jargon que je maîtrisais mal, avec, de surcroît, une intonation qui ne me plaisait guère, comme celle d'un être supérieur s'adressant à un retardé mental sur un ton linéaire et sentencieux. Ils avaient plutôt tendance à me mettre mal à l'aise, comme s'ils voulaient me culpabiliser de ma consommation excessive. Ils souhaitaient absolument que l'on parle de mon enfance mais sans m'en donner l'envie, sans aucun contact chaleureux, sans même un peu d'attention ou de compassion. C'était à eux de me donner confiance, de m'amener à la parole, c'étaient eux les spécialistes, moi, je n'étais qu'un client malade, très malade.

Le dernier jour de mon hospitalisation, je me sentais presque plus mal qu'à mon arrivée. Le pire, c'était que j'avais l'impression que tout le monde s'en foutait complètement. Chacun des médecins semblait satisfait d'avoir quelques heures de consultations à rajouter à son salaire. Cela allait sûrement payer les cours de tennis du « p'tio » ou le prochain dix-huit trous à Deauville (bravo les mecs, on voit où va l'argent de la Sécu).

Je n'ai senti aucune compassion de leur part, personne n'a vraiment essayé de comprendre ce que je vivais, ce que je ressentais. Ils appliquaient machinalement ce qu'ils avaient étudié en cours de « médecine de l'âme », et puis tant pis pour ceux que ça ne soigne pas. Après tout, on n'est pas payé au résultat.

À la fin de mon séjour, le directeur de la clinique, qui faisait donc partie de ma famille par alliance (je ne vais pas revenir là-dessus, c'est assez compliqué), me reçoit dans son cabinet, me fait asseoir face à lui, et me regarde avec un sourire sympathique et plein d'amour. Après quelques formules de politesse, il me fixe droit dans les yeux et d'un seul coup me dit une chose qui m'a beaucoup impressionné et que je n'ai d'ailleurs jamais oubliée : « Gabriel, même si cela va mieux, il faut que tu comprennes une chose, une seule, et que tu l'appliques pour le restant de ta vie : il ne faut plus que tu boives une seule goutte d'alcool, plus une seule de toute ta vie, tu m'entends ? Même le jour du mariage de ta fille, enfin la fille que tu auras sûrement bientôt, il ne faudra même pas que tu prennes une goutte de champagne pour fêter ça, même ce jour-là, tu entends bien ? » Je l'ai regardé, interloqué et effrayé de le voir si concerné par ce qu'il venait de me dire. J'ai pris un air très sérieux et j'ai dit : « OK, j'ai très bien compris. Pas une goutte... pas une seule, c'est bien ça ? » Il m'a regardé avec intensité et a confirmé par un hochement de tête lourd et sans un sourire pour montrer qu'il était très sérieux. J'en ai fait autant afin de lui montrer que, moi aussi, j'étais sérieux. On aurait dit deux Japonais qui se saluaient à la manière traditionnelle.

Je suis rentré chez mes parents la tête lourde et un peu déstabilisé. Je me suis mis très tôt au lit et me suis même endormi rapidement ce soir-là. (Il faut dire que j'avais une ordonnance à suivre avec des cachets qui facilitaient l'endormissement.)

Le lendemain, je me suis réveillé aux aurores, vers les six heures du matin. J'étais, comme à mon habitude, angoissé... très tourmenté. J'ai avalé les médicaments prescrits en essayant de ne pas dépasser la dose, ce qui n'est pas facile pour quelqu'un comme moi, surtout quand il se sent oppressé et anxieux. Ce matin-là, comme des centaines de matins déjà, depuis quelques années, j'étais de nouveau inquiet, déprimé et désemparé. Tout le monde dormait chez moi, et mon gentil papa m'avait laissé les clefs de son auto, une Peugeot 505 ou 405, je ne sais plus trop. Peu importe. Je décide pour calmer mes angoisses d'aller me ravitailler en alcool fort. Je monte dans cette « belle » voiture, je démarre et pars en trombe poussé aux fesses plus par mon angoisse que par le vrombissement glauque du moteur de ce « splendide bolide » désuet. J'arrive sur les Champs-Élysées sans même réfléchir, comme un automate, je me gare sur la file du milieu réservée aux arrêts d'urgence, face au Monoprix : j'étais, pour ma part, une urgence ambulante. Je me dirige vers l'entrée du magasin. Malheureusement, les portes étaient fermées. Une pancarte indiquait : « Ouverture 8 h 30 ». Il n'était que huit heures… Comment allais-je tenir pendant une demi-heure dans cet état ? Je remonte dans mon véhicule et commence à pleurer de nervosité et d'anxiété… « Il va ouvrir, ce putain de magasin ? Je vais mourir, c'est pas possible je ne tiendrai jamais. Encore vingt et une minutes, mes artères vont exploser, ma tête va imploser, mon cerveau va se répandre sur la chaussée… Ils sont fous ces gens-là, ils ne savent pas que je suis malade ou quoi ? »

Plus que quatorze minutes à tenir. « Serre les dents, connard, tu peux tenir encore un peu, ne me lâche pas comme ça. »

Plus que sept minutes… Je n'en peux plus, je décide de me lever pour aller devant la porte, comme cela je gagnerai au moins quelques secondes. C'est toujours ça que les Allemands n'auront pas. (Un peu d'humour pour détendre l'atmosphère, je ne sais pas pour vous, mais moi j'en peux plus.) Devant la porte du Monoprix, je vois les vendeuses qui commencent à ouvrir les portes. Mais elles sont vraiment lentes… « Elles le font exprès, c'est pas vrai. Elles font ça pour essayer d'exister, c'est pas possible. Dites-leur qu'il y a d'autres moyens plus intelligents pour s'affirmer. » Un peu comme ces piétons qui ralentissent leur allure quand ils arrivent aux passages piétonniers… et surtout quand il y a une voiture (vous, en l'occurrence) qui attend pour passer. On a presque l'impression qu'ils passent devant vous en séquence « ralenti » avec une fierté et un orgueil qui m'épateront toujours. À croire qu'ils ont créé l'univers juste avant de traverser la rue. Il n'y a pas quelqu'un qui peut leur dire, à ces abrutis, que c'est riiiiidicule, qu'il y a d'autres moyens – plus intelligents peut-être – pour affirmer leur personnalité. Mais en ont-ils vraiment une ?

Enfin, la porte s'ouvre, je dévale les escaliers qui mènent à l'alimentation. Je vais dans le rayon liqueurs, je prends une bonne bouteille de whisky et me dirige vers la première caissière. « C'est pas vrai, cette idiote se maquille. Il n'y a pas quelqu'un de normal ici ? » (Si… toi, abruti ! Tu es vraiment normal… Tellement normal que tu vas reboire dans quelques secondes après avoir promis à tout le monde que…)

Je sors enfin de ce Monoprix, plus que quelques secondes pour sentir le merveilleux liquide couleur or couler dans ma bouche et dans ma gorge. Je monte dans ma voiture, je n'ai pas le temps de démarrer que la police me tombe dessus. Les policiers me demandent de descendre et me mettent les menottes. Comment vais-je tenir dans cet état de manque ? Il va probablement falloir que je reste encore plusieurs heures sans une goutte d'alcool.

Je plaisante, c'était pour voir si vous suiviez. Je ne voudrais pas écrire tout cela pour rien, vous me comprenez ?

Donc, on reprend : je pénètre dans la voiture, me baisse et avale enfin ce liquide doré à l'or fin. C'est soudain le paradis après l'enfer, mon corps se détend, mes dents se desserrent, mon cerveau se réoxygène, mon sourire se remet à sa place habituelle, je suis de nouveau en vie. Je peux voir les gens autour de moi, les arbres, les oiseaux… Tout reprend vie, je passe de la télévision noir et blanc à la télévision couleur, et c'est beau. Merci, Bacchus, tu es le plus beau, tu es le plus fort. Je t'aime mon ami, mon seigneur et maître, gloire à toi. Je te construirai une église un jour, promis, et la parole d'un… d'un alcoolo. J'avais oublié, je suis con ou quoi, je suis un alcoolique et les alcooliques n'ont pas de parole, donc je peux promettre n'importe quoi à n'importe qui. C'est pas génial, ça ? Ce serait idiot de ne pas profiter des avantages que la vie vous offre, j'accepte bien les désavantages moi.

J'ai continué à boire toute la journée. Je ne me rappelle plus du tout ce que j'ai fait ce jour-là, ni les autres jours qui ont suivi d'ailleurs, mais c'était de plus en plus terrible… Encore pire qu'avant ma cure de désintoxication. Mon corps, mon esprit, ma maladie, tout semblait vouloir récupérer le retard et la frustration accumulés. Alors, plus je buvais et plus j'avais soif. Mon corps était devenu un contenant pour ce foutu contenu, cet alcool qui brûlait tout sur son passage : le tube digestif, l'estomac, le foie, les intestins. Mais l'organe le plus atteint était mon pauvre et malheureux cerveau. L'alcool brûlait petit à petit mes neurones, lentement mais sûrement, un peu comme de l'acide sulfurique… J'avais l'impression que tout fumait, là-haut. L'alcool me rendait de plus en plus malade. Plus aucune nourriture n'avait le droit de stationner, mon corps rejetait automatiquement tout corps solide. Je ne faisais plus que boire et vomir du liquide, à longueur de journée.

En quelques jours, tout le monde autour de moi avait remarqué mon état, ma rechute vers l'enfer, mon plongeon dans le monde particulier et nauséabond de notre seigneur Bacchus.

Ma mère avait prévu de descendre pour quelques jours à Juan-les-Pins, une petite ville balnéaire sur la Côte d'Azur complètement désertée l'hiver. Elle m'a proposé de venir avec elle, pensant qu'un peu d'air frais me ferait le plus grand bien. Je n'ai pas hésité un seul instant, toute escapade ou fuite géographique était bonne à prendre. Je pensais qu'en me déplaçant assez fréquemment, j'arriverais à semer mes fantômes. Mais je dois avouer que ces petits salopards étaient presque aussi rapides que moi…

J'avais justement gagné une belle petite somme d'argent en vendant quelques espaces publicitaires. J'arrivais quand même à travailler quelques heures par semaine, fort heureusement. Mais combien de temps encore ce stratagème continuerait-il à fonctionner et à me permettre de subvenir à mes consommations quotidiennes ?

Juste avant de me rendre sur la Côte d'Azur, j'ai eu un petit accrochage avec une voiture qui était à l'arrêt au feu rouge. Je suis descendu et j'ai commencé à engueuler le pauvre malheureux qui était au volant et qui n'avait d'ailleurs rien fait de mal. Un agent de police s'est approché de nous. Je lui ai dit : « Ce mec est complètement fou, je vous jure. En plus, il est complètement bourré. J'exige qu'on lui fasse une prise de sang à ce con. » Le policier m'a regardé droit dans les yeux. Il a dû penser : « Pauvre type, il n'a plus sa raison. », et m'a répondu : « Écoutez, jeune homme, vous n'avez pas l'air d'être un méchant garçon, alors suivez mon conseil, rentrez chez vous rapidement, si la fourgonnette de police arrive, c'est vous qui allez avoir de sérieux problèmes, vous êtes complètement ivre. » Je l'ai regardé, j'ai marqué un temps d'arrêt… Je suis ensuite remonté dans ma voiture sans ajouter un mot de plus. Je suis parti… Parti comme un voleur… Parti comme un malade pour de nouvelles aventures… Et quelles aventures !

La veille de mon départ, pris par une de mes angoisses les plus fortes sur l'échelle de Richter-Bacchus, un petit dix-huit (ce qui est quand même pas mal – j'aurais pu faire mieux, mais je n'étais pas trop mécontent de ce résultat), j'ai sérieusement décidé de préparer mon suicide. Cette fois, je ne voulais pas le rater. J'en avais vraiment marre de souffrir, marre de mon isolement mental… marre de ma vie. On pouvait l'être à moins, me direz-vous…

Je décide donc très sérieusement qu'après mon retour de ces vacances prétexte j'irai voir les A.A. pour quelques instants, quelques jours, quelques semaines. Histoire de prendre le temps de parler à des gens sympathiques qui n'avaient pas l'air de trop juger ceux qui étaient comme moi sous l'emprise de l'alcool. Ensuite, je me suiciderai enfin… pour arrêter là cette plaisanterie, cette boucherie, pour stopper l'hémorragie. Après tout, on achève bien les chevaux pour leur bien, pour arrêter leurs souffrances, alors pourquoi pas moi.

Étant donné que je devais faire le trajet en voiture avec ma mère, je n'avais pas trop bu, enfin juste ce qu'il fallait pour ne pas être en manque. Le trajet a été une véritable souffrance, je jonglais avec les doses d'alcool comme un chimiste avec ses produits pour parvenir au résultat voulu.

Nous arrivons enfin à Juan-les-Pins. Nous étions fin mars, il faisait très beau dans la petite ville balnéaire, pas encore chaud, mais le ciel était très bleu et complètement dégagé comme il peut l'être en cette merveilleuse saison qu'est le printemps. À vrai dire, pour moi, cela ne changeait pas grand-chose qu'il fasse beau, qu'il fasse chaud ou froid, qu'il vente, qu'il neige… Je subissais quoi qu'il en soit la terrible loi de l'alcool. Que je sois avec ou sans argent, seul ou avec une belle femme, avec une fille gentille ou méchante, une caractérielle, une artiste… rien, rien, rien n'y faisait : il me fallait ma dose d'alcool et d'anxiolytiques pour pouvoir démarrer ma journée, pour pouvoir regarder les gens dans les yeux, pour pouvoir commencer à respirer correctement, pour être finalement présentable. Sinon, je devenais fou, nerveux, tremblant, bégayant. Je paraissais, dans ces instants, habité par tous les maux, par tous les démons et par tous les diables. Si je n'avais pas ma dose, je devenais diaboliquement inapprochable, diaboliquement inabordable : un véritable mutant de la race des mutants. Certaines personnes m'ont vu dans cet état de manque. Elles ont eu tellement peur pour moi, tellement pitié de moi, qu'elles étaient allées me chercher elles-mêmes mes drogues pour calmer mes angoisses et pour que s'arrête la folie qui envahissait tout mon corps. J'avais besoin de cette drogue pour sortir de cet état de possédé, tout comme un exorciste a besoin de sa Bible et de son eau bénite pour extirper le malin qui prend possession d'un corps (comme celui de cette pauvre fille qui était venue vomir de la crème verte sur nos écrans, presque sur nos genoux, beurk !)

Je n'en étais pas encore arrivé à ce stade de démence pour ma part, mais tout vient à point à qui sait attendre ! Ce proverbe, j'y crois dur comme fer. Si l'on ne prend pas les choses en main dans la vie, ce que nous redoutons le plus risque d'arriver plus vite qu'on ne le pense et dans une version parfois bien plus insupportable que celle redoutée.

J'étais content d'être dans ce petit village de la Côte d'Azur. Un endroit calme, en cette période de l'année. Par contre, le nombre d'habitants s'y démultiplie parfois à la manière des petits pains de notre Seigneur Jésus-Christ, surtout pendant les vacances d'été – période que je redoutais le plus : j'ai toujours eu la phobie du monde, la phobie de la foule ; je ne vais d'ailleurs jamais au concert à cause de cela. J'étais et je reste aujourd'hui encore un solitaire. Mais aujourd'hui, c'est totalement différent, c'est une solitude voulue, une solitude réparatrice dont j'ai souvent besoin, une solitude entrecoupée de rencontres et de déjeuners amicaux et conviviaux.

Mais n'allons pas trop vite, ne brûlons pas les étapes. J'étais content d'être là dans ce village et à cette période de l'année. Comme à chaque fuite géographique, dans les premiers moments, je pensais systématiquement que c'était de cela que j'avais besoin pour aller mieux. Mais non, cette fois encore, mes démons arrivaient, tranquillement, avec leurs bagages, par le train. Ce n'était pas très loin pour eux, juste une petite balade. Ils savaient très bien que j'étais leur proie, une souris prise au piège par un gros chat. C'est fini, plus d'issue, juste un petit jeu pour amuser le chat. C'est d'ailleurs terrible de voir ça. Eh bien, c'était ce que je vivais tous les jours, pris au piège par mes démons. Aucune échappatoire, si ce n'est ma drogue, afin de ne pas trop ressentir la douleur provoquée par l'étreinte du diable et de ces démons qui squattaient mon cerveau par centaines ou par milliers.

Donc, dès le lendemain matin six heures (c'est la bonne heure pour les braves), ça repartait pour un tour : mes cachets, ma bouteille de vodka… J'allais avec la voiture de mon papa jusqu'à Cannes, j'entrais dans les épiceries de quartier – souvent tenues par de vieux Arabes gentils et travailleurs qui, eux, semblaient parfois comprendre ma douleur. Ils n'essayaient jamais de me mettre mal à l'aise par des regards insistants ou culpabilisateurs.

Je commençais par une première cuite dès sept heures du matin, j'en prenais une autre dans l'après-midi et, après une petite sieste, je reprenais une dernière cuite vers dix-sept heures, laquelle entretenait mon ivresse jusqu'à l'aube.

J'ai bu constamment pendant toutes ces vacances. J'avais des black-out de plusieurs heures, plusieurs jours même. Je me réveillais très souvent en me demandant où j'étais et comment j'avais finalement atterri dans cet hôtel lamentable. Il m'arrivait même, parfois, de me retrouver à plusieurs dizaines de kilomètres de l'endroit où je résidais pour ces merveilleuses vacances dont le repos devait être le maître mot.

Le pire est que j'ai fait des centaines de kilomètres en voiture la nuit, à peine éveillé, souvent les yeux et le cerveau mi-clos. Je remercie mon ange gardien, ici devant vous, je lui suis sincèrement reconnaissant de m'avoir évité la douleur et le traumatisme d'être responsable de la mort d'un enfant, car mon véhicule entre mes mains dans ces moments-là aurait pu devenir un véritable engin de mort. « Merci, petit ange blond, ou brun, ou métis. Je n'aurais peut-être jamais survécu à toutes mes infortunes si tu n'avais pas été là pour me protéger de moi-même ! »

J'ai toujours été quelqu'un d'extrêmement sensible. Je me rappelle que les gens me disaient souvent : « Gabriel, sais-tu pourquoi, malgré tous tes malheurs, tu as quand même été protégé ? C'est parce que tu es un garçon foncièrement bon. Gentil et ultrasensible. C'est cela qui t'a sauvé. »

Je dois avouer que ces quinze jours ont été les plus terribles de mon alcoolisme. J'étais complètement livré à moi-même et à ma folie, et ce, sans aucun véritable garde-fou. Je dormais souvent dans de petits hôtels minables, prétextant passer la nuit chez une copine à Saint-Tropez. Ceci, afin de rassurer ma maman qui n'était pas dupe, mais qui ne pouvait malheureusement rien faire pour moi. Elle était complètement impuissante face à mon obsession de boire, face à ma constante dépression, elle comme d'ailleurs toutes les autres personnes autour de moi. Plus rien ni personne ne pouvait me sortir de cet état, de ce mal qui me rongeait. Je n'en pouvais plus, c'était la fin de tout. Mon démon était trop fort, plus fort que tous les autres, en tout cas, puisque personne n'arrivait à m'en débarrasser.

J'étais donc plus décidé que jamais à me suicider en rentrant à Paris. Arrêtons l'hémorragie, achevons ce cheval malade, pour son bien. Donnez-moi un fusil, armez-le de deux balles ; c'est moi qui tirerai, je serai moins dérangeant qu'un cheval qu'on abat, je vous éviterai ainsi de vous salir les mains de mon sang, de vous approcher trop près et de voir dans ma mort… le reflet de la vôtre.

Comme prévu, je décide, avant de me suicider, d'aller voir cette bande de joyeux lurons des Alcooliques Anonymes ; ces allumés, moitié scouts, moitié naïfs, mais qui dégagent tellement de gentillesse et de compassion à l'égard de pauvres bougres comme moi. Ils pourront me donner un peu d'amitié, un peu d'amour, un peu de tendresse pour que je ne meure pas le corps desséché et meurtri, à cause d'une trop grande solitude, d'un trop grand isolement, et surtout d'un trop grand manque d'amour et de reconnaissance.

Prenez-moi dans vos bras, mes amis A.A., enlacez-moi, je ne veux rien d'autre, pas de discours… Juste des câlins, de la tendresse, des regards amicaux et compatissants. Mais, par pitié… pas de pitié, surtout pas de cette pitié des gens de la rue, des gens normaux. Je vous en supplie, pas de cette putain de pitié qui vous donne bonne conscience et bonne figure devant vos enfants ou votre épouse, laquelle vous félicitera pour votre élan de sympathie : « Jean-Charles, tu as du cœur, tu sais. Tu as regardé ce jeune homme avec une si grande pitié, tu avais vraiment l'air touché. Tu es sensible, Jean-Charles, tu sais mon chéri. Mais n'oublie pas de prendre mon sac Hermès. La voisine, elle, l'a déjà depuis plus d'une semaine. » Allez vous faire foutre avec votre fausse pitié, bande de petits-bourgeois anesthésiés du cœur.

Moi, je voulais de la tendresse, celle qu'offrent ceux qui ont souffert autant que moi, cette vraie compassion qui vous soigne le cœur, qui calme vos blessures, qui panse vos plaies ouvertes, ces plaies béantes qui dans mon cas suppuraient continuellement.

Je parle de la véritable tendresse, celle des anciens désespérés, des écorchés vifs : eux, comprennent en un regard votre souffrance, votre détresse pour l'avoir fréquentée, pour l'avoir regardée droit dans les yeux des heures, des jours, des mois, des années durant. Ces êtres devenus généreux d'avoir trop souffert, qui vous tendent la main, une main d'amour, une main d'amitié, cette main qui veut dire : « Viens mon garçon, je t'aime, nous t'aimons, ne t'inquiète pas. Moi aussi, j'ai souffert. Je ne rirai pas de toi, au contraire, je te comprends. Tu es un être sensible, perdu oui, mais sensible ; un écorché vif, sûrement mal adapté à ce monde qui va trop vite. Prends ma main je te montrerai le chemin.

Tu vois, je n'ai aucune pitié pour toi, juste de l'amour, de la tendresse pour toi mon frère, pour toi mon frère de souffrance, pour toi mon petit frère jumeau. »

Vous, les gens normaux, vous ne pouvez pas comprendre, vous qui avez la chance après deux ou trois verres de vous sentir rassasiés. Vous qui contrôlez vos émotions, vous qui faites tout sans excès, tout avec modération, pas une mèche qui dépasse, le costume bien mis et le cerveau bien bordé sur les côtés. Je vous ai beaucoup enviés un moment, mais plus maintenant, plus aujourd'hui. Je suis heureux d'avoir connu l'extrême souffrance, cela me permet de mieux comprendre la douleur des autres, de mieux apprécier mon bonheur, et puis ***tout ce qui ne me tue pas me rend plus fort !***

Chapitre deux

L'équilibre repose sur le déséquilibre !

Je suis arrivé à Paris en un seul et unique morceau. Miraculeux, non ? Pas un doigt, pas un bras, pas un œil en moins. Des milliers de kilomètres à conduire complètement ivre et à moitié endormi sans n'avoir jamais tué personne… Pas beau ça ? Vous pouvez applaudir l'artiste (ou le pauvre inconscient) !

Bien décidé à contacter ces Alcooliques Anonymes VIP private select club, je cherche leur numéro dans l'annuaire – A.A. faisait évidemment partie des premiers abonnés – et les appelle sans tarder. C'est une femme qui me répond, d'un ton doux mais plein d'assurance. Elle me demande gentiment si j'ai besoin d'aide maintenant. Je lui réponds que ça ne va pas trop mal pour l'instant, que je voulais juste me rendre à ma première réunion en France et souhaitais donc quelques informations à ce sujet. Elle me donne différentes adresses de groupes A.A., chacun ayant ses propres réunions et ses propres horaires.

D'après la liste qu'elle me fournit, je choisis la réunion du quai d'Orsay, mercredi à 20 heures 45. Parfait, me suis-je dit, cette réunion est dans le septième arrondissement, quartier chic, juste ce qu'il me faut, à moi, l'ivrogne chic et choc. (Choc, surtout !) Nous étions lundi, je décide de ne pas boire jusqu'à ma première réunion A.A. Je me sentais tellement bien (la dernière lueur du désespéré) que cela n'a pas été trop difficile. Il faut quand même préciser que j'avais encore des béquilles de taille, des béquilles dont les particules élémentaires avaient pour nom Lorazépam. (Chaque jour, près de quatorze pilules d'un milligramme !) Malgré cela, je me sentais bien. Je ne pouvais pas vraiment me l'expliquer, mais j'étais plus léger. Cela venait sans doute du fait que j'avais un but, enfin… un objectif : mercredi, ma première réunion A.A. en français. Je ne voulais surtout pas arriver saoul à cette réunion. Je ne voulais pas gâcher ma chance, celle de me faire de nouveaux amis, des amis qui comprendraient mon désespoir. Je ne voulais pas qu'on me dise : « Monsieur, vous êtes un cas trop difficile, même les Alcooliques Anonymes ne peuvent rien faire pour vous, ça ne va pas être possible, il ne faut pas rester là, circulez s'il vous plaît. »

Je suis donc arrivé à 20 heures 15 devant le 65, quai d'Orsay, juste devant l'église américaine ; une magnifique bâtisse d'époque avec, à son entrée, une belle plaque dorée sur fond noir qui indiquait : « Les Alcooliques Anonymes ». Je me sentais nerveux, comme pour un premier rendez-vous galant. J'avais peur de faire mauvaise impression, peur de leur déplaire. C'est idiot, mais, comme un jeune adolescent amoureux, j'avais le cœur qui battait la chamade et les mains moites. J'entre dans la salle du deuxième étage. Elle était immense : il y avait, au centre, plusieurs tables réunies pour former un grand carré, avec des chaises placées tout autour en plusieurs rangées, pour asseoir environ une centaine de personnes. J'étais très impressionné. Deux personnes viennent vers moi et me demandent gentiment si c'est la première fois que je viens en réunion. Ne voulant pas trop entrer dans les détails, je leur réponds que oui. En fait, c'était ma première réunion *volontaire*. Ils m'ont tendu quelques fascicules. Je me sentais nerveux et empoté, j'avais très peur de leur déplaire, je souriais maladroitement. Ensuite, d'autres personnes sont arrivées et, en quelques minutes, la salle était pleine. Un homme a pris place à l'extrémité des tables rassemblées. Il tapote légèrement avec son stylo pour réclamer le silence. Tout le monde s'assied enfin, dans un petit brouhaha organisé, jusqu'au silence complet, presque religieux. J'étais impressionné. Le monsieur qui fait office de maître de cérémonie pose son stylo et commence par lire quelques lignes des documents qui semblaient être les règles à suivre pour faire partie de cette association – non, pardon, de cette fraternité. Voilà comment s'appellent les A.A. : une fraternité. Ce mot me convenait mieux que celui d'« association », qui avait, pour moi, des connotations péjoratives. Je fais semblant d'écouter attentivement le discours, car je sens des regards furtifs posés sur moi… des regards posés avec douceur, bienveillance et gentillesse, mais posés tout de même. Je ne voulais surtout pas déplaire, alors je faisais mine d'être aussi attentif qu'un étudiant soucieux de ne pas rater une information ou une note susceptible d'être capitale pour la réussite de son prochain examen. Je me suis même dit que, la prochaine fois, je prendrai des notes. Ainsi, ils verront que je suis un bon élève, pas un anarchiste ou un bon à rien.

Le maître de cérémonie, qui se prénommait Albert (pas Einstein), avait davantage l'allure d'un avocat que celle d'un ancien buveur repenti. Il pose la question rituelle de tous les débuts de réunion : « Y a-t-il parmi nous quelqu'un qui vient pour la première fois en réunion A.A. ce soir ? » Je lève le doigt, content de l'attention que tout le monde me porte tout à coup, mais un peu intimidé tout de même. Albert me dit : « Peux-tu te lever mon ami et donner ton prénom, s'il te plaît ? Il y a beaucoup de monde, c'est bien que les amis puissent te voir pour te reconnaître et ainsi te proposer leur aide en fin de réunion, si tu le désires, bien sûr. »

Je me lève, rougis un peu, puis commence à me présenter en expliquant que j'avais été en réunion auparavant, mais que c'était à Los Angeles et qu'à cette époque, j'avais été forcé par la police d'assister à ces réunions A.A. Ce soir, par contre, c'était différent. C'était ma première véritable réunion, celle à laquelle j'avais personnellement décidé de me rendre. J'ai ensuite dit fièrement que je n'avais pas bu depuis trois jours, mais que j'avais quand même avalé près de quinze anxiolytiques ce matin, comme tous les matins, d'ailleurs : j'en prenais régulièrement depuis plus de cinq ans. « Témesta, je ne sais pas si vous connaissez, mais… bla-bla-bla… » D'un coup, toute la salle s'est mise à rire aux éclats. Je les ai regardés, étonné. Qu'est-ce qui avait bien pu déclencher ce rire ? Albert reprit la parole et me dit : « Ne t'inquiète pas, la plupart d'entre nous en ont pris pendant des années, des antidépresseurs, peut-être même à l'époque où tu étais encore bébé ! » Je me sentais gêné. Moi qui pensais les impressionner, leur faire peur avec mes consommations extravagantes, on m'avait relégué au rang de petit jeunot, de petit consommateur, MOI !

Ensuite, pendant presque tout le déroulement de la réunion, chacun a pris son tour de parole sans que personne ne l'interrompe. Je sentais une chaleur, une amitié, une compréhension à mon égard. Chacun d'entre eux m'a adressé directement la parole en me souhaitant la bienvenue, en me regardant droit dans les yeux et avec des mots d'une extrême gentillesse. Ils m'ont souhaité un bon rétablissement, un bon retour à la vie. Chaque personne répétait plus ou moins la même chose mais avec ses propres mots : « Viens le plus souvent possible en réunion. Si tu veux arrêter de boire, c'est notre problème. Mais si tu veux continuer à boire, c'est ton problème. On a besoin de toi, comme toi tu as besoin de nous pour rester sobre ! »

Après la réunion, plusieurs personnes sont venues me voir pour m'encourager et me donner leur numéro de téléphone. Je me sentais comme le héros de la soirée, l'enfant prodigue qui revenait au bercail. J'adorais cette sensation, ces gens qui s'occupaient de moi de façon désintéressée, juste pour me venir en aide amicalement. Je suis descendu avec tout le monde, certains m'ont proposé d'aller boire un café avec eux, j'ai accepté avec plaisir. Il y avait si longtemps qu'on n'avait pas désiré ma présence avec autant d'enthousiasme.

Je me retrouve au café avec une dizaine d'entre eux, les plus jeunes d'ailleurs, sûrement les plus célibataires, pensais-je. Le doyen du groupe (trente-sept ans) était celui qui avait la plus grande intensité dans le regard. Il avait l'air instruit et intelligent. Il s'est approché de moi et m'a dit : « Gabriel, tu ne le sais peut-être pas, mais aujourd'hui c'est le plus grand jour de ta vie. L'Univers te donne une seconde chance. Pourquoi ? Je ne le sais pas. Et toi non plus sûrement. Mais ne la loupe pas. Ceux qui ratent cette occasion se retrouvent très rapidement confrontés à trois hypothèses : la prison, l'hôpital psychiatrique ou la mort. N'oublie pas ce que je viens de te dire. Si tu arrives à le comprendre, à l'intégrer en toi, dans tes tripes, alors tu es sauvé. Sinon, tu risques fortement de souffrir encore bien plus douloureusement que tu n'as souffert jusqu'à ce jour. »

Je l'ai regardé droit dans les yeux et j'ai compris tout de suite ce qu'il venait de me dire. J'ai compris qu'il ne plaisantait pas, qu'il me parlait avec ses tripes. J'ai capté, cinq sur cinq, amigo ! Pas de bla-bla, pas de fioritures. Top ! En plein dans le mille. Juste au centre du cœur. (Je parle bien sûr du cœur de l'âme !) Il a ajouté : « Tu essaies de t'en sortir tout seul depuis des années mais, apparemment, cela ne fonctionne pas. Sinon, tu ne serais pas là. Alors, si je peux te donner un petit conseil, si tu me le permets, mon ami, viens en réunion, fais quatre-vingt-dix réunions pendant quatre-vingt-dix jours, cela ne représente pas grand-chose dans l'absolu. Si jamais cela ne marchait pas, que tu ne te sentes pas vraiment mieux, moins malheureux et un peu plus libre, dans ce cas-là, tu n'auras qu'à retourner à ta vie d'avant, tu n'auras perdu que quelques jours, quelques semaines et, dans le pire des cas, tu auras quand même fait la rencontre de nouveaux amis. » Je me suis dit : « C'est vrai, je n'ai rien à perdre, je n'ai d'ailleurs rien de spécial à faire, à part mon suicide que je peux très bien reporter de quelques semaines. Il peut bien attendre encore un peu, celui-là. Il a sûrement d'autres clients que moi en attente. Après tout, je ne suis pas à sa disposition ! »

J'ai regardé l'homme droit dans les yeux, en acquiesçant d'un mouvement de tête. Il a tendu la main, comme pour confirmer mon engagement.

J'ai serré cette main comme un homme qui engage sa parole d'honneur. Ce fut un moment grave et sérieux, la patrie me regardait : en engageant mon honneur, j'engageais l'honneur de la France et celui du général de Gaulle.

Je suis rentré chez moi. Je ne marchais plus, je flottais dans les airs. Je planais à près d'un mètre du sol sur d'énormes coussins d'air, je volais, je le jure, je jure que je volais, je n'étais plus barbare, mon cœur ouvrait enfin ses bras. (Mi-Jacques Brel, mi-moi !) Je planais comme un goéland, au-dessus des rues de Paris. Je souriais tellement que j'avais peur que les gens me prennent pour un fou. Dans le métro, je n'osais pas les regarder, de peur de passer pour un malade mental. Mais cette fois, c'était différent, cette fois j'avais peur que mon bonheur ne me fasse passer pour un illuminé, c'était fantastique, merveilleux, j'avais envie de vivre, de rire, de parler à tout le monde, de leur dire que je les aimais tous, que je ne me sentais plus seul, que je ne me sentirais plus jamais seul : « Je vous aime tous, bande d'enfoirés. Je vous pardonne tout, ce soir, vos regards dédaigneux et méprisants, vos regards hautains et inhumains. Je vais même jusqu'à vous dire que je vous aime ! »

L'espoir… Pour la première fois de ma vie, je voyais le bout du tunnel, je sentais pertinemment au fond de moi que ce n'était pas un leurre, c'était du solide, encore plus solide et plus palpable que la structure de la tour Eiffel ou celle de l'Arc de triomphe qui me paraissaient, ce soir-là, fragiles et vulnérables, susceptibles de tomber comme des allumettes au moindre coup de vent. Par contre, ma foi en la vie était en ce jour bien plus solide que toutes ces constructions, frêles immeubles de papier mâché. Si tout le reste me semblait fait de vanité, de chimères et d'orgueil, ma foi en la vie, en revanche, était un roc, un roc d'espoir, un roc de convictions.

J'ai dormi comme un ange et me suis réveillé au matin avec la même force, le même espoir et la même joie de vivre que la veille. J'avais envie de crier au monde entier mon bonheur, mon plaisir d'être en vie. J'avais enfin retrouvé l'espoir, l'espoir de jours meilleurs, l'espoir de vivre tout simplement. Je sentais au fond de moi que j'étais sauvé, que le plus dur était derrière moi. Je ne savais pas comment l'expliquer rationnellement, mais je le sentais dans tout mon être, dans toutes mes tripes. « Tremblez, mes angoisses. Tremblez, mes fantômes. Car je vais vous transpercer, je vais vous étriper, et bientôt, dans très peu de temps, je serai assez fort même pour vous porter l'estocade finale… celle que l'on donne avec grâce et élégance et qui laisse l'ennemi à terre dans une posture misérable, rampant comme un malheureux ver de terre. À nous deux, salopards. Je vais vous faire payer ce que vous avez fait subir à ce pauvre petit Gabriel pendant des années. Je vais vous laminer, vous exterminer comme des moins que rien, des lâches qui s'attaquent trop souvent à des proies faibles, des proies faciles, des jeunes perdus… Perdus par nos sociétés qui vont souvent trop vite et laissent parfois sur le bord de la route des enfants seuls, grandis trop rapidement avec leur désespoir, leur mal de vivre et leur fragilité. »

Je suis sorti de chez moi avec l'esprit et l'énergie d'un Don Quichotte des temps modernes. J'ai téléphoné à mes amis de la veille, à mes frères de souffrance pour voir si l'un d'eux voulait ou avait le temps de prendre un café avec moi. Dès mon premier coup de fil, avant même que j'aie eu le temps de terminer ma phrase, l'ami m'a proposé de le rejoindre vers 17 heures 30, juste après son travail, dans un café, près de la réunion de ce soir. J'étais si heureux de constater que quelqu'un qui m'avait côtoyé la veille n'essaie pas de me fuir. Au contraire même, mon appel l'avait rendu joyeux, il était surtout content pour moi. Quelqu'un qui était heureux que je l'appelle. Ça faisait longtemps que je ne l'avais pas ressenti.

En sortant de la cabine téléphonique, j'en ai pleuré. Mais c'étaient des larmes de bonheur. Trop de bonheur d'un coup peut vous faire pleurer. Faites attention, chers amis lecteurs, le bonheur, c'est fort, c'est violent parfois. J'avais oublié ce qu'était la joie, le plaisir d'être heureux tout simplement sans aucune raison apparente. J'avais oublié le bonheur d'avoir quelqu'un à qui parler de ses peurs sans être jugé, j'avais oublié le bonheur de ne plus se sentir seul et incompris.

J'ai fait, comme promis, quatre-vingt-dix réunions en quatre-vingt-dix jours. Et, pour tout vous dire, j'en ai même fait plus : deux ou trois réunions par jour certaines fois. J'aimais beaucoup l'ambiance de ces réunions et celle de ces après-réunions où nous piquions parfois des fous rires en nous remémorant certaines situations rocambolesques, provoquées par l'alcool bien sûr. Avec l'alcool, tout est possible et même le contraire de ce qu'on n'avait pas souhaité. C'était la première fois que je riais sans être saoul, sans être drogué, j'en pleurais de rire parfois. J'avais même des crises de rire qui me faisaient mal au ventre, qui me le tordaient à m'en donner des crampes. C'était magique, une ambiance bon enfant, avec des gens sympathiques, sensibles et déjantés. Je n'oublierai jamais ces premiers mois chez les A.A., ces réunions où je me reconstruisais avec des amis qui avaient ressenti les mêmes angoisses, les mêmes peurs et la même détresse que moi, et ces après-réunions où nous échangions nos impressions, notre espoir et notre joie de ne plus être dans la dépression, dans la solitude et dans l'isolement. Nous ressentions presque tous, au fond de nous, que nous étions dans la voie de la reconstruction, la voie du rétablissement moral, physique et spirituel.

Certaines personnes qui nous observaient du coin de l'œil étaient même dérangées par nos bruyants éclats de rire. On entendait presque leurs pensées : « Ils ont dû prendre quelque chose ces gens-là, de l'alcool ou de la drogue. Ils ne sont pas nets. Enfin… pas comme nous, je veux dire. » Ils avaient dans le regard un petit air soupçonneux qui nous faisait repartir de plus belle dans des éclats de rire.

Depuis ma rencontre avec les A.A., je suis sur un petit nuage rose. Depuis des semaines, depuis des mois, des années… sur un joli et confortable nuage rose. J'en suis souvent descendu pour me confronter à la vie, qui, elle, recèle parfois des moments pénibles. Je ne vous apprends rien en vous disant que l'existence est parfois difficile et douloureuse… Mais je remontais souvent sur mon petit nuage rose, celui que je m'étais construit grâce à ma sobriété, grâce à mes amis A.A., pour enfin apprécier ma chance d'être en vie, d'avoir l'esprit indépendant, léger et libre. Finis les moments trop laborieux, les instants trop pénibles, les périodes sans aucun espoir. Finis les fantômes et ces angoisses existentielles qui me donnaient envie de me jeter, sans véritable raison, sous les rames d'un métro ou d'un bus de passage.

Je suis arrivé à ma première réunion A.A. le 8 avril, il y a vingt ans. J'ai arrêté mes prises journalières d'antidépresseurs le 14 juillet. Ma dernière drogue (un joint est pour moi une vraie drogue), je l'ai prise le 24 décembre de la même année. Cela va donc faire vingt ans que je n'ai pas bu un verre d'alcool, pas pris un médicament, pas même la moindre petite drogue pour me donner le courage de vivre, la force de rire, ou celle de m'exprimer.

Depuis le 1er septembre, il y a dix-huit ans, je n'ai plus jamais touché à une seule cigarette non plus, et j'en suis très fier. C'est le plus beau cadeau que j'ai offert à mon papa, qui était très inquiet pour moi. Mon père était vraiment malheureux de me voir fumer.

Mon papa est mort des suites d'une tumeur cérébrale, quelques mois à peine après ma grande victoire. Il avait cinquante-huit ans, trop jeune et trop gentil pour partir. C'était un homme intègre, rempli d'amour et d'attention pour son prochain. Il a eu le bonheur de voir son fils sobre, sain et en bonne santé physique et mentale avant de partir dans une autre dimension. Pour moi, c'est une grande satisfaction de savoir que mon papa est parti – qu'il nous a quittés – avec un petit sourire aux lèvres. Je t'embrasse très fort d'ici. Je t'aime mon petit papa. Merci pour ta gentillesse, merci pour ta compréhension, merci pour ta compassion et pour ton amour inconditionnel.

Je remercie aussi de tout mon cœur le L.A.P.D. (Los Angeles Police Department), qui, en la personne de ces deux policiers, m'a interpellé cette nuit-là. Ces deux anges, envoyés par les dieux de l'Olympe, ont eu assez d'amour et d'intelligence pour faire preuve de fermeté. Ils ne sont pas tombés dans le jeu de la manipulation et de la pitié comme la plupart des policiers français qui, par leur laxisme et leur copinage inapproprié, n'ont en rien participé à mon rétablissement. Je pars du principe qu'il ne faut jamais laisser une faute impunie. L'impunité n'aide en rien, ni le coupable, ni la victime, ni la société dans son ensemble. Il faut une punition, même symbolique, ne serait-ce que pour marquer le coup. Depuis que la police française est devenue plus sévère avec les contrevenants, surtout en ce qui concerne les limitations de vitesse, le taux de mortalité a baissé sur les routes. Mon comportement a changé lui aussi, je réduis systématiquement ma vitesse, car je sais que le prix à payer est de plus en plus élevé. Si je devais m'acquitter d'une ridicule pénalité financière à chaque infraction à la vitesse autorisée, je peux vous assurer que je dépasserais tous les jours les limitations, et je ne serais pas le seul. Il est important dans notre société, qu'aucun citoyen n'ait un sentiment d'impunité (ou pire, qu'il reçoive une remontrance qui ne soit pas proportionnée à l'importance ou à la gravité de ses actes), et ce, pour protéger toutes les personnes impliquées directement ou indirectement par ces comportements. Cela protégerait aussi notre société dans son ensemble.

Je ne peux pas dire que tout a été rose pour moi après ma rencontre avec les A.A., mais je n'ai plus jamais eu envie de boire, plus jamais de crises de désespoir, plus jamais eu l'envie ni même la pensée de me suicider, alors que c'était devenu chez moi obsessionnel. J'ai appris à encaisser, à avoir mal, à avoir peur, mais aussi à persévérer, quoi qu'il arrive, sans jamais avoir recours à des subterfuges. J'ai appris aussi à accepter d'être un homme sensible, fragile parfois… ce qui m'a donné de la force et de l'authenticité. J'ai compris, enfin, que nous puisons nos forces dans nos faiblesses. Mes faiblesses sont mes forces ; moi qui avais rêvé toute ma vie d'avoir une forte personnalité, elle était là, au bout de ma fragilité, au bout de mes faiblesses… cette force tant convoitée. Le bonheur est au bout du chemin qui mène à l'humilité. Je pensais que la vie était finie pour moi à l'âge de vingt ans. Aujourd'hui, je suis heureux d'avoir raté mes suicides. Je suis reconnaissant à Monsieur (ou Madame) le Monde, aux anges, aux dieux, aux créateurs de cette merveilleuse planète bleue, de m'avoir donné une seconde chance, une seconde vie.

Je me dois de vous raconter certaines anecdotes qui ont jalonné cette seconde vie, celle sans alcool et sans drogue. Car les détails de certains événements pourraient aider ceux qui ont vécu ce même enfer.

Juste deux mois après avoir rencontré les A.A. et démarré une autre vie sans faire usage d'alcool ni presque plus de drogues (j'étais tout de même à dix pilules par jour), je rencontre dans une réunion un mec de vingt-cinq ans, très sympa, qui me parle des N.A. (Narcotiques Anonymes). Il me suggère de venir assister à l'une de leur réunion : « N.A. est une fraternité similaire mais plus centrée sur les drogues, et considérant l'alcool comme étant une drogue à part entière. » Il me convainc de venir. Ils avaient besoin de nouveaux membres, car la fraternité n'en comptait qu'une quinzaine à l'époque. Je me suis dit (fort de mon immense expérience de trois mois) : « Soyons bon prince. Je vais aller leur donner un coup de main, à ces petits gars. »

J'arrive à ma première réunion N.A., mais pas du tout dans le même état d'esprit que lors de ma première réunion A.A. Je me sentais sûr de moi et je ne vous le cache pas, légèrement supérieur. Cette réunion se situait rue Auguste-Vacquerie, derrière les Champs-Élysées, près de l'Étoile. J'entre dans la salle. Il y avait beaucoup de jeunes, une moyenne d'âge d'environ vingt-quatre ans. J'en avais vingt-sept, donc je me sentais dans mon élément. J'avais un petit sourire de supériorité au coin des lèvres. La réunion démarre selon le même principe que celle des A.A. Quelques personnes prennent la parole. Cependant, elles semblaient perdues et désemparées. Je décide donc de prendre la parole pour leur montrer comment il fallait faire. Fort de mon expérience chez les A.A., je me présente. (J'avais très envie de les impressionner.) Avec mon petit sourire aux lèvres, je leur ai dit que je ne buvais plus depuis trois mois, plus une goutte. « Attention, je ne plaisante pas ! » Je continue en leur disant que je prends encore ma dose d'anxiolytiques quotidienne, mais pas beaucoup : juste assez pour dormir et pour pouvoir me réveiller sans trembler, donc très peu, surtout comparé à ma consommation antérieure, et bla-bla-bla… À ce moment, le modérateur m'arrête brutalement dans mon exposé. Que se passe-t-il ? Je pensais qu'un incendie s'était déclaré dans l'arrière-salle. Il me dit : « Non, je suis désolé, mais tu ne peux pas parler ce soir si tu as pris la moindre drogue ou le moindre médicament qui modifie le comportement ! » J'ai eu l'impression d'avoir enfreint, en quelques minutes seulement, toutes les règles du savoir-vivre et du comment-se-comporter-en-N.A. Je me suis senti comme un enfant à qui l'on demandait de retourner à sa place car il ne connaissait pas bien sa leçon. Un enfant qui voulait se cacher derrière un masque et à qui on suggérait gentiment, mais avec véhémence, d'enlever ce masque à la prochaine réunion pour pouvoir jouer avec ses petits camarades. Mais, pour l'instant, j'étais puni, au coin et les mains sur la tête, s'il te plaît.

Je ne pouvais même pas reprendre la parole pour m'expliquer ou me justifier. Je ne pourrai le faire que lorsque je serai complètement clean, m'a-t-on dit. Je me suis senti mal à l'aise, humilié, vexé, blessé dans mon amour-propre. Moi qui étais arrivé en vainqueur, je repartais en vaincu... Pire que cela, même. Interdit de combattre, pas en état, trop faible pour l'instant : « Vous reviendrez la semaine prochaine... S'il vous plaît, un autre candidat ? »

Pour couronner le tout, il y avait dans la salle quelques jolies filles. Moi qui voulais les impressionner, qui voulais leur plaire, j'étais vraiment passé à côté de la grande représentation que je voulais donner : celle de ma grande expérience de trois mois d'abstinence, celle de mon orgueil qui, lui, était toujours là au bon moment. C'est vrai, d'un seul coup, je me suis rendu compte de la stupidité de mon comportement : comment exprimer mes émotions si elles étaient camouflées et déformées par des pilules dont le principe actif visait à les modifier, donc à les anesthésier ? Quel non-sens, quel illogisme, quelle immaturité.

Blessé dans mon amour-propre, je m'engage devant tout le groupe à démarrer dès le soir même mon abstinence totale. Une abstinence de toute substance qui modifie le comportement (somnifères y compris) et cela dans les prochaines vingt-quatre heures. Mon honneur était engagé, la France, la patrie, le général de Gaulle lui-même s'en portaient garants. (Note aux amoureux du général de Gaulle : je n'ai absolument rien contre cet homme. Tout va bien, les gars, c'est juste une façon de me moquer de moi-même.) Face à cela, je ne pouvais qu'obtempérer. À vos ordres, mon général. Vous serez tous fiers de moi, comme moi je suis fier d'être moi. Fier d'être moi, pas d'être l'autre. Mais me direz-vous : « Tout dépend... Qui est l'autre ? » Je ne sais pas qui est cet autre, mais je ne voulais plus être lui, en tout cas. C'est comme les gens qui vous disent : « Il n'est pas plus bête qu'un autre. » Mais qui est cet autre ? On est près de six milliards à pouvoir être cet autre substantiel. Sans vouloir paraître pinailleur, j'aimerais bien qu'on me précise avec lequel on me compare.

Donc, dès le lendemain matin, je décide de jeter toutes les pilules qui me servaient de béquilles, qui me servaient de masque pour camoufler mes émotions. Ces émotions contenues, ces émotions que je n'ai jamais voulu ressentir. J'ai toujours voulu contrôler toutes les situations avec mon mental, j'ai toujours voulu être au-dessus des autres. J'avais peur, très peur... Je tremblais, mais je voulais leur montrer à tous que j'étais capable d'arrêter ces maudites pilules. Je voulais le montrer à tous ces gens de N.A., à ma famille, à mon père, mais aussi, et surtout, à moi-même. Je voulais offrir ce cadeau à mon corps, à mon âme et à mon être. Je me disais : « Bientôt tu seras libre. Un homme libre de toute dépendance. Tu n'auras plus besoin de te lever en pleine nuit pour fuir l'appartement d'une quelconque petite amie et courir de l'autre côté de Paris, là où tu avais oublié et caché tes antidépresseurs, tes pilules de vie – tes pilules de survie, plutôt – sans lesquelles tu n'étais absolument rien… Un pantin désarticulé, une marionnette sans vie, un Pinocchio sans son bon Geppetto ! »

Au réveil, je prends un grand verre d'eau. J'annonce ensuite à tout mon entourage ma grande décision, comme pour mieux conforter mon engagement. Mais aussi pour fermer toutes les portes derrière moi, pour ne pas avoir la possibilité de battre en retraite. Mon orgueil serait ainsi le Cerbère, le gardien féroce m'empêchant tout retour en arrière. J'avais tout bloqué, tout verrouillé derrière moi. La pression et l'orgueil suffiraient à retenir mes envies et mes manques, pensais-je avec arrogance.

Je vous passe cette première journée de sevrage où j'étais dans un état d'intense nervosité et de constante pression. J'ai appelé des amis N.A. qui sont gentiment venus m'aider en passant du temps avec moi. Mais plus les heures passaient, et plus j'avais mal au dos, à la tête, et à l'ensemble de mes muscles. Le soir, je me suis retrouvé fort heureusement dans une réunion N.A. qui m'a fait énormément de bien. Après celle-ci, nous nous sommes retrouvés chez une fille N.A. qui nous a proposé de venir manger des spaghettis : elle se sentait seule, ses parents étaient en vacances. Elle habitait un grand appartement, elle a invité certains de nous à y dormir. J'ai accepté avec plaisir. J'avais tellement peur de me retrouver chez moi, seul à tourner en rond dans ma chambre… dans ma tête, sans pouvoir trouver le sommeil.

C'était une ambiance sympa, les gens étaient tous gentils et prévenants les uns envers les autres. Je n'étais pas très bien, j'étais toujours aussi nerveux et tendu surtout à cause des douleurs physiques dues à ce satané sevrage dont j'avais sous-estimé l'intensité et la violence. Cette violence allait atteindre son paroxysme le lendemain soir après une autre journée interminable durant laquelle j'avais l'impression que les heures, les minutes, les secondes s'étiraient à l'infini. Juste avant la réunion du soir, je n'en pouvais plus. Tout était douloureux : mes muscles, ma tête, mes nerfs, tout, tout, tout.

La réunion N.A. démarre enfin. J'attendais avec impatience de pouvoir prendre la parole afin d'annoncer mes quarante-huit heures passées sans aucune drogue et sans aucune autre béquille émotionnelle. Pour passer le temps, je regarde autour de moi, j'observe chacun des participants prendre la parole… quand tout à coup je sens une énorme douleur au niveau des poumons, comme s'ils étaient en train de se gonfler d'air à vitesse grand V ! Je me sens brusquement tomber à la renverse, et puis… plus rien, le néant, le noir complet.

J'ouvre les yeux tout doucement, j'aperçois plusieurs têtes au-dessus de moi. L'une dit : « Il ouvre les yeux, je crois, ça va aller maintenant, je vous l'avais bien dit que ce n'était pas la peine d'appeler une ambulance. Il a simplement eu une crise d'épilepsie due au sevrage de médicaments, c'est tout, rien de plus grave. » Je sens qu'on m'a enfoncé un objet dans la bouche et que quelqu'un maintenant est en train de le retirer : c'était un stylo. Je commence à comprendre : j'ai fait une crise d'épilepsie, et on a mis ce stylo dans ma bouche pour que je n'avale pas ma langue. Mais c'est dégueulasse une crise d'épilepsie. J'ai vu une fois dans le métro quelqu'un en faire une… C'est affreux, c'est dégoûtant même. Et l'autre abruti qui prétend que ce n'est rien… « juste une crise d'épilepsie ». Mais le monde est peuplé d'inconscients, je ne suis pas le seul fou. C'est dangereux, des dizaines de personnes comme moi lâchées librement dans les rues… Je me relève en douceur, aidé par ces charmants inconscients et infirmiers d'occasion, je m'assois sur une des chaises. Tout le monde me regarde avec de grands yeux. Ils avaient sûrement peur que cela recommence. Ils semblaient tous avoir été traumatisés par cette séquence, et le plus terrible, c'est que c'était moi… mon corps… mon être qui était l'objet du traumatisme ambiant. Je vous avoue que c'est une sensation très désagréable. Je leur souris avec un air confiant pour les rassurer, mais je leur demande de me raconter en détail ce qui s'est réellement passé. Chacun y va de son explication et de sa vision de l'événement. Je me sentais de plus en plus mal à l'aise, ces versions me donnaient des haut-le-cœur, j'avais envie de vomir. Je demande à sortir pour prendre l'air. Deux des « infirmiers d'occasion » m'ont accompagné, au cas où ça me reprendrait. L'un d'entre eux m'a intelligemment suggéré d'aller faire un tour aux urgences de l'hôpital pour vérifier quand même si tout allait bien. J'ai refusé sur le moment, mais vu son insistance et surtout par peur que cela ne se reproduise, j'ai accepté et même exigé qu'on m'y accompagne. Ils se sont presque tous gentiment proposés. C'est touchant à quel point ces gens dans ces réunions (A.A. ou N.A.) aiment se rendre service mutuellement. Cela change de la vie à l'extérieur où tout le monde évite de se retrouver en « situation de bon Samaritain ». Chacun chez soi, chacun pour soi.

Arrivé aux urgences, je suis reçu rapidement par un jeune médecin très dynamique. Il me pose quelques questions et me dit ensuite : « Savez-vous que vous jouez, vous et vos petits copains, à des jeux très dangereux ? Je ne plaisante pas, j'ai eu des cas très graves, des gens qui ont fait des arrêts cardiaques dans ce genre de sevrage sauvage. Il ne faut jamais jouer aux apprentis docteurs. » Il n'était pas très content et l'a même fait comprendre à mes acolytes qui, eux, gênés de cette situation, n'osaient presque pas répondre ou seulement quelques excuses inaudibles. Il m'a fait une ordonnance pour que je reprenne tout de suite des Témesta. (J'étais assez content : quelques pilules de bonheur, et de plus, en parfait accord avec les médecins et mes nouveaux amis N.A., quel plaisir !) Il m'a prescrit trois cachets par jour et m'a très fortement conseillé, si je ne voulais pas que cela se reproduise, de réduire ma consommation d'un demi-cachet chaque semaine. De cette façon, m'a-t-il dit, je ne sentirai presque rien le jour de la prise de ma dernière molécule, de ce doux sevrage médical.

J'ai ensuite repris le rythme de mes réunions A.A., trouvant que les gens semblaient là-bas plus matures, plus pondérés et beaucoup moins excessifs que ces dangereux petits N.A. qui jouaient, à mon avis, un peu trop aux apprentis sorciers docteurs.

Le 14 juillet, j'ai pris mon dernier demi-Témesta. J'ai eu, je vous l'avoue, quelques appréhensions mais, comme me l'avait prédit ce brave médecin de garde, aucune douleur insupportable. Je me suis mis ensuite à faire de la natation pour aider mon corps à se désintoxiquer et aussi à dormir plus facilement. J'avoue n'avoir eu aucun problème de ce côté-là, moi qui avais la hantise de ne pas pouvoir m'endormir sans mes pilules magiques, je m'endormais maintenant comme un petit ange.

Les réunions, la chaleur et l'amitié de mes nouveaux amis de fortune, le travail thérapeutique des groupes ainsi que mon attirance pour la philosophie et la spiritualité en général, le bouddhisme en particulier, m'ont fait entrer dans une autre dimension. Quand je parle de spiritualité, je ne parle pas de religion, je dois dire que je suis un peu allergique aux dogmes religieux. Pour moi, spiritualité signifie amitié, compassion, compréhension, charité, amour, sensibilité, émerveillement, etc. « La religion a besoin de la spiritualité pour exister, mais la spiritualité existe d'elle-même, sans besoin de support religieux ! » Je suis persuadé que le monde se dirige petit à petit vers un seul et même État géré indépendamment par des régions où chacun gardera ses traditions et son indépendance, mais où tout le monde se pliera à des lois et des règles de base qui seront, elles, internationales. Ceci, pour mieux protéger les enfants, les femmes et les pauvres gens de l'exploitation en vigueur dans certains pays. Ces pays où des vautours peu scrupuleux profitent de l'interdiction d'ingérence pour exploiter leurs concitoyens en les faisant travailler pour des multinationales, souvent quinze heures par jour, sept jours par semaine, pour la coquette somme de dix, voire trente euros par mois au maximum… C'est pas beau, la vie ? Ces esclavagistes des temps modernes se sentent protégés par des frontières invisibles, ainsi que par des amis chefs d'État consentants, qui, au passage, touchent sûrement une petite part du gâteau. (« Bon appétit, messieurs ! Ô ministres intègres ! », *Ruy Blas*, Victor Hugo.) En plus, toutes ces charmantes personnes doivent remplir rapidement leurs comptes en banque, car elles risquent de se faire piquer la place de « roi exploitant » par un autre voyou, souvent affublé du titre de colonel ou de général des armées, ou – faute de mieux – par un vulgaire aventurier aux dents longues et à la kalachnikov bien huilée. D'ailleurs, tous les deux ou trois ans, on peut admirer un de ces fous se proclamer roi, empereur ou président, généralement après un putsch violent où les seules victimes seront des enfants, des femmes et des innocents sans réelle défense, qui ne peuvent, hélas, que subir la loi du talion qu'imposent ces salopards. Ces salopards qui, de surcroît, sont souvent reçus dignement par nos chefs d'État. (Ne riez pas trop, c'est quand même un peu avec notre argent !)

Il y a aujourd'hui l'Europe des États (unis), à laquelle la plupart des États membres semblent satisfaits d'appartenir – puisque les autres se battent au portillon pour entrer dans le groupe, c'est qu'il y a sûrement plus d'avantages que d'inconvénients à s'unifier. Il faut absolument élargir l'Europe, ensuite intégrer l'Amérique, l'Asie et le reste du monde dans un seul et même État (uni). Avec une seule monnaie internationale, une seule et même loi internationale de protection des travailleurs, des femmes, des enfants pour que tout le monde ait les mêmes chances, les mêmes droits face aux exploitants et à la concurrence. Il est complètement ridicule de demander à des entreprises d'être compétitives face à une concurrence déloyale, c'est une aberration même. Dans certains pays asiatiques, la main-d'œuvre est vingt à quarante fois moins chère qu'ailleurs. Cela revient presque à demander à des coureurs professionnels de gagner un 1 000-mètres contre des adversaires partis avec huit cents mètres d'avance. Les gens sont étonnés qu'il y ait tant de chômage dans les pays occidentaux. Personnellement, je suis étonné qu'il n'y ait pas un taux de chômage encore plus élevé. Il faut établir l'équité, ce qui est impossible tant que nous ne vivrons pas tous sous les mêmes lois et les mêmes valeurs internationales, du moins en ce qui concerne le droit du travail et la liberté des individus. Tant que nous n'atteindrons pas cet objectif, la situation ne fera que s'aggraver et n'engendrera que le chaos et la colère dans le monde, le tout enrobé d'un sentiment d'injustice, justifiant aux yeux de certains les retours de bâton et le recours à des solutions extrêmes (attentats, lapidations et vengeance aveugle...).

Il faut aussi instaurer le droit d'ingérence sur la protection sociale et commerciale, pour que les sociétés puissent travailler et évoluer selon leurs capacités de créativité et de compétitivité plutôt que sur le dos de pauvres malheureux et grâce à de bonnes relations avec des chefs d'État mafieux. Ces derniers exploitent leurs peuples, plutôt la population (aucun peuple n'appartient à quelqu'un, enfin j'ose l'espérer) dans des circonstances et des conditions que nous savons tous inacceptables.

Nous y arriverons, vous verrez. J'y crois. Personne ne croyait, il y a cinquante ans, à une Europe unie. Aujourd'hui, cela se concrétise de plus en plus. Ce n'est pas facile, mais rien n'est facile dans ce monde. Tout est possible... mais rien n'est facile.

Il y a soixante-dix ans à peine, les enfants en France et dans toute l'Europe travaillaient quinze heures par jour, six jours par semaine, et ce, à partir de onze ans. Eh bien, grâce à des rêveurs, grâce à ceux qui ont rêvé d'un monde meilleur (Monsieur Jean Jaurès et les autres, je vous salue), les choses se sont améliorées. Ce n'est pas encore parfait, bien sûr, mais quelle différence, ne trouvez-vous pas ?

Je me considère comme un citoyen du monde. Je me sens proche des gens par rapport à leur sensibilité et à leur état d'esprit. Je ne me sens appartenir à personne, à aucun pays, aucune nation, aucune religion. J'essaie d'être un homme libre, libre de penser et d'aimer – ou de ne pas aimer – qui je veux : Noirs, Blancs, Juifs, Chrétiens, Arabes… Enfin, qu'importe ! Mon amitié ira plus volontiers à des êtres en raison de leur comportement qu'en raison de leur origine. Si vous vous sentez avant tout Juifs, Chrétiens ou Musulmans, vous vous fermez aux autres. Plus vous prendrez une appellation large, plus vous élargirez votre cercle et plus ceux que vous y inclurez seront ou ne seront pas vos amis selon un choix délibéré de votre part. Ce choix sera fondé sur l'amitié et l'amour que cette même personne vous inspirera, plutôt que sur des étiquettes imposées par des critères d'origines – souvent troubles : qui est vraiment français, américain ou australien ?

Quelles sont nos véritables origines ? Pour ma part, mes origines sont moléculaires. Je suis donc frère avec tous les êtres vivants dont la sensibilité me touche ou est similaire à la mienne… qu'ils soient des êtres humains, des chats, des chiens ou de toute autre espèce… Mon chien Octave, un magnifique doberman d'une gentillesse extrême, m'a donné plus d'affection et d'amour que beaucoup de personnes qui, elles, avaient des origines similaires aux miennes. Je dois dire que certains de ces faux frères humains ont même essayé de me porter atteinte sans pourtant y chercher le moindre avantage : ils agissaient dans le seul but de nuire à un autre être humain. Il devient évident que je ne peux choisir mes amis qu'en fonction de l'amitié qu'ils m'inspirent, peu importe si nous avons des origines plus ou moins similaires. J'ai beaucoup de mal avec les gens qui se pensent supérieurs du fait de leurs origines. Les Juifs orthodoxes – un milieu que je connais bien – m'ont toujours agacé avec leur protectionnisme et leur sectarisme. Il faudrait se marier avec un Juif ou une Juive, ne pas fréquenter de Goï… Goï, ce mot m'a toujours exaspéré au plus haut point. Ce mot terrible qui sous-entend : « Ce qui est différent de moi m'est hostile. » C'est du fascisme Juif. Certains Arabes extrémistes ont également cette attitude sectaire, cette philosophie particulière qui sous-entend : « Ceux qui ne sont pas de mon clan sont des renégats ». Les nazis avaient cette idéologie poussée à l'extrême et aujourd'hui ce sont les islamistes (ISIS, DAESH, etc..) qui prennent le relais.

En tant que Juif, je devrais remercier les Arabes et les Africains car ce sont les seuls peuples qui n'ont jamais réellement persécuté ni essayé d'exterminer le peuple Juif. Alors que tous les autres l'ont plus ou moins fait, que ce soient les Espagnols d'Isabelle la Catholique, les nazis d'Hitler, les franquistes, les fascistes de Mussolini, les Français collabos, les Russes, les Polonais, etc. Donc au nom de mes ancêtres hébreux, je remercie toutes les peuplades arabes de n'avoir jamais essayé d'éliminer les Juifs. Il ne faut surtout jamais oublier que les Hébreux étaient une des tribus nomades qui vivaient en Palestine. Ils cohabitaient d'ailleurs en très bon voisinage avec d'autres tribus palestiniennes qui, elles, n'avaient tout simplement pas choisi la même religion. C'est donc deux tribus palestiniennes qui aujourd'hui s'affrontent… C'est terrible ! On dit que ce sont des cousins, c'est faux… Ce sont des frères.

Je pense qu'il faudrait que les Israéliens remercient les Arabes (surtout le Sultan Selim 1er Turc Musulman) de les avoir accueillis. Pour ma part, je remercie tous mes frères arabes d'avoir eu assez d'humanité pour respecter et préserver la vie de mes ancêtres.

La Palestine de l'époque était plus peuplée de Chrétiens et de Juifs que de Musulmans. De 1860 à 1883, on comptait exactement 18 000 personnes à Jérusalem, dont 8 000 Juifs, 6 000 Chrétiens et 4 000 Musulmans. Pour être plus précis, en 1516, le sultan turc Selim 1er conquiert la Palestine qui va devenir pendant quatre siècles une des provinces de l'empire ottoman. Les Ottomans autorisent les Juifs à se réinstaller en Palestine afin de fuir les persécutions et les massacres des Juifs d'Europe (femmes, enfants, bébés, tout y passait). Je suis donc sincèrement reconnaissant à ce sultan Turc Musulman Selim 1er et tous les Juifs d'aujourd'hui se doivent d'être reconnaissants à tous ces Musulmans qui leur ont épargné les terribles massacres (d'Isabelle la Catholique, entre autres) en ayant pitié de ces Juifs qu'on égorgeait en pleine rue et que les Européens exterminaient par milliers. Ces Musulmans, par bonté de cœur et décret de Selim 1er, les ont sauvés en leur offrant l'exil en Palestine. Ces Juifs s'installèrent principalement dans la région de Galilée et contribuèrent au rayonnement intellectuel et économique de toute la région. Et oui, les Juifs et le peuple arabo-musulman du Moyen Orient profiteraient beaucoup plus d'une entente amicale, fraternelle ainsi que d'une collaboration commerciale et intellectuelle… D'ailleurs, pour illustrer l'absurdité de ce conflit, un ami d'une famille très Catholique m'avait fait beaucoup rire en ironisant de la façon suivante : « Imagine Jésus, né Juif, revenant à Bethléem après sa résurrection, traité de sale colon et accueilli par des jets de pierre ! ».

Maintenant une question piège, dont la réponse relève du burlesque : savez-vous qui est à la tête de commissions consultatives de l'ONU depuis septembre 2015 ? La vertueuse Arabie Saoudite, celle qui coupe des têtes au sabre et en public, interdit aux femmes de conduire, de se promener seule, surtout pas en robe légère, de divorcer, etc... La liste est trop longue pour énumérer les incohérences et les stupidités de ce royaume dont le pouvoir et l'argent se passent (comme on passe le bâton du relais 4 fois 100 mètres) de pères en fils, neveux et cousins... C'est merveilleux, non ? L'Arabie Saoudite, qui engage des immigrés (avec Dubaï et le Qatar) pour les faire travailler dans des conditions déplorables, plus de 15h par jour, tout en leur confisquant leurs passeports jusqu'à la fin de leurs misérables missions. Je ne parle par des immigrés ingénieurs ou architectes, mais des ouvriers et des femmes de ménage... Le plus drôle, c'est que les chefs des pays européens ont voté pour l'Arabie Saoudite et qu'ils ont très fortement applaudi (peut-être applaudissaient-ils les millions de dollars qui affluent dans des investissements européens, contrats militaires et autres). Ils ne sont pas mignons nos chefs d'états, franchement ? Et la population arabo-musulmane qui, elle, ne profite absolument pas de toutes ces sommes d'argent.

Toutes les grandes nations devraient et pourraient facilement balayer devant leurs portes avec un rien d'objectivité et d'autocritique car les pays qui adorent défendre les territoires occupés (et je les comprends) se sont pour la plupart fondés sur une colonisation brutale et barbare... Pour les révoltés éternels et pathétiques, en voici une liste non exhaustive, ça va vous occuper un moment les enfants :

1. Amérique du Nord, USA (massacre et viol de millions d'Indiens d'Amérique). Territoires toujours occupés par les Yankees.

2. Canada (massacre des Inuits et autres autochtones). Territoires toujours occupés par les Yankees et les Français du Québec.

3. Australie (massacre et viol de millions d'Aborigènes). Territoires toujours occupés par des anciens bagnards de Grande Bretagne et d'Europe.

4. Amérique du Sud (massacre et viol de milliers de tribus pacifiques d'Amazonie). Territoires toujours occupés par l'Espagne et le Portugal.

5. La France a occupé des centaines d'années et occupe toujours quelques territoires et petites îles (massacre de milliers d'Arabes d'Afrique du nord et de tribus polynésiennes).

Bien sûr que les descendants de ces nations ne sont pas directement responsables de leurs ancêtres mais certaines cicatrices restent encore ouvertes.

Bon, je viens de me taper mon plus grand coup de gueule du bouquin, désolé pour ceux que ça emmerde de lire mes conneries et mes réflexions personnelles, (dites-vous : « mais c'est un vrai con ce pauvre garçon », ça permet de ranger les gens dans des tiroirs et d'effacer tout ce qu'ils ont dit sur un sujet sur lequel on est en désaccord) ; mais voilà, c'est mon premier livre alors je l'utilise pour dire ce que je pense, sans essayer de plaire à qui que ce soit... Quel plaisir de se sentir libre de s'exprimer sans personne pour vous contredire sur l'instant. Un vrai monologue donc pas de désaccord frontalier, la dictature à l'état pur, voilà ce que c'est que d'écrire un bouquin... Mais vous êtes libres d'en faire ce que vous voulez de ce livre, peut-être pour allumer un bon feu de bois pour les longues soirées d'hiver. Vous savez, je me suis converti au christianisme à l'âge de 33 ans en Floride, devant 5 000 personnes en larmes, ensuite au bouddhisme à l'âge de 39 ans et finalement, je suis devenu citoyen du monde par profonde conviction et réflexion personnelle car c'est ce qui convient le mieux à mon esprit de vagabond de l'univers (et oui, je réfléchis parfois, vous voyez ce que cela donne, on frôle souvent la catastrophe... Je suis un peu simplet). Ne tenez pas compte de tout ce que je dis, je ne suis qu'un pauvre malade ex-alcoolique, une sorte d'idiot de l'univers, un éternel idéaliste. J'aimerais tellement que tout le monde comprenne enfin qu'il n'y a pas de races, mais uniquement des êtres humains qui s'enrichissent de leurs différences, comme de leurs ressemblances... Les animaux aussi sont nos frères et sœurs, ils vivent sur le même vaisseau spatial, « cette merveilleuse planète bleue qui voyage dans notre galaxie, qui ressemble à un énorme feu d'artifice en fusion perpétuelle ».

Mais revenons-en à ce 14 juillet, le jour où je suis devenu libre et indépendant de toutes ces drogues qui me maintenaient le moral à un niveau humain stéréotypés de base et qui essayaient de calmer mes angoisses disproportionnées. J'étais heureux de savoir qu'à partir de ce jour je serai comme tout le monde, je pourrai aller n'importe où sans avoir à vérifier si mon stock de pilules de survie était suffisant pour la durée de mon déplacement. C'est ce que l'on appelle la dépendance, la vraie, l'horrible dépendance... Celle qui vous soude le corps et l'esprit à une boîte de cachets, à des produits de laboratoires pharmaceutiques, eux-mêmes dépendants d'actionnaires qui, eux, sont dépendants des cours de la Bourse ; et cette Bourse est elle-même dépendante du temps, ou d'un fou fanatique qui se jettera ou pas sur un building, sur une institution, ou dans « une bouche de métro remplie de noyés* », le corps bourré d'explosifs et l'esprit rempli de convictions relatives, haineuses et démesurées. Bref, l'important pour moi était de me débarrasser de ma dépendance, qui me rendait aussi faible et vide qu'un vendeur d'aspirateurs au sourire livide et à la philosophie adaptable selon la clientèle du jour ou l'état de son carnet de commandes.

Je passe cette première journée qui restera gravée en moi comme un jour de victoire et de libération : mon 6 juin à moi, ma victoire sur mes chaînes mentales, sur ces molécules de survie.

J'étais parti en Normandie avec ma petite amie du moment dans une petite ville adorable qui ressemblait plus à une carte postale... qu'une carte postale elle-même. Honfleur... Ce nom sonne comme un bouquet de fleurs, comme une bonne vieille chanson naïve de notre Édith Piaf nationale. « Honfleur », c'est mélodieux, romantique. On peut tomber amoureux... Amoureux de n'importe qui dans cet endroit où le temps semble s'être arrêté il y a plus d'un siècle.

Je me suis promené toute la journée dans ce charmant petit port de plaisance normand encadré de vieilles bâtisses typiques qu'on croirait sorties d'une aquarelle ou d'un tableau impressionniste... J'étais un peu nerveux mais heureux de savoir que je rentrais dans le monde, le monde des êtres humains, ceux qui vivent indépendants et libres. Bientôt, je n'aurai besoin que de fruits, de légumes, de fromages... Que des aliments produits naturellement, sans l'intervention de chimistes (du moins la plupart, j'espère), avec seulement un peu d'eau, de la terre et quelques rayons de soleil. Après quelques semaines sans mes pilules – semaines durant lesquelles je me suis senti comme un équilibriste sur un fil tendu –, je vivais entre la peur et la confiance. J'avais confiance en la nature, en la vie, mais j'avais un peu peur que mes angoisses ne refassent surface. Ce qui prédominait cependant, c'était la confiance. Pour me rassurer, je ne cessais de me répéter : « L'Univers t'a créé sans ces pilules, tu as en toi tout ce qu'il te faut pour vivre sans ces produits chimiques. Tout est en toi ! » Je m'imprégnais de cette phrase-prière. C'était, de plus, un argument facilement défendable à mes yeux : aucun être humain n'a été conçu pour avoir besoin de pilules anti-angoisses. C'est nous-mêmes qui nous en rendons dépendants, souvent en essayant de trouver une solution rapide à des crises émotionnelles qui, elles, sont censées nous aider à évoluer spirituellement. Nous avons tellement peur d'avoir mal, peur de ressentir la tristesse ou la douleur. Pourtant, passer par une crise d'angoisse en l'acceptant et en essayant de comprendre ce qui nous arrive nous fait grandir. Il faut nous demander quelle en est la raison profonde : qu'avons-nous fait, ou pas fait, pour être dans cet état ? C'est une aide précieuse pour nous et pour nos enfants que de comprendre ce qui se passe sans essayer de le camoufler ou de l'ignorer en passant systématiquement à autre chose.

Après plusieurs mois sans aucune drogue pour exister, je me suis senti mieux. J'avoue que je n'en revenais pas : moi, Gabriel, le déprimé, l'angoissé, le désespéré, depuis plusieurs jours, je vivais, je mangeais et je dormais sans l'aide d'aucun produit modifiant ou atténuant les émotions et le comportement. J'étais sur un nuage rose. Mais je dois avouer que je n'aurais jamais pu réussir sans l'aide de mes nouveaux amis, anciens buveurs et drogués repentis, ni sans ces réunions pendant lesquelles je venais évacuer mes peurs et mes angoisses existentielles de la journée.

La première année a été magnifique. Je revenais à la vie, non… je naissais une seconde fois, mais cette fois j'avais la notice, ce mode d'emploi fourni par ces gentils illuminés, anciens buveurs à problèmes, dont j'étais désormais membre à part entière. Bien sûr, j'avais et j'ai toujours des peurs et des angoisses, mais ça n'a plus rien à voir : je n'ai plus du tout envie de me suicider. Pour moi, ce n'est plus une option. Dès cette époque, je ne me permettais plus d'y penser, je me répétais : « Tu es un homme digne et tu iras jusqu'au bout, comme un homme, avec courage et dignité ! »

Mes peurs sont souvent liées à mes projections dans l'avenir : j'ai peur de me retrouver vieillard, malade, croupissant dans un hospice pour vieux organismes en fin de carrière avec de jeunes infirmières qui ne verraient en moi qu'un vieux grabataire au bout du rouleau : « Alors le papy, il va bien aujourd'hui ? Il a bien pris ses petits cachets roses et bleus ? Il a mangé toute sa purée, au moins ? C'est bien ça. Il faut qu'il fasse pipi dans son po-pot. On viendra le changer tout à l'heure, alors il faut qu'il soit bien sage ! » Allez au diable ! Vous ne savez pas qui j'étais ! J'étais Moi, le seul, l'unique… Moi ! Chères infirmières, je fais le malin, je joue au révolté, mais sachez que je vous aime, que je vous adore même. Vous, les petites dévouées des malades, des agonisants, vous êtes avec les sapeurs-pompiers, les professionnels pour qui j'ai le plus de respect. Je préférerais qu'on me laisse partir avant que je ne devienne dépendant physiquement de mon entourage, de ces centres hospitaliers, de ces cimetières pour éléphants… de ces antichambres de la mort.

J'ai eu des hauts et des bas, bien sûr, la vie n'est pas « un long fleuve tranquille ». Mais j'étais tellement heureux de ne plus être si misérable, de ne plus être si désespéré que pratiquement tout était un cadeau. Je me dois de préciser que même dans les moments les plus bas, j'avais toujours un ami A.A. pour me rappeler la chance que j'avais de ne pas dormir à l'Armée du Salut ou, pire, sous un pont. Ainsi, j'étais satisfait de mon nouveau parcours et tellement ravi de ne plus avoir le cerveau en « enfer », tellement heureux de ne plus être si profondément malheureux, que tout était du pur bonheur.

À partir de là, j'ai lu de plus en plus de livres spirituels, mais je n'arrivais pas à admettre la notion de Dieu. C'était trop abstrait pour moi. J'essayais de m'autopersuader, de faire semblant d'y croire, de prier même, mais rien… Cela ne passait pas. Mon orgueil était comme un énorme rideau qui m'empêchait de voir la beauté de l'Univers, de voir la splendeur de cette création magique et subtile qu'est notre monde. Je ne voyais souvent qu'une seule moitié du verre, celle qui était vide bien sûr. J'étais un rationaliste. Pourtant, les rationalistes auraient dû arrêter d'exister le jour où l'on a découvert que la terre était ronde et suspendue dans les airs. Non ? Plutôt suspendue dans l'espace : pas de haut, pas de bas, juste un aimant invisible qui nous rend témoins oculaires et physiques d'une certaine notion de haut et de bas. Moi, je me torturais avec des questions stupides et infantiles : « Qu'est-ce qui est arrivé en premier, la poule ou l'œuf ? Qui a créé l'œuf ? La poule. Mais qui a conçu la poule ? L'œuf ? Mais non, puisque c'est la poule qui pond l'œuf. Donc, la poule est arrivée avant l'œuf. Oui, mais, etc. » Enfin vous voyez, je passais mon temps à essayer d'élucider des choses importantes, des choses indispensables au fonctionnement de la vie de tous les jours pendant que vous autres, vous, pauvres manants, pauvres écervelés, vous faisiez des choses banales : des immeubles pour s'abriter, des chaudières pour nous réchauffer, du pain pour manger, de l'électricité pour voir et communiquer… Enfin, plein de choses inutilement utiles à vos concitoyens.

Voilà pourquoi il faut des gens comme moi : pour que vous puissiez vous rendre compte de l'intérêt de votre vie en comparaison de la stupidité qui caractérisait la mienne.

La première fois que j'ai essayé d'entrer en contact avec l'Univers, avec la Création, avec nos créateurs, avec… appelons-le… Dieu – ce sera plus simple, si vous voulez bien. Je sais que beaucoup d'entre vous sont allergiques à ce mot, mais si cela peut vous rassurer, moi aussi. (Je suis persuadé que cela ne vous rassure pas…) Bon, revenons à Dieu… à moins que ce ne soit Lui qui ne revienne à nous ? Dieu, je ne voulais pas en entendre parler. C'est pour les faibles, pour le peuple, pour les petites gens. Moi, j'étais un grand Gabriel. Moi, je suis un penseur, un être supérieur à la moyenne. Moi, j'ai lu Sartre, Brel, Stendhal, Freud, Tintin, Gaston Lagaffe, Dardevil, le Surfeur d'Argent, etc. Vous n'allez pas essayer de m'endormir avec vos bondieuseries, vous n'allez pas oser, pas avec moi. Vous êtes fous, inconscients, stupides, vous savez qui je suis, non ? Je suis Moi… Celui qui se croit le seul à penser, celui qui a confondu toute sa vie l'humour et l'amour, la tendresse et le sexe, la compassion et la pitié, la dignité et l'orgueil, la manipulation et l'amitié, la gentillesse et la faiblesse. Je me suis trompé sur tout, j'ai tout mélangé. Mon cerveau était devenu une énorme marmite où bouillonnait un tas de pensées inutiles et égoïstes.

Un soir, je devais être à mon troisième mois d'abstinence de tout produit qui modifie le comportement – nous étions en octobre, je crois –, j'avais passé la journée avec une fille qui souffrait beaucoup de sa jeune abstinence, mais qui ne voulait pas d'aide. Elle voulait s'en sortir toute seule. (Ah ! Orgueil, quand tu nous tiens.) Je ne m'étais pas assez protégé de son esprit trop confus. En plus, j'avais une sobriété mentale et émotionnelle encore très fragile, et cette pauvre fille m'avait transmis, sans le vouloir vraiment, son malaise et ses doutes. À la fin de cette journée, je me suis retrouvé tout seul chez moi avec toutes ces pensées négatives. Il était minuit environ quand j'ai commencé à me sentir mal, angoissé, désemparé et nerveux. Je me suis mis à paniquer… Je me suis dit : « Ça y est, ça va recommencer. Tu croyais t'en être sorti, pauvre idiot. Tu crois que tes fantômes vont te laisser partir comme ça ? Petit naïf. Tu oublies que tu as affaire au diable. Il n'est pas près de sortir de ton corps, de ta tête, de ton esprit, mon petit lapin. Tu vas comprendre pourquoi on l'appelle le diable, pauvre crétin ! » (Ça vous fait peur ? Moi, oui !) Je me sentais de plus en plus mal, je ne pouvais même plus respirer convenablement tellement l'angoisse me compressait les poumons et le cerveau. Alors, je me suis dit : « C'est fini mon pote. Mets ton jeans et va boire une bonne bouteille de vodka. Tu es foutu… *Qui a bu boira*. Et toi, ton cerveau, il est bon à jeter à la poubelle. Allez, va, imbécile. Tu croyais t'en sortir comme cela avec tes réunions d'anciens buveurs repentis ? Eux, ce sont des naïfs. Pour eux, ça va marcher, mais pour toi, non ! Toi, tu es notre otage pour le restant de tes jours ! »

J'ai mis mon jeans comme un automate, j'ai vérifié si j'avais assez de monnaie pour acheter une bière. J'avais les larmes aux yeux et la tête prise dans un étau. Il fallait que je boive. Mieux vaut l'alcool que l'hôpital psychiatrique, pensais-je. J'allais descendre, mais je me suis soudain rappelé le bienveillant conseil de mes amis A.A. : « Si un jour tu as une envie de boire qui te prend à la gorge au point d'être prêt à te saouler la gueule, avant de boire, appelle un ami A.A. Même si tu es certain de boire juste après cet appel, téléphone à un ami et parle avec lui. » Je me suis dit qu'après tout, je n'avais rien à perdre à téléphoner. Je compose deux ou trois numéros et tombe enfin sur une personne qui apparemment ne dormait pas.

(Puisqu'elle m'a répondu, un peu de logique point ne nuit !) Une fille très douce, une jeune métisse de trente ans, pas très jolie, mais très douce et sympathique. Une fille que j'avais rencontrée lors de ma première réunion A.A. Elle était un peu maigre avec des traits épais, une bouche trop charnue, des yeux souriants mais un regard fuyant. Elle se sentait différente parce qu'elle était, à l'époque, la seule fille de couleur dans ces réunions. (Cela a beaucoup changé depuis, tant mieux.) Elle me l'avait dit dans un de nos rares échanges. Je me sentais proche d'elle, je comprenais sa souffrance. Je me suis toujours senti proche des opprimés, particulièrement des gens de couleur. J'avais d'ailleurs fait l'expérience du racisme dans mon enfance.

Mon père nous avait inscrits dans une colonie de vacances, mon frère et moi. J'avais onze ans à l'époque et mon petit frère en avait huit. Les enfants sont cruels parfois… Dès le début de notre séjour, nos « camarades » n'ont pas arrêté de faire des allusions désagréables du style : « Les Juifs ne pensent qu'à l'argent. Ce sont des voleurs, des menteurs et des fourbes… » Même les moniteurs en ont profité pour balancer des saloperies. Je ne comprenais pas d'où venait cette haine, je ne me sentais pas différent d'eux. Mais un jour, nous étions à la chorale avec mon frère, un des petits cons (plus grand que moi quand même) a dit juste derrière moi en parlant de mon petit frère : « Il chante vraiment mal, ce sale Juif. » Je me suis retourné, complètement enragé, je l'ai frappé de toutes mes forces avec ma tête. Mon front s'est écrasé contre son nez. On aurait dit que la scène s'était passée au ralenti. Je me souviens encore du mouvement des corps. Son nez a éclaté, il avait le visage ensanglanté, on a dû l'emmener à l'hôpital. Bien sûr, j'ai reçu de sévères remontrances et une punition, bien méritées d'ailleurs. Mais j'étais tellement content d'avoir enfin répondu à ces violences verbales que nous subissions, mon frère et moi, depuis plus de quinze jours, que le prix à payer me semblait sans commune mesure avec le plaisir obtenu. Après cet événement, plus personne n'a osé nous insulter, et ce, jusqu'à la fin de ces vacances.

Il y avait aussi dans cette colonie de vacances deux Arabes d'origine tunisienne avec qui j'avais fraternisé. Je me sentais proche d'eux, comme si nous étions des frères réunis par le racisme et l'antisémitisme ambiant. Je me souviens les avoir défendus. Personne n'osait plus, d'ailleurs, leur adresser de propos racistes. J'étais fier de moi. (Un peu de fierté, ça nourrit l'ego… et le mien était très gourmand !)

Mais revenons à ma nuit d'angoisse et de doute… Je suis donc au téléphone avec cette jeune femme attentionnée et fragile qui s'appelait Marie. Je commence par lui dire que j'étais gêné de l'appeler à une heure pareille, mais que j'étais à deux doigts de descendre de chez moi pour aller prendre une bière et me saouler. J'en avais marre, je savais que ça n'allait pas marcher pour moi, j'étais trop malade, mon cerveau s'était perdu entre deux univers dans l'espace intersidéral, bla-bla-bla… Elle me dit d'une voix très douce : « Calme-toi, Gabriel. Tu es un gentil garçon. Ne t'emballe pas comme cela, ça ira mieux demain matin, tu verras, va doucement. Et si jamais ça ne va pas mieux demain, tu n'auras qu'à boire, OK ? » J'ai répondu : « Oui, mais en attendant, ce soir, qu'est-ce que je dois faire pour me calmer ? » Elle me dit : « Mets-toi à genoux et prie. Demande de l'aide à Dieu. » Alors là, c'était le comble. J'avais mal au cerveau à cause d'angoisses et de problèmes existentiels et l'autre cinglée qui me propose de me mettre à genoux et de prier Dieu. Mais ils sont vraiment fous, ces gens-là ! Moi, je voulais une réponse concrète et rapide à mes problèmes métaphysiques (que je croyais concrets), surtout pas de : « Va prier. » C'est comme si on m'avait dit : « Va te coucher dans ton lit et dors. » Mais comme je ne voulais pas la blesser, je l'ai remerciée, j'ai raccroché le combiné, et là, ma douleur s'est amplifiée. Ma tête a failli exploser de douleur, une puissante montée d'angoisse et une peur panique se sont emparées de moi.

D'un coup, sans réfléchir, je me suis mis à genoux pour la première fois de ma vie et j'ai demandé de l'aide à Dieu de manière peu orthodoxe : « Toi là-haut, je ne sais pas qui tu es, je ne sais même pas si tu existes vraiment, mais, si tu es là et si tu m'entends, je t'en supplie… aide-moi, ne me laisse pas tomber, je suis ton fils, tu m'as créé, tu dois m'aider, je n'en peux plus, je souffre… Juste un peu d'aide… Calme mon cerveau, je ne veux pas retourner dans l'enfer de l'alcool, je t'en supplie… »

Alors là, chers amis lecteurs, je ne sais pas si vous allez me croire, mais j'ai senti tout à coup un calme, une douceur m'envahir le corps, m'envahir le cœur, m'envahir l'âme. Mon mal de tête s'est alors estompé. J'étais comme sur un doux petit nuage rose, ma respiration a repris son rythme régulier et tout s'est remis à fonctionner normalement. Je me suis allongé sur la moquette, face contre terre, des larmes ont coulé sur mes joues et j'ai remercié humblement le Seigneur, le Créateur, les créateurs, les dieux d'avoir répondu favorablement à mes supplications. Je me suis ensuite endormi comme un petit ange et me suis réveillé au matin l'esprit léger.

Vous rendez-vous compte, chers amis ? J'avais prié comme un cul béni. Moi, le trotskiste, le léniniste, le révolutionnaire à tendance masochiste et anarchiste. (En son temps.) J'étais déshonoré. Pourquoi ne pas aller le dimanche à la messe avec toutes ces bigotes pour bouffer des hosties, et pourquoi pas me mettre aussi une plume dans le cul ? J'étais un renégat à genoux devant un dieu. Pourquoi ne pas devenir curé tant qu'on y est ? J'étais déshonoré, vous dis-je. Déshonoré, peut-être. Mais vivant, et assez content de l'être malgré tout. Et en plus, je n'avais pas bu. J'étais quand même assez fier de moi, mais pour cela uniquement. « Mourir pour des idées d'accord, mais de mort lente, mais de mort lente. » (Georges Brassens)

Je me dois, par souci de vérité et pour sa mémoire, de vous dire un mot au sujet de cette jeune métisse qui m'avait aidé à ne pas reboire cette nuit-là. Je lui en serai éternellement reconnaissant. Je te salue, petite Marie pleine de grâce. Malheureusement pour elle, un an plus tard, elle a rebu, pour je ne sais quelle bonne ou mauvaise raison, elle a rebu un verre, puis deux… En quelques semaines, elle rebuvait comme avant. De toute manière, un alcoolo ne sait pas boire comme tout le monde. Moi, je buvais jusqu'au coma, je ne savais pas boire autrement. Eh bien, cette jeune gazelle avait rebu, puis refait une cure de désintoxication, rebu encore une fois juste après la cure, et enfin, n'en pouvant plus de cette atroce souffrance, la pauvre enfant s'est suicidée. On a retrouvé son corps flottant sur la Seine avec un taux d'alcoolémie très élevé. Cela ressemble à un mauvais film noir des années cinquante. Eh bien, c'est ça qui est terrible avec les alcoolos : ils ont pratiquement tous des destins pathétiques.

Cette jeune Marie m'avait d'une certaine manière sauvé la vie, et elle était partie stupidement, sans mettre en pratique les précieux conseils qu'elle m'avait prodigués. Je remercie ici cette jeune sœur de souffrance, cette petite sœur du désespoir qui n'a pas pu supporter une nouvelle crise d'angoisse. Sûrement prise de panique, elle a pensé qu'elle trouverait une solution dans l'alcool. Bacchus avait eu raison d'elle. Une autre pauvre victime de la dépression et de la détresse alcoolique… cette impitoyable maladie qui fait malheureusement plusieurs milliers de victimes par an, rien qu'en France.

Voilà, mes amis, comment s'est déroulé mon premier contact conscient avec Dieu ou avec une force dite « spirituelle ». Pour capter cette énergie qui, semble-t-il – d'après les « pros » du bouddhisme et de la méditation –, émanerait des ondes et des fréquences – un peu comme des fréquences radio ou des fréquences hertziennes –, il suffirait de se mettre en position, humblement, un peu comme une antenne de télévision, et d'essayer de se connecter à ces ondes énergétiques qui seraient de surcroît positives et spirituelles. C'est très imagé, mais c'est ce que j'avais compris, ce que j'avais ressenti, ce que j'avais retiré de cette histoire… Durant cette nuit particulière où je m'étais mis à genoux pour prier, moi, l'infidèle, moi, le blasphémateur, moi, le mécréant… J'avais prié surtout pour avoir de l'aide, de l'aide de n'importe où, de n'importe qui, de là-haut ou d'ailleurs même, qu'importe. J'avais tellement besoin d'aide, j'avais tellement souffert dans mon âme, dans ma chair cette nuit-là, que la couleur du drapeau m'importait peu. Le principal, c'était que je n'avais pas rebu et que je me sentais joyeux et léger. C'était cela qui devait désormais primer pour moi, et rien d'autre.

Toutes les philosophies de mon adolescence, celles dont j'étais si fier, celles qui crachaient sur les dieux et les religions devaient maintenant passer en second plan, mon rétablissement mental devait primer sur toute autre considération.

Mes deuxième et troisième années d'abstinence ont été plus difficiles, mais plus instructives. Je comprenais mieux mes fonctionnements et mes émotions refoulées, qui, elles, me torturaient de temps en temps. Mais il m'avait fallu du temps pour comprendre que mon seul ennemi, c'était mon orgueil, mon immense ego.

En parallèle, je me suis rapidement rétabli physiquement, surtout après avoir arrêté de fumer. Mon corps, mes muscles, ma peau, tout s'améliorait, se transformait et évoluait de façon positive. C'était flagrant, mon entourage le remarquait. J'avais maintenant vingt-neuf ans et j'en paraissais à peine vingt-cinq. La machine s'était inversée et les résultats étaient presque palpables. Ce n'était pas seulement mental ou spirituel, c'était physique et visible à l'œil nu (enfin, je voulais dire sans microscope, pour les pinailleurs) !

J'entends les gens dire : « Pourquoi arrêter de fumer ? Pour avoir quelques années de plus à vivre ? Mais, si ce sont des années de vieux, alors, j'en veux pas. Vous pouvez vous les garder, je vous les offre. En plus, il faut bien mourir de quelque chose. » (Mauvaise foi, quand tu nous tiens…) C'est une erreur, une grossière erreur : le bénéfice est immédiat. Le plaisir de vivre, de manger ou encore d'embrasser est démultiplié, au centuple. Sans la nicotine dans les poumons, sans cette satanée merde jaune dans la bouche, entre les dents, sur la langue et à l'intérieur même de toutes mes cellules, mon plaisir, celui de chaque instant d'ailleurs, devenait plus sensoriel, plus perceptible et plus sensuel.

Connaissez-vous l'histoire de la grenouille dans la marmite d'eau chaude ? Cette allégorie est basée sur un test scientifique – cruel mais réel.

Si vous mettez une grenouille dans une marmite d'eau chaude, elle sautera instinctivement hors de la marmite au contact de l'eau bouillante, éjectée par son instinct de survie. Par contre, si vous la posez dans cette même marmite en mettant l'eau à chauffer petit à petit, elle attendra patiemment la mort sans vraiment comprendre ce qui lui arrive.

Eh bien, chers amis fumeurs-lecteurs, c'est à peu près la même chose pour vous. La seule différence, c'est que vous allez vous persuader que c'est votre attachement à la liberté de penser et de faire ce qui vous plaît quand ça vous plaît qui vous fera rester dans cette marmite-tombeau, ce cimetière ambulant que sera devenu votre système respiratoire. J'aime le *très digne* : « Il faut bien mourir de quelque chose. » Si ça, ce n'est pas une réponse intelligente et réfléchie, je ne sais plus ce qu'est une réponse intelligente et réfléchie. Les alvéoles de vos poumons sont roses, aussi fragiles et roses que des pétales de rose. Imaginez un instant le massacre que la nicotine – dont la couleur est aussi noire que du goudron – occasionne à vos jolis alvéoles, dont le rôle est de vous transmettre la vie venant du dehors… Mettre votre intérieur en contact avec l'extérieur, voilà leur rôle. Vous rendez-vous compte du dégât que vous leur occasionnez ? C'est un peu comme si une maman oiseau entourait de barbelés la nourriture qu'elle dépose dans le bec de ses oisillons affamés qui lui font une confiance aveugle pour leur survie. Eh bien, chers amis fumeurs-lecteurs, c'est un peu ce que vous offrez à vos jolis petits alvéoles rose clair qui ne s'attendent pas à recevoir ce cadeau empoisonné de la part du chef de groupe, car vous êtes le chef de groupe de votre corps, le seul et unique responsable de la bonne ou mauvaise direction prise. Alors, prenez soin de choisir la direction de la vraie liberté, pas de cette liberté dont les clefs seraient détenues par le patron du café-tabac au coin de la rue. Surtout, ne me faites pas rire, s'il vous plaît, avec vos excuses bidon : « Non, je n'ai pas encore envie d'arrêter, en ce moment je ne le sens pas vraiment et puis je m'en fous de vivre cinq ou dix ans de plus… » C'est faux, et vous le savez : vous avez juste peur d'affronter la douleur du sevrage. Tous les fumeurs rêvent d'arrêter de fumer. La seule différence, c'est le courage et la persévérance du malade à vouloir s'en sortir. Eh oui, les fumeurs sont des malades. Si vous ne me croyez pas, essayez donc d'arrêter de fumer quelques heures, quelques jours, quelques semaines, et vous mesurerez ainsi votre degré de dépendance, votre degré d'intoxication.

J'ai réussi à supprimer ma consommation excessive d'alcool, de drogue, d'anxiolytique et de cigarette depuis plus de vingt ans. Si moi, avec ma petite personnalité vide, faible et transparente, j'ai pu le faire, c'est que tout le monde peut le faire. La différence sera votre détermination à vous sortir de cette dépendance mortelle. Il vous faut juste un peu de courage et de persévérance, rien de plus. Alors, allez-y, montrez à vos cellules et à vos neurones que c'est vous qui décidez de la direction à prendre, montrez-le leur gentiment mais fermement. C'est en remportant de petites victoires comme celle-ci que j'ai forgé mon caractère et appris à en remporter de plus grandes.

Bien sûr, je ne compare pas la dépendance à la cigarette avec celle de l'alcool ou de la drogue. Mais vivre sans tabac, c'est un vrai plaisir, une vraie liberté, un vrai bonheur et un confort quotidien. (Si après ça, vous n'arrêtez pas de fumer, personne ne peut plus rien pour vous.) Et si vous ne le faites pas pour vous, faites-le pour vos enfants. Les enfants ne font pas ce qu'on leur dit de faire ou de ne pas faire, ils reproduisent souvent le comportement de leurs parents. Alors, si vous voulez des enfants en bonne santé, faites ce qu'il faut pour avoir une vie saine, et vos enfants vous imiteront. On est responsable de l'éducation de ses enfants, de la bonne comme de la mauvaise. (Ça y est, voilà que je donne des leçons de morale. On aura tout vu. Un ancien alcoolo, un ancien ivrogne et aussi ancien drogué qui fait la morale aux autres !)

Je sais, oui… je sais, je pars dans tous les sens mais pardonnez-moi, c'est mon premier livre (peut-être mon dernier). J'ai besoin de tout dire, de tout vous livrer. Alors ça donne sûrement l'impression que ça part dans tous les sens, mais rassurez-vous, ce n'est pas une impression… Ça part dans tous les sens. J'ai envie de m'exprimer sur tout, alors cela explose comme un feu d'artifice. J'espère que vous ne m'en tiendrez pas rigueur.

Enfin… Je sentais les changements en moi, ils étaient de plus en plus forts et de plus en plus évidents. Je commençais maintenant à pouvoir communiquer avec les gens. Oh non, pas parler pour faire mon intéressant ou pour faire le pitre, mais communiquer avec eux, leur dire ce que je ressentais, ce que j'aimais, ce qui me plaisait ou ne me plaisait pas. Moi qui avais passé tellement de temps à essayer de plaire – ou du moins de ne pas trop déplaire – j'osais enfin dire ce que je pensais et ce que je voulais sans avoir besoin de passer en pilotage automatique, sans avoir besoin de refiler les commandes à Mister Hyde qui, lui, avait le courage de leur dire merde sans s'énerver ou s'affoler, en les regardant droit dans les yeux. Maintenant, j'étais capable de le faire, de dire non, sans avoir peur de déplaire. Cela peut vous paraître idiot, mais pour moi ça a été une révolution. Je n'en revenais pas, c'était moi qui avais dit à ces gens sans m'énerver et sans rougir : « Non, merci, cela ne m'intéresse pas ! » Phénoménal… j'étais un être phénoménal.

J'ai appris le véritable sens de l'expression « être authentique ». Pour moi, avant, c'était du chinois la formule « être authentique ». Je comprenais ce que voulait dire « paraître drôle », « paraître gentil », « paraître instruit, romantique ou encore amical », mais « être authentique », je ne comprenais pas vraiment. Je ne voyais pas ce qu'il fallait faire pour paraître authentique. Je me rappelle que certains de mes amis me disaient souvent : « Gabriel, sois plus vrai, plus authentique, et les choses iront mieux pour toi. » Moi, je voulais bien. Mais expliquez-moi, les gars ; expliquez-moi, ce qu'il faut faire. Je serai capable de le refaire, de vous imiter, de faire semblant d'être authentique, si vous prenez le temps de me l'expliquer. Il faut faire les pieds au mur, lire des livres philosophiques, faire une retraite en Inde ? Je suis d'accord. Apportez-moi le mode d'emploi, je le lirai toute la nuit, pas de problème. Mais donnez-moi des indices, aidez-moi à comprendre. Si tout le monde en parle autant et en des termes si élogieux, ça doit être la « vraie classe » *d'être authentique*… Ça devait être cela le secret des secrets.

Eh bien, figurez-vous qu'après trois ans de sobriété, de recherches et d'introspection, j'ai compris ce que cela voulait dire « être authentique ». Je vous le confie : c'est dire ce que l'on pense, c'est exprimer ses désaccords sans vouloir plaire à tout prix à tout le monde. C'est l'opposé d'« être démagogue ». C'est « faire ce que l'on dit, et dire ce que l'on fait. » J'avais enfin compris cela. Un peu tard, me direz-vous, mais je suis content de l'avoir enfin assimilé, car certaines personnes ne l'intègrent jamais. Je comprends mieux pourquoi tous ces gens m'en parlaient avec autant de ferveur. C'est une magnifique qualité et un repos de chaque instant que d'être authentique et humble (ou du moins d'essayer), voilà le secret des secrets.

C'est alors que sont apparues mes premières discussions authentiques avec les femmes qui croisaient mon chemin, mes premiers échanges adultes, mes premiers contacts réels sans essayer de me faire materner. Le genre de rapport qui permet un échange mature et généreux où chacun prend en charge ses émotions et ses peurs sans les déposer comme un fardeau sur la tête de l'autre en attendant, comme un enfant, que celui-ci trouve la solution. Je prenais même petit à petit la place de celui qui soigne, de celui qui conseille gentiment. J'avais des solutions à donner aux gens qui étaient dans le désarroi. C'était fantastique ces premières fois où j'ai tenu, de manière authentique, ce rôle.

J'avais toujours été de l'autre côté, du mauvais côté. J'étais celui qu'on devait réconforter, celui qu'on devait calmer, celui qu'on devait soigner et dont on devait s'occuper tout le temps, celui qui monopolisait l'énergie et l'intérêt des autres, un véritable égoïste égocentrique. La seule souffrance qui comptait à mes yeux, c'était la mienne. Vous, vous pouviez bien attendre tout de même, vous n'aviez pas le même degré de souffrance, vous n'alliez quand même pas vous comparer à moi, le vrai malheureux. Vous n'auriez pas ce culot ?!

Une citation que j'aime beaucoup et qui se confirme de plus en plus avec le temps et avec mes petites expériences dans ce chemin spirituel qu'est la vie : « Ventre affamé n'a point d'oreilles. » Jean de La Fontaine, *Le Milan et le Rossignol.* Ce qui sous-entend qu'une personne qui a faim ne peut entendre les complaintes d'une autre personne qui a faim également, puisque son ventre qui crie famine couvre la voix de celui d'en face même si lui aussi a faim, le pauvre bougre. C'est seulement une fois rassasié qu'un être peut entendre son frère en face qui est affamé. Tant qu'il ne sera pas repu, pas comblé, un être humain en souffrance sera sourd aux plaintes des autres.

Eh bien, c'est la même chose pour l'évolution spirituelle. Quelqu'un qui souffre intérieurement ne peut entendre ni réellement aider une autre personne qui souffre aussi, car sa souffrance crie et couvre la voix de l'autre. Pour être capable d'apporter une aide véritable à quelqu'un qui souffre, il faut déjà avoir diminué sa propre souffrance, il faut avoir réglé ses propres problèmes existentiels. Sinon, l'aide ne sera qu'une faible main tendue qui se retirera d'elle-même au moindre déséquilibre émotionnel. J'adore, d'ailleurs, les gens qui vous disent : « Faites-moi confiance. » La confiance est un sentiment qui ne se contrôle pas. Une personne vous inspire ou pas confiance, mais ce n'est pas un sentiment qui se réclame ou se revendique.

Bon, revenons à ma troisième année de sobriété, celle où j'ai arrêté de fumer. Cette nouvelle façon d'être a créé et développé en moi une telle énergie, une telle envie de réaliser et de créer, que c'en était invraisemblable. Je pouvais bosser presque quinze heures par jour sans ressentir de fatigue physique. Je me suis donc mis à travailler comme un fou, j'avais envie de rattraper le temps perdu, envie de gagner de l'argent pour être plus autonome, pour ne dépendre de personne, pour me faire plaisir, pour faire ce qui me plaisait le plus à cette époque : voyager à travers le monde.

Chapitre trois

L'Univers récompense l'action… pas la pensée !

C'est donc dans ma troisième année de sobriété que j'ai créé ma première petite société. Elle n'avait comme employé que moi et moi-même, mais j'étais content de pouvoir être indépendant et autonome financièrement.

Cette année-là, un événement a changé la perception que j'avais des animaux, en particulier des chiens, et a marqué et modifié ma vie ainsi que ma sensibilité dans une foule de domaines.

Un week-end, j'ai été invité chez une amie, Florence C., que j'avais rencontrée en réunion A.A. Une des rares femmes que je n'ai jamais essayé de séduire, non qu'elle manquât de charme, mais parce que j'ai tout de suite ressenti pour elle une amitié fraternelle. Elle était intelligente avec un esprit vif et moqueur. J'ai beaucoup envié cette amie, mais c'était une envie saine, pas une jalousie envieuse. J'aurais aimé avoir une famille comme la sienne, avoir un oncle et une tante aussi riches et simples d'approche. J'avais d'ailleurs rencontré sa maman, une femme adorable avec une légèreté d'être, un esprit pétillant, un humour vif entrecoupé d'éclats de rire spontanés et empreinte d'une sensibilité artistique.

Il ne fallait surtout pas avoir l'esprit engourdi auprès d'elle. Elle avait assez de répondant pour faire pâlir de jalousie Raymond Devos lui-même. Elle vous renvoyait amicalement des balles de fond de court, des retours croisés, des revers, certains même flirtaient avec la ligne blanche. Cependant, il n'y avait aucun comportement déplacé, aguicheur ou charmeur… non, une femme qu'on rêverait tous d'avoir comme maman.

Cette jeune Florence m'avait invité chez son oncle, qui habitait un vaste et magnifique appartement en rez-de-chaussée avec un immense jardin privatif, près du Panthéon, dans un des plus beaux quartiers de Paris. L'appartement que j'aurais adoré, dans mon enfance, habiter avec mes parents. Il y avait de très grandes pièces mais, surtout, y résidait… un gourou, un maître spirituel, un dispensateur d'amour qui avait pris la forme d'un adorable… labrador beige. Il avait un nom prémonitoire et original qui lui allait comme un gant. C'était celui d'un des trois Rois mages, « Balthazar ». (C'est la vérité !)

J'avais toujours eu peur des animaux, des chiens en particulier. Pour moi, un chien, c'était fait pour aboyer et pour mordre. Mais j'avais devant moi un véritable nounours, une grande peluche sur pattes articulée. J'ai passé mon week-end collé à ce beau labrador qui ne cessait de dispenser son amour au travers de ses magnifiques yeux marron. Le regarder dans les yeux me calmait l'esprit, je me disais : « Incroyable… jamais vu une telle gentillesse dans ma vie, même chez les êtres humains ! » (Étaient-ils vraiment une référence ?) Je n'oublierai jamais ce gentil Balthazar. J'avais l'impression qu'il avait compris que j'étais l'ultrasensible, l'écorché vif de l'assemblée, celui qui était le plus en manque d'affection, celui qui avait besoin d'aide. Alors, il n'a pas arrêté de me regarder dans les yeux, comme pour mieux me rassurer. « Balthazar, si tu m'entends de là-haut, je te remercie pour ta compassion, pour tes doux regards pleins de tendresse. Surtout, fais un gros bisou à mon petit amour Octave ! »

Pour moi, c'était un véritable bouleversement. Je rencontrais pour la première fois, à trente ans, un chien avec qui j'avais communiqué, avec qui j'avais échangé de la tendresse et une certaine complicité. Je pensais souvent – à tort d'ailleurs – que communiquer, c'était parler. Mais je me suis rendu compte, au fur et à mesure, en avançant dans ma nouvelle vie, qu'il était aussi possible de communiquer avec un regard, avec un sourire, avec un silence appuyé, souvent même avec une émotion contenue.

J'ai appris à faire la différence entre l'humilité et la soumission, entre la compassion et la pitié, et surtout entre la dignité et l'orgueil. Cette différence semble parfois se tenir dans l'épaisseur d'une feuille d'or. Mais pour un cœur avisé, un esprit ouvert, la différence est aussi importante que l'espace qui sépare le pôle Nord du pôle Sud. Ce qui est paradoxal, c'est que nous ne pouvons pas augmenter notre degré de dignité du simple fait de vouloir être plus digne. En faisant cela, on obtient l'effet inverse : on augmente son orgueil. La seule possibilité pour augmenter ma dignité, c'était d'essayer d'avoir un comportement moins arrogant, un comportement plus simple, plus souriant, plus humble avec mon entourage. Plus mon comportement était simple, gentil et humble, plus ma dignité s'imposait d'elle-même et prenait la place de mon orgueil. De toute manière, il n'y a pas assez de place dans notre espace intérieur pour qu'y cohabitent notre dignité et notre orgueil. Et comme l'orgueil fait souffrir, si je désirais moins de souffrance, je me devais de développer mon humilité.

C'est un peu le principe physique des vases communicants. Quand l'un se vide, l'autre se remplit et vice versa. Les sages hindous disent : « Pour connaître son degré d'orgueil, il faut mesurer son taux de souffrance intrinsèque sur une échelle de un à dix. Si vous situez votre niveau de souffrance à sept, c'est tout simplement que votre niveau d'orgueil se trouve à sept. La souffrance n'existe que nourrie par l'orgueil ! » Si je voulais moins de souffrance dans mon existence, je savais maintenant ce qu'il me restait à faire : fuir les compliments et les *compli-menteurs* – d'où l'expression populaire souvent utilisée quand les gens prennent la grosse tête : « Redescends un peu de ton piédestal ! » (Imagé, mais très juste.) Si je ne suis plus dans mon corps en raison des compliments qui me sortent de moi-même, alors qui va prendre cette place ? Mon orgueil… suivi de mes peurs, lesquelles laisseront place à leur tour à mes fantômes. Cela vous paraît peut-être compliqué, mais c'était devenu pour moi d'une logique implacable.

Pour en revenir aux animaux, après ce premier contact avec un chien, plutôt avec ce brave petit être, Balthazar, je m'étais juré qu'à la première occasion j'adopterai un chien. Mais pas n'importe lequel, un de la même race que Balthazar, un bébé labrador. Je voulais le connaître petit, le voir grandir et le voir évoluer près de moi.

L'occasion s'est enfin présentée après mes cinq ans de vie A.A. – car je fais une différence entre ma vie avant et ma vie après ma rencontre avec les A.A. J'ai alors pu faire l'acquisition d'un gentil petit animal de compagnie. J'avais décidé d'aller m'installer sur la Côte d'Azur, à Nice plus précisément. Je voulais être au contact de la nature, faire du sport, profiter de cette belle et complexe machine offerte en « cadeau de bienvenue » dans ce monde : notre corps. En plus, depuis que j'avais arrêté de fumer, j'avais envie de vivre différemment, envie de sentir l'odeur de l'herbe, des plantes, des fruits, de la terre, du sable. Tout... tout avait une odeur différente et spécifique. Je ne pouvais plus supporter la pollution des grandes villes, autant celle du bruit constant et bourdonnant de nos utiles engins de la mort, que celle fumante et étouffante qui émanait de leurs jolis pots d'échappement. J'aimais de plus en plus la nature. J'aimais marcher sur les plages pendant des heures, m'enfoncer à pied dans les forêts, sentir les parfums des arbres... Toutes les saisons avaient leur charme à mes yeux. Mais ce que j'aimais par-dessus tout, c'était le sport. Le sport sous presque toutes ses formes. J'adorais les sensations que cela me procurait, je faisais des kilomètres de natation par semaine, plusieurs fois une quarantaine de kilomètres à vélo. J'étais devenu un accro du sport, un accro de l'adrénaline sportive. J'adorais ce moment magique, celui où, n'en pouvant plus, me sentant vraiment au bout de mes forces, mon second souffle prenait la relève. Un peu comme un ange gardien qui me soulevait, qui élargissait ma cage thoracique, qui ralentissait les battements de mon cœur et, ainsi, me faisait repartir de plus belle vers un autre tour de piste. Quel véhicule merveilleux que ce corps offert, prêté pour environ trois quarts de siècle à des pilotes souvent mauvais et capricieux, malheureusement.

Je vivais donc depuis peu à Nice, dans un superbe appartement, et, comme tout Parisien qui se respecte, sur la Promenade des Anglais… face à la mer. Un cliché digne des plus belles cartes postales ! J'avais eu la chance de rencontrer un couple d'Iraniens millionnaires qui avaient décidé de me louer cet immense appartement pour à peine mille euros par mois, charges et taxes comprises. J'ai appris, d'ailleurs, qu'ils me l'avaient loué plus dans le but d'avoir quelqu'un constamment sur place que pour ma modeste contribution mensuelle. Ma présence leur permettait d'éviter, autant que possible, les vols et les casses d'appartement, qui étaient monnaie courante dans la région, presque une discipline sportive régionale. Les charges de cet appartement étaient énormes en raison de la piscine couverte et chauffée, d'un gardien prévu vingt-quatre heures sur vingt-quatre, des escalators, des trois ascenseurs, des deux garages privés, etc. Cela me changeait quand même un petit peu de la cité (plutôt la Cour des miracles) où j'avais vécu enfant avec mes parents.

Malheureusement, j'ai appris quelques années plus tard que ce couple d'Iraniens avait été pendu par le régime de l'ayatollah Khomeiny. « Et tous ces hommes qui sont nos frères, tellement qu'on n'est plus étonné que, par amour, ils nous lacèrent* ! »

En me promenant tout à fait par hasard dans les rues du centre-ville, je suis tombé nez à nez avec la petite truffe noire d'un magnifique labrador beige exposé dans la vitrine d'une animalerie. Ce tout petit bébé, assis confortablement sur son postérieur, observait, étonné, au travers de la vitre, les passants qui, eux, ne pouvaient s'empêcher de craquer, tout comme moi, pour cette merveilleuse petite boule de poils.

J'entre alors dans le magasin et demande quelques informations à la vendeuse. Elle me dit qu'il a quatre mois et que c'est le dernier de la portée, elle était donc prête à me faire un prix à condition que je le prenne tout de suite. Je n'en demandais pas tant. Les gens sont parfois maladroits. J'étais tout à fait disposé à lui acheter ce joli petit chien à son prix normal. Cela dit, c'était proposé si gentiment et si spontanément. Comme à mon habitude, je prends une décision « mûrement réfléchie », et en moins de temps qu'il n'en faut pour le dire… je me retrouve dans la rue avec mon adorable petit bébé labrador dans les bras.

J'ai toujours été un acheteur compulsif, pour tout. Quand je veux quelque chose, je le veux maintenant et tout de suite, si possible. Demain, c'est trop tard. De plus, impatient comme j'étais, je risquais de ne pas en dormir de la nuit, alors pour m'éviter une nuit blanche…

Dans la rue, tout le monde me regardait avec un sourire jusqu'aux oreilles. Je marchais avec mon labrador dans les bras, j'avais l'impression d'être l'heureux papa d'une star de cinéma. Les gens me faisaient des sourires, des clins d'œil, m'arrêtaient pour embrasser le petit chérubin. Il faut dire qu'il était tellement mignon, tellement craquant, que chaque fois que mon regard croisait le sien, j'avais un moment d'arrêt. Tout comme lorsque l'on tombe amoureux, le temps se suspendait pendant quelques secondes. J'étais « tombé amoureux » de ce merveilleux petit labrador, j'avais l'impression d'avoir dans les mains la huitième merveille du monde. Vous pensez peut-être : « Ce mec est fou, il n'a jamais eu d'enfants, c'est pour ça ! » Vous pouvez penser ce que vous voulez, et tant pis si ça vous choque. « Mais comment ose-t-il perdre son temps et son argent avec des chiens alors qu'il y a tellement d'enfants qui crèvent de faim dans le monde ? » Les chiens ne sont pas responsables de la misère du monde. Au contraire, ils apportent de l'amour et de l'affection. Ce sont plutôt les hommes qui en sont responsables, ils partagent si mal leurs richesses. Il y a pourtant assez de nourriture pour tout le monde, mais beaucoup s'en servent comme moyen de pression ou de transaction. Alors, bien sûr, ça bloque forcément quelque part.

Mon petit labrador, lui, n'était pas responsable de nos saloperies. Il ne pouvait pas endosser toutes les erreurs du monde, en tout cas pas sur son petit dos beige et doux comme du coton.

J'étais en état de grâce. Voilà, entre autres moments magiques de mon existence, l'un des plus beaux instants de ma vie. Je n'oublierai jamais les premiers jours avec Hugo (j'avais décidé de le baptiser « Hugo »). C'était tellement mignon d'avoir ce petit labrador avec moi tout le temps que je me foutais éperdument de ce que pouvaient penser les gens. Une amie m'avait dit que l'une des plus jolies choses qui existaient au monde, c'était la bouille d'un bébé labrador ou d'un bébé tigre. La plupart des publicitaires l'ont compris : ils s'en servent très souvent pour leurs annonces. Les bébés labradors sont des petits nounours en peluche avec, en plus, le caractère de la peluche.

Oui, je sais, je suis toujours aussi fou qu'avant. C'est ce que vous devez sûrement penser de moi. Mais la différence, c'est que, lorsque je buvais, j'étais dangereux, dangereux pour moi et pour mon entourage ; alors que, maintenant, je suis sûrement devenu un original... mais un original sans la détresse, sans la dépression et sans l'angoisse. Je suis toujours aussi excessif, mais sans l'alcool et sans les drogues. Cela fait de moi, je crois, un gentil et original petit fou. Je prends parfois plaisir à dire en réunion A.A. : « Je suis toujours aussi particulier, aussi excessif et aussi fou qu'avant, pas de doute là-dessus. Mais aujourd'hui, je suis un fou qui n'est plus désespéré, un fou qui n'est plus en état de suicide permanent ; je suis un fou joyeux, euphorique parfois, et surtout tellement heureux de ne plus être si profondément malheureux. »

Souvent, les gens me disent face à mes émerveillements : « Tu es sûr d'avoir toute ta tête ? Tu t'emballes trop vite, tu t'enflammes pour des petits détails souvent insignifiants, tu as même parfois des comportements de gosse ! » Oui... peut-être... je ne sais pas moi... Mais en fait, j'adore ça, m'enflammer, m'émerveiller pour des petites choses qui paraissent insignifiantes à d'autres. Je vois de la magie partout. Même si je n'aimais pas cela – je n'y peux rien –, je me dois de m'accepter tel que je suis.

Ma sensibilité s'est développée au point qu'aujourd'hui je suis devenu un contemplateur, un fou amoureux de tous les détails de la vie, d'une fleur, d'un légume qui pousse, d'un fruit, d'un bébé chat, d'un petit ourson, d'un bébé tigre, d'un cheval au galop « Le vent qui passe entre les deux oreilles d'un cheval au galop et le souffle de Dieu ». Que dire alors d'un coucher de soleil, de la neige toute blanche posée sur les vallées et les forêts, ou de la glace figée en formes étoilée sur les branches des arbres un matin d'hiver ensoleillé, de l'automne et ses milliers de couleurs nuancées, de la brume matinale... Y a-t-il une chose plus émouvante qu'une brume matinale en automne ? Ce petit nuage filandreux et cotonneux semble avoir été déposé par un artiste peintre en guise de touche finale sur sa toile. Une touche finale donnée à ce décor qui, lui, nous est offert gracieusement… Pas de ticket d'entrée, pas de queue ni de file d'attente comme à Eurodisney : il suffit de lever les yeux et de prendre le temps de contempler ce merveilleux spectacle, cet instant magique. Voilà ce qu'est la vie : plein de petits moments magiques où le temps semble se suspendre dans un superbe « arrêt sur image » !

Et la plupart de mes amis d'enfance, que je ne vois d'ailleurs presque plus, se demandent pourquoi je m'implique tellement pour l'environnement ou pour la défense des animaux ? Comme je vous l'ai dit, je suis un écorché vif, un hypersensible dans un corps de séducteur ténébreux au physique de petit play-boy Juif pied-noir avec des origines italo-arabes. Cette apparence m'a d'ailleurs joué pas mal de tours ; j'attire souvent un style de femme qui ne me plaît pas, mais alors certaines… pas du tout : le style pouffiasse avec des gros seins, une jupe très courte et souvent des idées pas plus longues… que celle-ci.

Voilà pourquoi je persiste et signe, comme disait mon ami Sarko. Je ne suis pas un Juif, pas un Arabe, pas un Français ni un Européen, mais un citoyen du monde, et même… un citoyen de l'Univers.

En ce qui concerne mon petit ange Hugo, le premier soir où j'ai adopté ce labrador – je n'aime pas dire « acheter », on n'achète pas un être –, je suis allé à Cannes pour rencontrer un nouvel arrivant des A.A., quelqu'un qui est devenu par la suite un véritable ami pendant des années : Thierry.

Je lui ai donné rendez-vous dans les salons de l'hôtel Carlton. Il avait besoin de parler, il venait juste d'arrêter de boire et ne se sentait pas très bien.

C'était quelqu'un de distingué et très érudit. Âgé d'une quarantaine d'années, il avait de grands yeux bleus et un visage bien dessiné, ainsi qu'une personnalité sensible et raffinée… Je l'appréciais beaucoup. Il était, ce jour-là, très mal, très nerveux et angoissé. C'était normal, les premiers mois d'abstinence sont très difficiles. Il était dans sa deuxième semaine de sobriété et il faut dire que les tout premiers jours sont parfois très douloureux.

Je l'ai invité à déjeuner. J'ai essayé de le rassurer, je lui ai raconté comment cela s'était passé pour moi : la peur de se retrouver seul, sans aucune béquille, sans cachet et sans alcool. Je crois bien qu'il comprenait ce que je lui disais, quand on parle avec son cœur, c'est drôle comme tout le monde nous comprend. J'ai essayé de faire pour lui tout ce que l'on avait fait pour moi quand je suis arrivé dans la fraternité. Je renvoyais avec plaisir et reconnaissance l'ascenseur de l'espoir, celui de la main tendue, cette même main que l'on m'avait si gentiment offerte à l'époque en réunion A.A., lors de mes premières semaines d'abstinence.

À la fin de notre déjeuner, nous sommes allés prendre un café dans les salons de l'hôtel avec le petit Hugo. Il y avait là trois femmes d'une trentaine d'années, dont une jolie blonde, grande avec un visage distingué et intelligent. Elle était habillée dans un style BCBG sexy mais discret, avec une robe qui laissait deviner ses courbes féminines – féminines mais pas provocantes. Le style de femme qui m'attirait : très sensuelle, sexy mais pas vulgaire, pas le style seins en avant et cerveau bien en arrière et légèrement dégagé sur les côtés… Elle n'arrêtait pas de me dévisager, presque autant que moi, d'ailleurs. Mais, avec ses deux amies, elle admirait, en fait, quelqu'un de bien plus beau que moi, et là, je ne pouvais pas le concurrencer : c'était un beau blond avec de grands yeux noirs. On aurait presque dit que cet être avait dessiné le contour de ses yeux avec du rimmel tellement ils étaient soulignés. Il avait aussi pour couronner le tout un magnifique pelage brillant. Que faire face à une telle concurrence ? Heureusement, ce jour-là, j'avais un léger avantage sur lui : il n'avait que quatre mois… ce beau blond, c'était mon petit Hugo.

Il ne faut même pas essayer de faire concurrence à la beauté d'un bébé labrador. « N'essayez pas, pauvres malheureux. Vous vous feriez rembarrer comme de vilains petits canards que vous êtes – plutôt : que nous sommes tous, face à de telles petites merveilles de douceur ! » J'avais décidé – intelligemment d'ailleurs – de mettre en avant les atouts d'Hugo plutôt que les miens, qui faisaient pâle figure à côté des siens. Après quelques sourires maladroits, mais sans équivoque, échangés entre les deux clans, nous avons tous ensemble décidé de nous rapprocher.

Nous sommes allés rejoindre ces charmantes dames à leur table. Durant les premières secondes – et comme à mon habitude –, j'ai rougi un petit peu. J'avais cependant trouvé une stratégie : je prenais tout de suite la parole et me lançais dans de longues présentations… Ma timidité me servait alors de moteur. J'avais appris à me servir de mes émotions comme d'un tremplin. Les gens me disaient souvent : « Quand tu commences à parler, on a l'impression que tu te lances du haut d'un building en vol plané comme un deltaplane. On se demande souvent si tu vas réussir à atterrir sans trop de casse ! » J'étais, petit à petit, devenu un équilibriste marchant tant bien que mal sur le fil de mes émotions. Cela me procurait, je dois le dire, une certaine jouissance. J'avais le sentiment de me mettre en danger, et surtout, cela me permettait d'être un peu plus authentique et sensible dans mes rapports avec les gens. Je ne pouvais plus me cacher derrière mon alcool ni même derrière mes émotions.

Nous avons surtout parlé d'Hugo. C'était facile, il était tellement mignon. La femme qui me plaisait le plus s'appelait Catherine. J'avais l'impression de ne pas lui être trop indifférent. Après une petite heure de bavardage, les deux autres filles se sont excusées, elles devaient partir pour d'autres aventures (shopping, quand tu nous tiens). Mon ami Thierry a eu la délicatesse d'en faire autant.

Je n'étais pas mécontent de me retrouver face à cette charmante femme. Nous étions tous les deux ravis de cette soudaine intimité. C'est le plaisir des premiers instants : quand deux êtres se plaisent et qu'ils sont attirés inexorablement l'un vers l'autre, avec l'impression de ne pouvoir arrêter de se sourire bêtement tellement le plaisir les envahit. Pour moi, c'était toujours fantastique de pouvoir ressentir toutes ces émotions sans alcool et sans drogue. Nous avons passé plusieurs heures ensemble dans ce confortable canapé à prendre et à reprendre des thés de différentes saveurs. Je lui ai ensuite proposé de venir dîner avec nous (Hugo et moi). Elle a accepté, avec une joie non dissimulée.

Nous sommes d'abord allés chez moi pour prendre la nourriture spécifique dont avait besoin mon nouvel ami, Hugo. Nous sommes ensuite partis tous les trois dîner dans un charmant restaurant, face au port de Monaco.

J'ai ainsi appris qu'elle était styliste indépendante à Paris dans la haute couture. Les affaires avaient l'air de très bien marcher pour elle. Elle était descendue à Cannes pour régler un problème d'héritage : une maison qui avait appartenu, semble-t-il, à sa tante qui n'avait pas d'enfant. Elle en était donc, de ce fait, la seule héritière. Cette maison se situait dans la baie de Saint-Tropez.

Après avoir passé la nuit ensemble dans mon appartement à Nice, elle m'a proposé au matin de l'accompagner pour le week-end à Saint-Tropez, ce qui nous a permis de joindre l'utile à l'agréable. Ce fut un très charmant et très agréable week-end pour tous les trois. Nous avons beaucoup parlé, beaucoup mangé et beaucoup ri. (Que demander de plus ?)

Voilà ma première sortie avec ce magnifique bébé labrador qu'était Hugo. Si vous vous sentez seuls et si vous voulez faire d'agréables rencontres, n'hésitez pas… prenez un petit labrador (ou une autre race, qu'importe). Il vous apportera de l'affection, de la tendresse et de nouveaux amis. Mais, attention. Il faut bien le traiter, tout comme **un diamant étincelant dans son écrin !** Ces chiens sont des êtres très sensibles et très fragiles émotionnellement. Ils n'ont besoin, pour leur éducation, que de tendresse et d'amitié. Surtout pas de remontrances trop sévères. Cela risquerait, qui plus est, de vous porter malheur : ce sont des êtres envoyés par l'Univers – comme la plupart des chiens – pour nous aider, pour nous aimer et pour nous rappeler que nous avons un cœur.

Avant de clore ce chapitre Côte d'Azur qui a tout de même duré deux ans, je tiens à souligner toutes les belles rencontres, les belles balades ainsi que les magnifiques décors que j'ai pu découvrir, accompagné de mon petit amour d'Hugo !

Par la suite, pour des raisons professionnelles, je suis rentré à Paris avec Hugo. Mes finances n'étaient pas vraiment au beau fixe, j'avais du mal à renouveler certains contrats avec ma clientèle.

Je suis resté à Paris pendant huit mois, j'avais trouvé un appartement modeste, avec une petite cheminée, juste derrière la place du Trocadéro. On allait souvent, avec mon petit Hugo (devenu grand), se promener sur le Champ-de-Mars en bas de la tour Eiffel. C'était le début de l'été, des belles soirées douces, presque chaudes et des couchers de soleil vus du premier étage de cette belle dame d'acier. En plus, c'était un bon sport pour nous deux : monter à pied toutes ces marches, c'était bon pour nos belles et longues jambes (surtout celles d'Hugo)...

Ensuite, j'ai signé un accord avec un organisme d'État suisse qui fêtait son centenaire. Cela va sans doute ne vous paraître d'aucun intérêt financier, mais j'ai signé un contrat très prometteur pour m'occuper de l'organisation du « Centenaire des douaniers suisses » ! Cela a été, vous le verrez, un tournant très important pour mon avenir financier et professionnel. Je suis parti rapidement à la rencontre de nos petits-cousins suisses. J'adorais voir de nouveaux horizons, donc tout ce qui était déménagement, dépaysement – même si c'était vers la rue ou la ville d'à côté – m'enthousiasmait presque autant que d'aller m'expatrier aux Bahamas. J'étais assez content d'avoir concrétisé un accord avec cet organisme d'État qui fêtait son centenaire. Cela me redonnait l'occasion de voyager et de quitter Paris. Trop de bruit, trop de pollution pour un jeune homme aussi sensible et romantique que moi (j'en profite pour me faire un peu de pub, mesdames, votre humble serviteur…)

J'ai rencontré le Secrétaire général de cette fédération, un monsieur très charmant qui s'appelait Giordano S. Il était d'origine tessinoise, la partie italienne de la Suisse. C'était un homme très instruit, il parlait cinq langues couramment et s'exprimait dans un français très correct. Nous avons tout de suite lié amitié. Il me faisait penser à mon papa, il m'inspirait beaucoup de respect et de confiance, il avait beaucoup de dignité et de gentillesse. Il m'a aidé pour l'obtention du contrat avec la Fédération des douaniers suisses. Nous étions plusieurs petites entreprises intéressées à l'époque. Je n'avais même plus de société pour me représenter, alors j'y suis allé « au culot » ! Les autres concurrents avaient sûrement de meilleurs dossiers que le mien à présenter, mais j'y ai mis tellement d'énergie que j'ai finalement remporté ce contrat.

Je suis arrivé en Suisse, à Genève, le vendredi 29 juillet 1994 avec, en tout et pour tout, l'équivalent de cinq cents euros de capital et une vieille Mercedes 450 SEL de couleur or. J'avais plus le look d'un Gitan (sans offense à tous mes amis Gitanos) que celui d'un homme d'affaires, avec toutes mes valises et mes effets personnels sur la banquette arrière. Il y en avait partout : dans le coffre, sur le siège passager… ça débordait de tous les côtés. Je ne sais pas comment j'ai réussi à passer la frontière, pourtant très étanche, de nos cousiiiiiins.

J'avais eu la chance de trouver un deux-pièces à sous-louer directement à un étudiant qui changeait de ville pour les besoins de la cause. (Laquelle ? La mienne, quelle question !) Ceci nous permettait à tous deux de faire des économies de bouts de chandelle. Me voilà alors à Genève dans ce petit appartement d'étudiant, quoi de mieux pour démarrer un business international ?

Cet appartement faisait presque face au lac Léman. J'avais une vue d'angle sur le lac et ce petit paradis fiscal. J'étais avec mon meilleur pote, Hugo, et j'avais en plus de quoi manger pour quinze jours minimum : il fallait être difficile pour en demander plus.

Arrivé sur place un vendredi, j'ai trimé tout le week-end à porter des cartons pour mon installation. Il fallait aussi préparer mon travail de commercial pour le lundi matin. Il était absolument nécessaire que je démarre fort afin de faire rentrer tout de suite des contrats, et ainsi réalimenter mon maigre compte en banque. À défaut de cela, je me verrais dans l'obligation de retourner dans les plus brefs délais en France avec une main devant et une derrière.

J'avais un télécopieur qui devait peser deux cents kilos : un ami me l'avait gentiment offert, sûrement pour s'éviter les dérangements occasionnés par la mise à la poubelle de cet « appareil ménager ». C'était un énorme fax de bureau qui fonctionnait presque à la manivelle, je vous assure que j'exagère à peine.

Enfin lundi. J'étais impatient et inquiet de commencer à prospecter de nouveaux clients. (Pour les raisons indiquées ci-dessus.) Je commence donc à contacter par téléphone certaines entreprises. Personne ne répond. Nulle part. Je me dis : « Merde, ce n'est pas possible. Ils commencent à travailler à quelle heure, ces petits-bourgeois de Suisses ? » Je tombe enfin sur une personne qui m'explique, agacée, que les bureaux sont vides, vu que nous sommes un jour férié : le 1er août, date de la fête nationale. Mon interlocuteur était surpris que je ne sois pas au courant : « Vous, un douanier suisse, vous ne le saviez pas ? » Je m'excuse alors gentiment auprès de lui, sans lui dire bien sûr que je n'étais pas douanier… ni même Suisse. Ce qui n'avait, soit dit en passant, aucun intérêt, pour lui comme pour moi.

Je comptais les heures depuis la veille au soir, et voilà que ces petits Suisses gâtés et bourrés de fric se permettaient de faire des fêtes nationales le jour où j'avais décidé de recommencer à travailler. « C'est pas vrai ! Ils le font exprès, ces idiots. C'est un complot, c'est du sabotage pur et simple. Mais vous ne m'aurez pas, bande de salopards, vous ne savez pas qui je suis. Je suis moi, l'idiot du village d'en face ! » J'essayais de me donner du courage en me mettant en colère avec un zeste d'humour austro-hongrois. Rebelote donc, je passe une interminable journée de lundi à attendre le mardi. Heureusement, j'avais Hugo à mes côtés. Nous sommes allés faire le tour du lac pour passer le temps. Hugo avait l'air aussi impatient et concerné que moi. Notre avenir proche était en jeu, nous le savions, nous le sentions tous les deux.

Mardi 2 août, neuf heures du matin, j'appelle les premiers clients potentiels, avec une certaine anxiété bien dissimulée, pour les inviter à participer à l'agenda d'or de la Fédération des douaniers suisses.

Là, chers amis lecteurs, vous n'allez peut-être pas me croire, mais cela a été la véritable ruée vers l'or. Les dirigeants de la plupart des plus grosses sociétés suisses voulaient paraître dans cet agenda afin de montrer à leurs douaniers qu'ils les soutenaient et qu'ils étaient derrière eux comme de vrais patriotes... la Suisse avant tout, bla-bla-bla... (Pour une fois, je ne peux pas citer le général de Gaulle !)

J'étais dans une forme terrible, « l'œil du tigre »... J'avais faim physiquement et psychologiquement, j'avais faim de réussir, je voulais à tout prix que cette affaire soit rentable et me sorte de mon impasse financière. Boostées par mon énergie de la dernière chance qui était plus que convaincante, toutes, mais vraiment toutes les sociétés – Rolex, Patek Philippe, Audemars Piguet, Baume & Mercier, etc. – réservaient la totalité des emplacements les plus chers de la revue. Ceux allant de quinze mille euros à trente mille euros. Ils prenaient d'assaut les pages cartonnées en couleur... Merci, mes p'tits Suisses, quel grand cœur, quelle générosité.

Avant même la fin de cette première semaine de quatre jours, j'avais contracté par téléphone un carnet de commandes de plus de cent vingt mille euros. Je n'en revenais pas. D'autant plus que mes accords avec les douaniers suisses étaient simples et peu onéreux. Je finançais l'agenda et le gala à concurrence de soixante mille euros. Toutes les sommes au-dessus de ce montant étaient du pur bénéfice net pour moi et... Hugo, bien sûr.

Vous vous rendez compte, en à peine quatre jours de travail, j'avais amorti mes frais annuels, j'avais déjà payé l'agenda et le gala. Il me restait même à la fin de la première semaine, un bénéfice net de soixante mille euros, sans compter que j'avais encore près d'un an de prospection commerciale avant la date de sortie de l'agenda en question.

Le vendredi soir, dernier jour de travail de la semaine, j'étais plus que rassuré… même si un point noir subsistait : aucune de ces sociétés ne m'avait renvoyé les fax signés pour confirmer leur commande verbale. J'ai donc passé la nuit du vendredi en partie apaisé mais inquiet tout de même. Pour moi, tant qu'un document signé ne vient pas confirmer une commande, cela n'a aucune valeur et ne signifie malheureusement pas grand-chose.

Le samedi matin, au réveil, il ne me restait plus que vingt euros en poche ainsi qu'un maigre capital de cent cinquante euros sur mon pauvre compte postal français. Je décide alors d'aller à la frontière française pour vider ce compte, le mettre à sec, lui porter un coup fatal.

Hugo et moi avons traversé la frontière à Divonne-les-Bains par une magnifique matinée ensoleillée. Nous avons empoché l'argent qu'il restait sur le compte postal comme des voleurs. Une fois l'obole *in the pocket*, nous avons pris un petit-déjeuner copieux et ensoleillé dans un des cafés du centre-ville. Cette jolie ville frontière ne vivait que grâce à son casino et à ses petits-bourgeois qui pensent faire partie d'une « *private* caste de Divonnois, faux cousins germains des banquiers suisses »… « Les bourgeois, c'est comme les cochons, plus ça devient vieux, plus ça devient bête… » (Jacky Brely, *for the close friends only*.)

Nous sommes ensuite rentrés à Genève, laissant mon pauvre compte postal en dépôt de bilan.

J'arrive dans mon petit appartement pour étudiant en fin de carrière. Heureusement, prévoyant comme pas deux, j'avais rempli les placards avec une provision importante de paquets de riz, de pâtes et de toutes autres sortes d'aliments rudimentaires… Enfin, je veux dire assez consistant pour caler l'estomac d'un boulimique en puissance.

Soudain, le téléphone de l'appartement sonne. (À croire que les sonneries me poursuivent.) Je me suis demandé qui cela pouvait bien être, un samedi matin. Bizarre, en effet, la concierge était dans l'escalier et tous mes amis étaient en vacances dans la région tropézienne. Je réponds quand même. (Quel courage, tout moi ça !) La voix d'une jeune femme me demande si elle est bien au numéro de fax des douaniers ou de l'agenda des douaniers suisses ? Je comprends en un éclair (la peur de manquer peut parfois vous rendre intelligent) et réponds d'une voix de bureaucrate : « Oui, chère madame, vous êtes bien au secrétariat de l'agenda des douaniers suisses. Puis-je vous aider ? » Elle me répond qu'elle travaille pour la société Patek Philippe et que la direction lui avait demandé d'envoyer un fax de réponse pour une participation dans un agenda. Je n'ai pas osé lui demander si la réponse était positive ou négative, j'ai gardé mon sang-froid et lui ai répondu d'une voix monocorde : « Oui, pas de problème… Vous pouvez envoyer votre réponse par fax à ce numéro, nous nous occuperons de le distribuer au service concerné. Cependant… pourriez-vous l'envoyer tout de suite, car j'ai un problème avec mon fax ? Je vais devoir le débrancher dans un moment pour le faire remplacer. » Je ne savais plus quelle excuse trouver pour recevoir ce document au plus vite et ainsi connaître la position de cet adorable gentil client, car chaque seconde compte quand on a faim (et soif). Mon interlocutrice me répond très affablement qu'elle va le faire dans la demi-heure afin de me faciliter la tâche dans ma délicate situation. (Elle ne savait sûrement pas à quel point...)

Je raccroche le combiné, rebranche le fax et attends dans un silence quasi religieux que la sonnerie de celui-ci retentisse. La tension était à son comble, on entendait *the mosquitos* qui volaient. Hugo semblait presque aussi concerné que moi. Devenu, à deux ans, un adulte dans son monde de chien, il avait maintenant la tête bien plus sur les épaules que moi. (Pas difficile, me direz-vous.)

Je m'assieds pour essayer de me relaxer, trois longues minutes passent et, soudain, dans un bruit qui nous a d'abord fait sursauter tous les deux, la sonnerie du fax s'est mise à chanter. Je jure qu'elle chantait, « mon cœur ouvrait les bras, je n'étais plus barbare, mais la guerre arriva et nous voilà ce soir*... » Cette sonnerie sifflotait même de bonheur pour Hugo et pour moi.

Le document commence à apparaître dans un vacarme qui rappelait le bruit d'une vieille imprimante d'époque... Enfin l'en-tête de la société Patek Philippe, et, à la fin de ce document tant convoité, une signature et un coup de tampon... qui venaient confirmer la réservation d'une page cartonnée préférentielle, et ceci, pour la modique somme de... trente-six mille euros. Yahooooooouuuuu ! Vive les horlogers suiiiiisses !

J'ai sauté en l'air et dansé comme un fou avec Hugo qui, lui-même, m'entraînait dans une danse d'Indiens navajos. (Hugo connaissait beaucoup de choses par instinct dont, entre autres, le temps de cuisson d'un bœuf bourguignon…) Cette danse exprimait le bonheur et la joie, celle de ne pas être obligés de retourner à Paris sans un sou. Nous étions sauvés. Bien plus que cela d'ailleurs : si ça devait continuer ainsi… nous allions même devenir riches (pas comme Crésus, mais riches quand même).

J'ai attendu le début de la semaine avec l'impatience qui me caractérise. Le lundi, enfin, je pouvais reprendre mes activités de prospections commerciales. C'était pour moi, je dois l'avouer, assez facile de prospecter ces gentils Suisses. Je contactais les dirigeants d'entreprise avec un grand sérieux, pas de fioriture, une voix un peu distante et snob pour leur demander s'ils avaient le désir de participer amicalement, en tant qu'annonceurs publicitaires, à *l'agenda du centenaire des douaniers suisses*. Cela avait un véritable impact. Je rajoutais un petit mot qui faisait mouche presque à chaque fois : « Bien sûr, cher monsieur, il n'y a aucun caractère d'obligation. Vous ne participez que si le cœur vous en dit, les agents douaniers que vous connaissez bien, puisque vous travaillez souvent à l'export, vous remercieront tout autant, que vous soyez ou pas présents dans leur agenda d'or. » Cette petite touche finale avait pour effet de convaincre les plus récalcitrants. Je dois dire que la plupart étaient peu opposés à une participation amicale, une collaboration avec un département d'État réputé sévère quand même ça ne se refuse pas, non ? Ces petits Suisses sont de véritables patriotes : au nom de la France et au nom du général de Gaulle, je vous remercie messieurs. (Surtout de la part de mon compte en banque qui s'ennuyait dans le vide intersidéral où je l'avais trop souvent laissé.)

La semaine suivante, j'ai prospecté les grandes banques suisses et j'ai réussi à dépasser les deux cent mille euros de commandes. J'étais dans un état de surexcitation. C'était la première fois de ma vie que je gagnais autant d'argent, c'était grisant pour moi qui venais d'une famille pauvre de voir autant d'argent atterrir en douceur sur mon compte en banque.

La stratégie était simple, dès qu'un fax de confirmation de commande arrivait, je renvoyais une copie accompagnée de la facture adéquate dans un magnifique courrier aux couleurs du drapeau suisse et au sigle des douaniers. Une semaine plus tard, le service comptable de la société en question me faisait le virement bancaire tant espéré.

C'était presque comme un jeu. Le plus amusant a été le premier paiement : n'ayant plus un sou, dès le lundi, j'ai contacté une des banques qui avaient réservé une demi-page, pour la bagatelle de quatorze mille euros. J'avais besoin de liquidités, il devait me rester au maximum trente-cinq euros en poche. J'ai donc fait tout un cinéma à la secrétaire en me faisant passer pour le comptable (la faim justifiant les moyens) : « Chère madame, je dois clôturer les comptes avant de partir pour des vacances bien méritées. Il ne me reste plus que votre paiement à comptabiliser. Pourriez-vous être assez gentille, si je vous envoyais un coursier, de lui remettre votre aimable règlement ? Si, bien sûr, chère madame, cela ne dérange pas trop votre emploi du temps ? »

Cette secrétaire, avec une voix adorable, m'a répondu : « Il n'y a absolument aucun problème. Qu'il vienne demain en fin de matinée, le règlement sera prêt. Vous pourrez ainsi partir pour vos vacances à la fin de cette semaine. » J'étais très impatient, car je n'avais plus un sou en poche et, en plus, je voulais voir se concrétiser, en monnaie sonnante et trébuchante, le résultat de mon travail.

Comme j'étais le seul acteur de ma petite société, je n'avais pas le choix, je tenais tous les rôles : le commercial, le secrétaire, le comptable et… le coursier. J'ai demandé à mon voisin, qui avait une Harley-Davidson garée devant la porte, s'il n'avait pas un casque de moto en plus à me prêter pour quelques heures. Je suis parti le lendemain matin à pied. La banque était à quelques centaines de mètres de chez moi. Politesse et exactitude obligent, je me suis pointé à dix heures cinquante-neuf très exactement. J'arrive à l'étage avec mon casque de moto à la main. Je trépignais sur place, mimant ainsi un coursier pressé par un emploi du temps très chargé : « Oui, merci, m'dame… Ne vous en faites pas, je dépose cela à leur secrétariat, et puis surtout une bonne journée à vous, m'dame. J'y vais, j'ai encore une dernière course à faire avant midi et j'ai pas envie de me faire engueuler, au r'voir, m'dame. »

Je retourne à l'appartement, le chèque à la main. J'y avais laissé Hugo confortablement installé sur le canapé du salon. Et là, nous sommes repartis pour une nouvelle danse du bonheur. Hugo était toujours content de me voir heureux… C'était vraiment le compagnon idéal : gentil, affectueux et toujours heureux de vivre, de voir son pote joyeux même s'il ne comprenait pas toujours pourquoi. Je suis allé à ma banque. Le banquier m'a permis de retirer sept mille euros en espèces sur place, étant donné que le chèque en question était émis par une autre banque.

Me voilà me promenant dans les rues de Genève avec mon pote Hugo. Nous avions en poche sept mille euros. Mais... que faire pour fêter cela ? J'ai pris ma vieille Mercedes de Gitan, nous sommes allés à Lausanne et avons déjeuné dans un grand restaurant : celui de l'hôtel Beau Rivage, situé juste en face du lac Léman et protégé par un petit parc ombragé d'énormes arbres centenaires. J'étais assis comme un seigneur et servi comme un prince... que je n'étais pas, et d'ailleurs je n'aspirais absolument pas à l'être... Assez de défauts comme cela. Si j'avais dû y ajouter la suffisance et le snobisme, c'en aurait été fini de ma paix d'esprit et de mon bien-être. Voilà, j'étais là, moi, dans un grand et magnifique restaurant avec Hugo à qui j'avais commandé un repas spécial pour chien, composé d'un mélange de riz et de viande hachée servi dans une belle gamelle en inox patiné.

Elle est pas belle, la vie ? Moi qui ne savais pas, quelques jours auparavant, si j'allais rester ou rentrer à Paris la tête basse et sans un sou, je me retrouvais assis dans un magnifique restaurant avec sept mille euros d'argent de poche, et près de trois cent mille euros qui devaient atterrir dans les prochains jours sur mon compte en banque... Lui qui n'avait connu que des découverts à répétition, lui qui criait famine depuis plusieurs mois, depuis plusieurs années, depuis toujours. Je n'avais jamais eu la chance, auparavant, d'avoir plus de dix mille euros sur mon compte en banque et cela dans les périodes les plus fastes de mon existence... J'étais bien plus habitué au fait que mon compte soit le plus souvent à découvert.

Je suis sorti du restaurant rassasié, le ventre plein de délicieux mets de toutes sortes et de saveurs différentes. J'avais pris le menu « gastronomie et découverte », c'était le plus cher. On m'a servi plus de cinq plats différents sans compter le plateau de fromages et, bien sûr, le gigantesque chariot de desserts à volonté. Il faut être complètement fou pour proposer à un affamé un chariot de desserts, disposés sur trois étages. J'en ai pris jusqu'à plus faim. Des mousses fruitées, des charlottes au chocolat, des îles flottantes, des crèmes glacées, etc. Cela avait beaucoup amusé le maître d'hôtel de voir une personne aussi gourmande, spontanée et heureuse. Il avait l'habitude d'avoir à ses tables des bourgeois coincés et impassibles. (Vrais ou faux bourgeois, cela n'a pas d'importance, il n'y en a pas un pour rattraper l'autre !)

Ensuite, j'ai marché autour du lac avec Hugo, je ne souhaitais pas rentrer tout de suite à Genève dans mon appartement. J'avais envie de continuer à faire la fête, de continuer à célébrer cette nouvelle vie. Car je sentais que s'ouvrait à moi une nouvelle vie, une vie d'opulence. Je ne savais pas pourquoi, mais j'étais persuadé que j'allais recevoir beaucoup d'argent, comme une forte intuition, une sorte de prémonition que je n'avais jamais ressentie auparavant.

J'ai dormi dans un superbe palace à Montreux, une jolie petite ville au bord du lac Léman avec une magnifique vue sur les pics recouverts toute l'année de cette belle neige blanche et éternelle. Un cadre idyllique où se déroule chaque année le Festival international de jazz. Les plus grands noms du jazz viennent du monde entier, en juillet, pour s'y produire.

Nous avons encore mangé comme des affamés fraîchement sortis du bagne. Le matin, devinez ce qu'il y avait au menu ? Buffet à volonté du grand hôtel cinq étoiles de Montreux. Je m'étais volontairement attablé dans un angle au bout de la salle à manger pour que personne ne puisse me voir. Je remplissais mon plateau de saumon et de fromage dont je passais la moitié discrètement sous la table où se trouvait la bouche du petit malin Hugo. Quand on a un copain, on partage tout avec lui. C'est ça, l'amitié, la vraie… celle que j'avais avec le p'tit Hugo.

Après ce mémorable week-end gastronomique de nouveaux riches qui restera gravé dans ma mémoire *ad vitam æternam*, Hugo et moi sommes rentrés le dimanche soir à Genève. Nous avons dormi comme deux bons copains heureux et rassasiés.

Hugo dormait sur mon lit. Il avait droit au même traitement de faveur que moi puisqu'il en faisait presque autant que moi. Il me suivait partout et se sentait concerné par tout ce qui se passait. Donc, à travail égal… salaire égal.

J'allais de mieux en mieux dans ma tête. Bien sûr, j'étais toujours sujet à des crises de mal-être, mais elles étaient de moins en moins fréquentes et de moins en moins fortes. En plus, je n'étais plus seul. Si j'allais mal, je pouvais aller en réunion A.A. et prendre un café avec un ami. J'avais toujours quelqu'un avec qui partager mes crises d'angoisse, car je restais quelqu'un d'ultrasensible, un écorché vif. Mais maintenant, j'essayais de faire face à la vie, de regarder la vérité en face.

Par contre, j'avais toujours des moments de déconnexion avec les gens autour de moi. Je pouvais passer une superbe soirée, et d'un coup, une peur ou une angoisse surgissait dans mon esprit. Je perdais alors le contact avec la réalité. Je devenais morose ou stressé. Chez moi, ces passages d'un état à l'autre étaient très brusques, très désagréables et très pesants. Je m'en accommodais et ne pouvais pas trop me plaindre, puisque le jour le plus nul de ma nouvelle vie sobre était plus intéressant que le jour le plus exaltant de mon alcoolisme délirant et futile.

L'énorme différence, c'est que j'avais retrouvé l'espoir. Je sentais au fond de moi que j'allais vers la lumière, j'acceptais plus facilement mes crises existentielles. Je les acceptais comme un apprentissage bénéfique à mon évolution personnelle et spirituelle.

J'ai suivi tout ce que j'ai pu comme séminaires : séminaire de développement personnel, séminaire spirituel, séminaire de méditation, etc. J'ai fait tout ce que je pouvais pour me donner le maximum de chances d'évoluer, de me sortir de ces malaises afin de pouvoir rentrer dans une nouvelle dimension avec de nouvelles valeurs philosophiques et spirituelles.

Quand on veut quelque chose, il faut aller le chercher. J'ai trop souvent fait partie des gens qui attendaient patiemment une opportunité… Eh bien, l'opportunité, il faut la cueillir, la mériter, même en faisant de petits pas, mais aller de l'avant toujours et encore. J'avais trop souffert, je voulais me donner toutes les chances possibles pour aller mieux, pour être épanoui, pour être en harmonie avec la vie.

J'avais justement participé à un séminaire très intéressant, on y écoutait une musique très douce et une phrase revenait sans cesse : « L'Univers récompense l'action… pas la pensée ! L'Univers récompense l'action… pas la pensée ! » Cette phrase qui avait l'air anodine, *a priori*, m'a beaucoup aidé par la suite. Grâce à cette phrase, je me disais chaque fois que j'avais peur d'entreprendre quelque chose : « C'est l'action qui compte. Tu peux te répéter ou te promettre cent fois que tu vas faire ou entreprendre telle ou telle chose, partir vivre dans tel ou tel pays… Il n'y a que l'action qui fera la différence. Sans action, tu n'es qu'une multitude de pensées bouillonnantes et stériles. Alors, même si tu as peur d'entreprendre… tu y vas, mon garçon ! » Il faut toujours se dire : « Ils font comment les autres… ceux qui réussissent leur vie ? »

J'ai donc pris petit à petit l'habitude de me pousser dans le dos, de me mettre des coups de pied au cul. Alors, à un moment ou à un autre, je passais à l'action, sans écouter mes peurs. Je faisais avec, je me donnais du courage, je me motivais, moi qui avais toujours eu peur de tout. J'apprenais le courage, j'apprenais la persévérance. Oui, le maître mot, c'était bien celui-là : LA PERSEVERANCE.

Je n'avais jamais fait mienne auparavant cette qualité particulière, qui me semblait rébarbative. La persévérance, c'était de l'hébreu pour moi, c'était un mot pour les scouts. Moi, dès que quelque chose m'emmerdait ou me faisait mal, je m'enfuyais, je buvais, je me cachais. Désormais, c'était fini. J'apprenais à faire face aux événements comme un être humain – pas « comme un homme », je n'aime pas cette expression un peu trop sexiste et totalement injuste : j'ai vu des femmes qui savaient souvent mieux encaisser que bien des hommes. Incroyable, j'étais devenu un être humain avec des couilles, mais des vraies. Pas celles qui servent à se battre contre les petits copains du quartier, non ! Moi, je parle des vraies couilles, celles qui servent à arrêter de fumer, à créer des sociétés, à travailler quinze heures par jour, à encaisser les coups durs sans reprendre un verre d'alcool, une drogue pour se camoufler, ni même une pilule pour dormir. Moi, je parle des vraies couilles, celles qui vous donnent le courage de demander pardon à un ami qu'on a blessé, de demander pardon à une femme qu'on a mal aimée, de demander pardon à un papa qu'on a peut-être mal compris... Oui, avoir les couilles de dire à son papa juste avant sa mort : « Merci, papa, pour tout ce que tu as été, ce que tu as fait pour moi, pour notre famille. Même si tu n'as pas été riche, même si tu n'as pas réussi professionnellement, même si tu n'as pas eu assez d'argent pour nous couvrir de cadeaux, tu as quand même été le papa de mes rêves, le héros de mon enfance, mon petit papa adoré ! » Car travailler, comme mon père, plus de dix heures par jour dans le froid à servir de l'essence pour nourrir sa petite famille (dix personnes en tout, excusez du peu !), si ça, c'est pas de l'amour, c'est quoi alors ?

Les affaires reprenaient de plus belle et, après ce week-end passé en copains, avec Hugo, j'ai eu encore une semaine magique de prospection... J'en étais presque à cinq cent mille euros de commandes fermes. Mais, je travaillais de mon appartement dans de mauvaises conditions, mes papiers n'étaient pas vraiment en règle et, en plus, nous étions fin août. Je me suis dit : « Offrons-nous quelques jours de repos bien mérités, profitons-en pour chercher un beau bureau, une secrétaire, des commerciaux et ensuite créer une vraie société, une S.A. suisse afin d'être en règle avec l'Administration ! »

J'ai trouvé un superbe bureau, au 22, avenue Pictet-de-Rochemont dans le quartier des Eaux vives, en plein centre de Genève. C'était un magnifique immeuble en pierre de taille surplombé par un majestueux dôme qui donnait à cette bâtisse des allures de château. J'ai loué tout le troisième étage, près de cinq cents mètres carrés avec de hauts plafonds ornés de moulures. Je suis allé dans un magasin spécialisé en meubles de bureau de prestige fabriqués par un designer italien. J'y ai commandé le plus chic des bureaux. Il était en bois foncé avec des incrustations de cuir patiné bordeaux : une vraie petite merveille. J'ai acheté des ordinateurs, des plantes tropicales et des tableaux. Puis, en quelques jours et pour une assez grosse somme d'argent, j'ai décoré ce splendide espace. C'est vrai qu'avec de confortables moyens financiers, c'est assez facile d'avoir du goût. Un ami, Marc B., m'avait beaucoup amusé en me disant un jour : « Ce n'est pas que les pauvres n'ont pas de goût, mais c'est plutôt qu'ils n'ont pas d'argent. S'ils avaient de l'argent, tu verrais qu'au bout d'un moment ils achèteraient tous de belles Jaguar, de belles Ferrari ou de belles Mercedes et vivraient aussi dans de magnifiques hôtels particuliers. » C'est vrai que, les moyens financiers aidant, j'avais vraiment fini par décorer ces bureaux avec beaucoup de goût. C'était même impressionnant, ces cuirs, ces plantes, ces lumières chaudes d'halogènes luxueux, ces petits spots posés un peu partout… Tous ces produits de qualité supérieure et raffinés conféraient à cet espace une ambiance que j'avais voulue discrète, fastueuse et feutrée.

Ensuite, j'ai passé une annonce. J'ai trouvé une secrétaire bien Suiiiiiisse, qui, de surcroît, parlait couramment le français et l'allemand. J'ai ensuite engagé trois commerciaux, deux pour la Suisse alémanique et un pour la Suisse romande. Nous étions maintenant au complet, prêts à attaquer l'ennemi sur son propre terrain.

Je m'étais acheté toute la panoplie du parfait homme d'affaires : de magnifiques costumes de grande marque, de belles chemises blanches, deux superbes voitures – un superbe 4 × 4 de luxe bleu nuit, intérieur couleur crème, et une magnifique Mercedes décapotable gris métallisé avec capote noire –, une belle montre de marque très masculine et deux téléphones portables. C'était la première fois de ma vie que je m'achetais une voiture neuve, c'était magique pour moi… Alors, j'en ai profité pour en acheter deux. Quand on aime…

Cela peut vous paraître exagéré, je le comprends tout à fait, et je suis même sincèrement désolé pour tous ceux qui lisent cela et qui sont actuellement dans le besoin, mais j'avais tellement envie d'en profiter… J'avais tellement connu et vécu dans la misère, que j'ai eu besoin de passer par cette période d'opulence que je reconnais un tantinet excessive (j'ai mis « un tantinet », car ce mot m'a toujours amusé).

La banque avait fait, à ma demande, quatre cartes de crédit Platinum : deux cartes personnelles et deux cartes de société qui avaient, de plus, un crédit presque illimité. C'était fantastique, après tant d'années de frustration, je me sentais comme dans un rêve, comme dans un conte de fées, je me suis dit : « C'est bon, ça y est, cette fois la vraie vie va enfin commencer ! » Plus besoin de compter ou de calculer pour aller au restaurant. J'avais l'impression d'avoir dix ans et d'avoir été parachuté dans un énorme magasin de jouets avec comme mot d'ordre : « Crédit à volonté, on achète tout ce que l'on peut avant la fermeture du magasin. Allez, roulez jeunesse !… »

Je me promenais dans les rues, j'achetais tout, tout ce qui m'avait fait rêver dans mon enfance et jusqu'à ce jour. Car j'avais quand même attendu trente-cinq ans, dont treize ans de souffrance et de dépression profonde – enrobées d'envies de suicide quasi permanentes – pour enfin profiter de la vie dans le sens large et charnel du terme. J'allais au restaurant tous les jours, matin, midi et soir. En plus, je n'allais que dans les grands restaurants gastronomiques. Je ne regardais même plus le prix des plats. Mais attention, je n'allais que dans les restaurants qui acceptaient mon pote Hugo. Les autres n'existaient même pas à mes yeux. Vous ne pouvez pas vous imaginer la sensation que j'avais. Je me répétais, chaque fois que j'arrivais dans un grand hôtel avec mes bagages en cuir et mes beaux vêtements : « C'est bien toi… Oui, c'est toi qui vis cette vie. Pour une fois, ce n'est pas les autres. Cette fois, c'est toi qui fais partie des cadors, des chanceux, de ceux qui sont du bon côté de la barrière ! » J'étais vraiment exalté comme un bagnard qui vient de sortir de prison et à qui l'on offre un repas gargantuesque. Je parle d'un festin dans un grand restaurant : buffet de luxe, avec huîtres, homard, saumon fumé, foie gras et les meilleurs desserts. Tout cela, bien sûr, « à discrétion », comme on dit dans les milieux bourgeois et coincés.

J'ai pris également un grand plaisir à offrir de beaux cadeaux à ma famille. J'ai même offert à une de mes sœurs, Linda, une Chrysler Voyager de grand luxe avec cuir et air conditionné. Je l'ai déposée moi-même devant sa porte après avoir fait les sept cents kilomètres qui séparent Genève de Paris. Je n'oublierai jamais sa tête, le visage tout rouge, les yeux mouillés de larmes et l'émotion au bord du cœur. J'ai ressenti presque autant de plaisir qu'elle, ce jour-là. J'ai offert à ma mère des manteaux, des bijoux, mais surtout de très beaux voyages : Las Vegas, Israël, la Tunisie, Miami, etc., et, bien sûr, dans les plus grands hôtels. Je ne cherche pas à passer pour un être spécialement généreux (style « père Térésa »), ces attentions envers les miens ont simplement compté parmi mes joies d'alors.

Le seul point noir dans cette période, c'est que je ne pouvais malheureusement pas en faire profiter mon papa. Il était mort quelques années auparavant, à l'âge de cinquante-huit ans, d'une tumeur au cerveau due aux méfaits des inhalations d'essence qu'il avait subies pendant près de trente-huit ans de travail (presque) forcé. Il faut dire que lorsque l'on vous donne chaque mois de quoi payer seulement votre loyer et nourrir votre famille, jamais suffisamment pour avoir de véritables loisirs et voir d'autres horizons, il est difficile d'appeler cela un travail vraiment digne et décent. La compagnie pétrolière avait d'ailleurs, à l'époque, accordé à ma mère une indemnisation un peu trop rapide et un peu trop expéditive pour être honnête, en lui faisant signer plusieurs documents qui protégeaient ladite compagnie de toute attaque ultérieure.

Vous ne vous êtes jamais demandé pourquoi il n'y avait plus de pompistes pour vous servir ? Ni pourquoi les gouvernements ont changé aussi rapidement les anciennes pompes par de nouvelles qui, elles, sont sans plomb ? La réponse est en quelque sorte comprise dans la question !

Mon papa a été l'un de ceux qui ont payé de leur vie cette lacune plus ou moins *involontaire* de la part de nos braves compagnies pétrolières, qui nous vendent *justement* de quoi rouler, pour aller *justement* jusqu'au travail… C'est pas gentil, ça ? Tiens… c'est bizarre, *justement* pour aller travailler. Il n'y aurait pas comme une petite boucle de bouclée ? C'est bizarre… Vous avez dit bizarre, cher cousin ? Comme c'est bizarre !… Comme vous pouvez vous en douter, les compagnies étaient au courant, bien avant que les premiers symptômes de la maladie n'apparaissent. Merci, les gars, vous avez juste tué mon petit papa… C'est pas grave, ne vous dérangez pas pour ça, c'est rien. C'est juste un ouvrier, un petit pompiste de rien du tout. Allez, retournez dans vos belles villas, ne soyez pas mal à l'aise, retournez tranquillement avec vos femmes qui, d'ailleurs, ressemblent à des « mortes-vivantes » tellement les coups de scalpel ont tué le peu de vie qui subsistait sur leur visage à la peau trop tirée.

« Là sera ta punition ! » C'est une petite phrase de la Bible… rien de plus. Ne vous inquiétez pas, continuez à nous bouffer l'oxygène. Quand vous vous rendrez compte que c'est le même que nous respirons tous, il sera sûrement trop tard…

En plus, tout le monde le sait, notre planète, la Terre, c'est une planète d'essai, une planète jetable après utilisation. On peut la salir, la déchiqueter, la violer, c'est pour s'entraîner. Continuez, continuons, amusons-nous tous comme des damnés. Pas de problème, une autre planète nous attend à côté. Quand on en aura fini avec ce ballon, ce joli ballon ovale, on ira sur l'autre planète, qui s'appelle justement « Planète Terre numéro deux », très connue d'ailleurs par tous les *fumeurs d'opium* ! Ne vous en faites pas, continuez à exploser et à broyer votre planète, notre planète, notre maison à tous. (*Home*… Petit clin d'œil à mon cher ami, si gentil et si sensible, mais qui ignore mon existence, Yann Arthus-Bertrand.) Tout va bien, dormez tranquille, bonnes gens, je suis l'allumeur de réverbères ; tout va bien, continuez à dormir tranquille, je surveille… ils surveillent pour vous, pour nous tous, les salopards en haut des buildings de verre fumé, de verre opaque. Opaque comme leurs idées, opaque comme leurs projets. C'est pas gentil, ça ? Alors, qu'est-ce qu'on dit ? Et merci qui ? Attention, certains réveils sont parfois violents, coupants, saignants, étouffants même… Mais en attendant, pourquoi nous en faire ? La vie est belle, dormons tranquille, braves gens.

Quand j'étais petit garçon, mes stars étaient James Dean, Jerry Lewis, Zorro… Au début de mon adolescence, ce furent Jacques Brel, Jean Ferrat, Barbara… Maintenant, mes idoles sont Nicolas Hulot, Yann Arthus-Bertrand, et Brigitte Bardot, même si elle a, paraît-il, déconné une fois avec certaines de ses opinions politiques – je m'en fous, je l'adore, surtout pour son combat concernant la défense de nos potes, de nos frères de sang, les animaux. On devrait d'ailleurs leur donner une appellation moins péjorative, car ils sont souvent bien plus humains que ceux qui portent cette appellation de naissance. On devrait même faire du mot « humain » une appellation contrôlée, un peu comme les vins de Bordeaux, afin de la retirer à certains êtres qui ne la méritent peut-être pas vraiment (je suis sûrement un peu médisant ou trop lucide). Il resterait peut-être plus d'animaux que d'êtres humains à obtenir le droit de porter cette appellation censée représenter l'amour, l'amitié, la fraternité et la charité. (Excusez du peu !) Je sais très bien que les animaux peuvent aussi être féroces. Je ne suis pas si naïf mais eux au moins ils n'ont pas exterminé leurs semblables par millions juste par idéologie, pas massacré des bébés phoques pour de beaux manteaux de fourrure portés par des connes filiformes ou de grosses mégères, ni éventré des baleines pour fabriquer des produits cosmétiques, ni coupé l'aileron des requins pour en faire des soupes énergétiques et ensuite les rejeter en mer estropiés, ni sectionné les cornes des rhinocéros pour obtenir une prétendue virilité accrue, ni même achevé des éléphants devant leurs magnifiques bébés, tellement adorables qu'ils semblent sortir tout droit des dessins animés de Walt Disney, pour faire de beaux bibelots avec leurs majestueuses défenses.

Mes héros, aujourd'hui, sont ceux qui se battent autant pour la défense des droits de la femme, de l'enfant et de l'opprimé, que pour l'amélioration de la condition animale.

Les animaux ont tout autant de droits et de légitimité à vivre en paix sur cette terre qui appartient à tous. Alors, pas de privilégiés, pas d'êtres supérieurs ou inférieurs, la différence et les privilèges résultent de l'effort mais pas de la couleur, de la race, ou des origines.

Pour en revenir à ma famille, j'ai pris beaucoup de plaisir à faire tous ces petits cadeaux à ma maman et à mes frères et sœurs.

En ce qui concerne ma société, en Suisse, j'ai arrêté rapidement de prospecter moi-même. En effet, il n'y avait pas assez de sociétés à contacter pour tous, mes commerciaux et moi-même. Il y avait, qui plus est, dans mon équipe, un très bon vendeur. Il était vraiment excellent dans la prospection commerciale, et c'était justement celui qui s'occupait du secteur de la Suisse romande. Il réussissait à faire un très bon chiffre d'affaires pratiquement toutes les semaines. Il était, de surcroît, très heureux de travailler chez moi. Il arrivait tous les matins avant tout le monde avec un sourire jusqu'aux oreilles. Il était facile de comprendre pourquoi, il gagnait chaque mois dans ma société, quatre fois son ancien salaire. Son travail précédent consistait à vendre des parfums au porte-à-porte. Comme vous pouvez l'imaginer, ce n'était pas ce qu'il y avait de plus valorisant et de plus ludique comme activité professionnelle. J'ai rapidement remarqué qu'il se donnait à fond dans ma société. Alors, je lui ai proposé d'augmenter encore son salaire, à condition qu'il accepte de diriger le bureau pendant mon absence, qu'il soit en fait mon bras gauche (puisque j'avais déjà un bras droit… Hugo). Il n'en revenait pas, il a failli en pleurer quand je lui ai annoncé cette possibilité de promotion.

En ce qui me concernait, cela m'arrangeait bien, car je m'étais donné à fond durant les mois précédents pour monter cette structure qui commençait à bien fonctionner financièrement. J'avais donc la chance d'avoir de bonnes rentrées d'argent et beaucoup de temps libre. J'en ai profité pour voyager : Milan, Miami, New York, Los Angeles, Rome, Paris, Londres, Cannes,

Monaco, etc. J'allais partout, toujours dans les plus grands hôtels, et toujours accompagné de mon petit compagnon et bras droit, j'ai nommé, le grand, l'unique, le célébrissime… Hugo !

J'avais quand même la chance d'avoir dans toutes les villes que je visitais des réunions A.A. Si bien qu'après à peine quelques heures dans une ville comme New York (que j'adore, d'ailleurs, pour son incroyable énergie), le soir même de mon arrivée, je me retrouvais dans une réunion A.A. Certaines de ces réunions rassemblaient plus de quatre cents personnes de tous âges et de toutes cultures. Je me retrouvais souvent, après la réunion, dans un resto ou dans un pub avec des personnes que je venais à peine de rencontrer mais avec lesquelles je partageais d'importants points communs. Entre autres, une ultrasensibilité, un certain déséquilibre émotionnel et une manière décalée d'appréhender la vie. Si bien qu'après à peine deux ou trois jours dans une ville, j'avais des amis qui m'appelaient pour aller boire un café ou prendre un déjeuner et discuter de l'essentiel : « Comment te sens-tu aujourd'hui ? » pas « Combien as-tu sur ton compte en banque ? » ni « Quelles études as-tu faites ? » Non : « Comment vas-tu, ce matin, mon ami ? »

Grâce à ces réunions, je ne me sentais vraiment plus jamais seul. Même quand j'étais à l'autre bout du monde, il y avait toujours une réunion A.A. dans le voisinage. C'est grâce à cela, entre autres, que j'ai pu autant voyager seul sans avoir à attendre ou à supporter les humeurs des uns et des autres. C'était l'indépendance, l'autonomie, la vraie liberté, celle de choisir quand et comment voyager sans avoir à ressentir la pesante solitude que pouvait parfois occasionner le fait de partir complètement seul dans de nouvelles villes.

J'en ai aussi profité pour combler mes lacunes personnelles. J'avais arrêté stupidement mes études avant mes seize ans. J'avais soif de savoir, soif d'apprendre. J'ai visité beaucoup de musées et d'expositions, j'ai lu des livres par centaines, j'ai fait du yoga, de l'acuponcture, j'ai pratiqué des jeûnes spirituels, je m'informais sur tout et je ne mangeais pratiquement plus que bio à la maison. J'étais passionné par la spiritualité hindoue. J'ai lu aussi tous les livres d'Arnaud Desjardins, que je salue en passant. Ses livres m'ont beaucoup aidé dans ma métamorphose intérieure, car il fallait que je change. Si j'étais resté le même, j'aurais rebu. Il fallait que je change de caractère, que je change ma façon de voir les choses, ma façon de voir la vie. C'était vital. Alors, je l'ai fait, surtout parce que je ne voulais pas retourner d'où je venais, ça non. J'étais prêt à tout pour éloigner de moi cette impitoyable maladie, la terrible et dévastatrice maladie de l'alcoolisme.

Je savais très bien que si je ne faisais pas un profond travail sur moi-même, je rechuterais sûrement, comme tous ceux qui n'avaient pas pris au sérieux les recommandations amicales de leurs aînés. Les rechutes, pour eux, étaient terribles. J'ai vu des amis A.A. qui avaient rechuté après trois ans, cinq ans, dix ans d'abstinence parfois. C'était pitoyable, c'était encore pire qu'avant. Comme si le manque accumulé et l'inconscient livré à lui-même, sans aucun garde-fou, essayaient de récupérer le temps perdu. Ce temps perdu, cette énorme frustration passée à n'avoir rien consommé. C'était l'horreur. Ils revenaient de ces escapades, de ces glissades, avec un air de chien battu et le visage complètement décomposé.

Je ne voulais surtout pas que cela m'arrive, je ne voulais pas revivre ça. J'avais déjà payé le prix fort pour mon droit d'entrée en réunion A.A., cela me suffisait largement, merci. Pas de rab', pas de supplément, ça ira très bien comme ça. Pas de café, juste l'addition, s'il vous plaît, et quelle addition, mes amis !

J'avais la chance d'avoir énormément de temps libre devant moi, alors j'en profitais pour découvrir le monde, notre monde civilisé, pour visiter notre merveilleuse planète, ce cadeau de nos créateurs, ces dieux magiciens, ces énergies créatrices, ces énergies amies, ces énergies protectrices. Songez que, sur Jupiter, une des neuf planètes de notre système solaire, il y a actuellement des tempêtes, des tornades, des ouragans – certains atteignant des vitesses de plus de mille kilomètres par heure. Ces gigantesques tempêtes sévissent, de surcroît, depuis plus de six cents ans. Quel effet aurait la force de ces vents sur nos pauvres habitations, nos petites structures de papier mâché ? Six cents ans d'une tempête dont les vents violents atteignent plus de mille kilomètres par heure : imaginez juste une seconde l'impact sur notre fragile et merveilleuse petite planète bleue. Alors, on n'est pas un peu privilégiés ? On n'est pas un peu gâtés, choyés même et protégés par des boucliers invisibles et par des énergies impalpables ? Pour ma part, j'essaie aussi souvent que possible de dire merci, merci à la vie, merci aux dieux, merci pour ce beau cadeau offert dans un bel écrin de soie. Merci pour cette si jolie planète, merci pour les milliers de fruits, merci pour les rivières, pour les plages, pour les lacs, les plaines, les montagnes, pour l'amitié, l'amour, pour l'affection, pour ces adorables petits nounours de compagnie, pour la beauté d'une journée d'automne, pour les odeurs d'herbes coupées, pour ces bruits, ces musiques, ces merveilleux petits oiseaux qui chantent, pour la mélancolie, pour la tristesse, pour la fraternité, merci de nous offrir tout cela sans rien en échange, un cadeau de bienvenue, voilà tout… C'est gentil, merci pour cette délicate attention. Au nom de mes frères humains (et non humains), merci de tout mon cœur. J'apprécie beaucoup, mais souvent malheureusement pas à sa juste valeur, ce magnifique cadeau, cette maison que j'aime de tout mon cœur, ma planète, notre planète, notre chez-nous à tous, la Terre… *Home* ! *Home* !

Notre mère, ce n'est pas notre maman, celle qui a eu la gentillesse de nous mettre au monde, non ! Notre mère, c'est la Terre. Notre maman n'est qu'un maillon d'une chaîne dont nous aussi nous faisons partie. Une chaîne dont chaque maillon a son importance, mais c'est l'ensemble qui compte. Votre maman n'est pas capable de créer un être aussi complexe et sophistiqué que vous. Elle n'est pas capable de se créer elle-même. Alors, comment voulez-vous qu'elle vous crée ? La Terre, l'eau, l'air, le vent, le Soleil sont nos créateurs, notre mère et notre père, tout cela en même temps !

Notre mère nourricière, c'est la Terre.

Elle tourne continuellement et à plus de cent mille kilomètres par heure autour du Soleil depuis plus de cinq milliards d'années sans jamais avoir perdu un millième de seconde ; le Soleil, notre étoile, tourne à plus de sept cent quatre-vingt mille kilomètres par heure autour du centre de notre galaxie, la Voie lactée, qui, elle, comporte deux cents milliards d'étoiles (donc de soleils) dont un tiers posséderait sans doute un système planétaire de plusieurs planètes. Des galaxies comme la nôtre, il devrait y en avoir plusieurs milliards, ce qui représente aussi des milliards d'étoiles, dont une partie est entourée de planètes. Tout ce beau monde, ces milliards d'étoiles et ces milliards de planètes, est en perpétuel mouvement, tout bouge, tout vole, virevolte, danse dans les airs, dans l'espace, rien n'est immobile.

Ce qui m'amuse beaucoup, ce sont tous ces scientifiques qui ont cherché pendant des années le mouvement perpétuel, « le fameux mouvement perpétuel », alors qu'il est là, devant eux, devant nous. Mais peut-être n'est-il pas assez gros pour qu'on puisse le distinguer à côté de notre immense ego, qui, lui, s'amuse depuis des générations à dissimuler ce grand spectacle pour ne pas paraître trop ridicule face à lui.

Je le comprends très bien, cet ego, je faisais la même chose quand j'étais petit : il m'arrivait, en parlant fort, d'essayer de détourner l'attention portée à un copain trop beau ou trop intelligent… mais j'avais une excuse, une excuse de taille : je mesurais un mètre dix et j'avais à peine huit ans.

Je suis resté un an dans l'appartement de Genève. Ensuite, les affaires fonctionnaient tellement bien que j'ai ouvert un deuxième bureau sur Lausanne. J'avais signé, grâce aux relations de mon ami Giordano S. et à mon travail, d'autres événements et anniversaires émanant de différentes fédérations gouvernementales.

J'avais maintenant plus de quinze employés, mon chiffre d'affaires devenait de plus en plus important, j'avais de plus en plus de moyens financiers. Je me suis donc installé dans un magnifique appartement à Montreux. J'étais dans un immeuble tout en marbre sur les hauteurs de la ville avec une vue imprenable sur le lac Léman, sur les Dents du Midi et sur la jolie ville d'Évian qui est juste en face. La nuit, c'était féerique, toute la ville d'Évian illuminée se reflétait sur l'eau comme sur un miroir, ou plutôt sur une peinture laquée noire. Cette ville dédoublée faisait l'effet d'un énorme feu d'artifice immobile.

Mon appartement était immense : cinq cent cinquante mètres carrés, trois salles de bains tout en bois noble, les poignées en laiton cuivré ainsi que les robinets. Toutes les chambres avaient du parquet en bois acajou foncé. Le salon, de plus de cent vingt mètres carrés, donnait tout en baie vitrée sur un grand balcon de forme ovale qui surplombait la vue… non… plutôt le spectacle qui s'offrait aux visiteurs comme une femme sait s'offrir à son bel et jeune amant. Pour ce paysage vieux de plusieurs centaines d'années, voire de plusieurs millions d'années, j'étais un jeune amant plein de fraîcheur et d'innocence, un jeune amant d'à peine trente-quatre ans… Un an de plus que le Christ lors de sa crucifixion, référence triste et douloureuse pour ce jeune homme plein d'amour.

À propos d'amante qui s'offre, je pense qu'une femme ne sait s'offrir que lorsqu'elle le veut, que lorsqu'elle le désire et uniquement pour l'homme dont elle est éprise ou amoureuse. Cela m'a d'ailleurs toujours amusé, ces hommes qui se vantent d'avoir « eu » physiquement telles ou telles femmes. « Messieurs, dans le lit de la marquise, c'était moi les quatre-vingts chasseurs*. » Personne n'a jamais personne. Il y a juste deux êtres qui décident, à un moment ou un autre, de faire l'amour ensemble.

Il y a aussi ces hommes riches qui bien souvent se marient avec de très belles femmes. Ils pensent ainsi – stupidement, d'ailleurs – qu'ils vont les posséder. Mais, malheureusement pour eux, ils déchantent très vite et apprennent la douloureuse leçon : on ne peut ni acheter l'âme des gens, ni leurs sentiments. À bon entendeur, salut, messieurs les machos et autres colonisateurs.

Les femmes ne se donnent qu'aux hommes qui les séduisent, aux hommes qui les font chavirer, aux hommes qu'elles aiment ou qu'elles ont aimés pour une nuit, pour un moment, furtivement dans l'ombre ou en pleine lumière, qu'importe… Ce qui compte, c'est le désir, l'envie d'être aimée et possédée par l'être désiré. S'il n'y a pas ce sentiment d'amour à votre égard, la femme qui est devant vous n'est pas votre maîtresse, pas votre femme. Elle vous laisse tout au plus vous masturber entre ses cuisses pour calmer vos doutes, vos ardeurs, pour faire descendre votre taux de testostérone. Mais elle n'est pas à vous, elle ne vous appartient pas. Elle n'appartient qu'à l'homme qu'elle aime, qu'elle veut sentir en elle. Vous, vous êtes là pour payer le loyer, les beaux tailleurs, la belle voiture, ainsi que pour protéger sa progéniture. Oui, cette progéniture qui va lui donner le sentiment, l'impression de vivre une nouvelle vie, une nouvelle jeunesse – par procuration.

Je dois avouer que, de ce côté-là, j'ai eu de la chance. (Au moins quelques points positifs. Pas tout pour vous, les gars.) J'avais un physique qui ne déplaisait pas trop aux femmes et une certaine sensibilité qui, dans de nombreux domaines – surtout en ce qui concerne les animaux –, les charmait. Heureusement d'ailleurs, car, sans ces petites infirmières de l'ombre, celles qui m'ont gardé des nuits entières serré contre leur corps, celles qui m'ont protégé pendant quelques semaines, quelques jours, quelques instants même, contre mes angoisses, mes frayeurs, mes fantômes, sans elles, je ne sais pas si je serais encore là aujourd'hui. Je vous salue toutes, petites Marie pleines de grâce, pleines d'affection, pleines d'amour et pleines de compassion pour ces brebis égarées, vos petits frères qui sont dans la douleur de l'âme, la souffrance de l'être. Cette souffrance mentale et complètement irrationnelle, mais malheureusement impitoyable et mortelle.

J'ai horreur des hommes qui parlent de manière péjorative des « femmes faciles ». Il n'y a pas de femmes faciles, il n'y a que des femmes fragiles ou fragilisées. Sans ces femmes que l'on dit « faciles », je serais sûrement six pieds sous terre. J'avais remarqué que la meilleure manière de plaire aux femmes, c'était de leur dire la vérité sur mes peurs, mes angoisses et mes doutes. Je dévoilais ma fragilité, mais je ne le faisais pas intentionnellement : c'était ma façon d'être, d'exister, et ça l'est toujours aujourd'hui.

J'ai vécu de très jolis moments dans cet appartement à Montreux. J'avais beaucoup de temps, alors j'ai expérimenté des choses nouvelles. J'ai fait des jeûnes spirituels : je restais trois ou quatre jours sans manger, à boire uniquement de l'eau. Je ne faisais pas ça pour maigrir. C'était des jeûnes que je préparais consciencieusement plusieurs jours très à l'avance. Pour le faire convenablement, je ne travaillais pas, je ne prenais pas la voiture, je me promenais toute la journée dans les champs autour du lac avec mon pote Hugo.

C'était très instructif de passer plusieurs jours sans manger, au calme, à boire de l'eau et à méditer. Je ne vous conseille pas de faire ce genre de démarche tout seul. Il faut s'aider de spécialistes qu'on appelle des naturopathes. J'ai eu des sensations incroyables, assis au soleil – sur ma terrasse, en été – dans un énorme et confortable transat en bois dont la toile, qui servait de support lombaire, était rembourrée de plumes, un peu comme un édredon. J'écoutais les battements légers et lents de mon cœur – qui descendait à près de cinquante battements à la minute. Tout était calme, reposé… Je restais des heures à contempler le spectacle du monde toujours changeant au gré de l'heure et de la météo. Pas une seconde les mêmes couleurs, pas un moment la même lumière, c'était comme une toile de maître en mouvement, en mouvement tout le temps, perpétuellement en mouvement. Les nuages changeaient de forme et de densité à chaque instant. Le temps de tourner la tête et une forme venait en chasser une autre, toujours plus originale, toujours plus onctueuse… Ces grands morceaux de coton blanc n'ont d'ailleurs jamais cessé de captiver mon regard et mon attention, et ce, depuis ma plus tendre enfance. Mais là, je pouvais les admirer sans mes angoisses ou mes fantômes qui venaient gâcher ces instants magiques en me susurrant à l'oreille : « Vas-y, petit gars. Profite bien. On est là, on attend tranquillement. Cette nuit, quand tu seras seul dans ta tête on sera là pour te faire apprécier les nuages, tu les verras mais sous d'autres formes, des formes plus lugubres, des formes plus torturées, des formes plus cauchemardesques… T'inquiète pas, on est là et on ne partira pas de sitôt ! » C'était fini ! Je les avais chassés, jetés hors de ma tête, hors de ma vie, hors de mon champ de vision. Je vivais une autre vie, dans une autre dimension, j'avais d'autres perceptions, je n'étais plus le même tout en étant moi-même. C'est difficile à expliquer, mais c'était exactement ce que je ressentais. Je n'étais plus le même, pourtant j'étais toujours le fragile et sensible petit Gabriel !

Je n'arrive pas à me voir autrement qu'enfant. Un enfant qui a envie de s'amuser mais qui, parfois, a peur… Peur de certains adultes, peur de la nuit, peur de ne pas être à la hauteur, peur de vieillir seul, peur de ne pas être aimé, etc. Mais je n'ai plus ces angoisses qui me terrifiaient, qui me paralysaient, qui me plaquaient au sol, qui me mettaient hors vie, hors service, le cerveau en bandoulière.

Bien sûr, j'ai toujours des peurs et des petites phobies. Seulement aujourd'hui, elles disparaissent aussi vite qu'elles apparaissent. J'ai plein de petites contradictions en moi, mais elles ne m'empêchent plus de vivre, au contraire, elles m'aident à comprendre la différence, à mieux comprendre les autres. Je suis toujours ce petit Gabriel, rêveur, tête en l'air, dépensier, bordélique, révolté contre l'injustice ; un Don Quichotte courageux, peureux, selon les circonstances, selon les moments ; amoureux, jaloux, envieux, généreux, égoïste, raciste, compatissant, charitable… tout est là, en moi. Mais selon l'instant, selon mon état d'âme, selon ma détermination à vivre avec plus ou moins de dignité, l'un ou l'autre de ces traits de caractère va apparaître pour ensuite faire place à l'autre.

J'ai quand même remarqué que plus je dirigeais mon âme vers ce que l'on appelle des hauts et nobles sentiments, plus je vivais de belles choses. Mon attitude plus digne m'aidait à vivre en meilleure harmonie avec tout mon entourage qu'il soit humain, animal, végétal ou impalpable. Aujourd'hui, quand je ne me sens pas très bien, je vais prendre un de mes chiens, un de mes chevaux, un de mes chats ou encore un arbre dans mes bras. Je me colle à cet arbre, je le serre très fort, je respire son odeur, ses différents parfums, je me laisse enivrer par la formidable énergie qui émane de ce géant souvent centenaire que la nature a généré en l'assemblant atome par atome, en soudant chaque particule l'une à l'autre pour arriver, après plusieurs centaines d'années d'un minutieux travail d'orfèvre, à ce gigantesque être vivant si rassurant par sa puissance.

Je baignais de plus en plus dans ce genre d'état d'esprit. Mon âme s'élevait, elle prenait de l'altitude, je voyais de plus en plus la vie et les événements avec du recul, avec une certaine hauteur, un peu comme un paysage « vu d'avion ». Le Monde, le Soleil, notre galaxie n'étaient qu'un grain de sable dans l'Univers qui, lui, avait près de quinze milliards d'années. Alors, mes petits problèmes quotidiens et moi prenions rapidement ***la minuscule et objective place qui devait nous être réservée !***

D'ailleurs, je conseille à tous ceux qui, comme moi, ont un ego qui s'amplifie rapidement, de s'intéresser à l'astrophysique, à l'Univers, aux galaxies. Vous verrez, on relativise ensuite très facilement.

Mais, bien sûr, je restais un homme, avec ses pulsions. Alors parfois, le diable venait me tirer par la queue, et justement, c'était souvent cette queue, au sens propre du terme, qui me jouait des tours.

Une amie, Barbara, une dame âgée que j'ai rencontrée en réunion A.A., me disait souvent avec un terrible accent américain : « Gabriel, un homme qui pense avec sa queue devient une proie facile pour la lionne ! » Elle ne pensait pas si bien dire.

Après la Suisse, où j'ai passé d'inoubliables et merveilleux moments, je suis parti vivre à Miami. J'avais signé un contrat avec la municipalité de Miami pour son centenaire. C'est drôle, mais la ville de Miami n'a que cent ans. (C'est quand même jeune pour une ville. Pour une fille, non ; mais pour une ville, oui !) J'y suis allé, fort du capital que j'avais amassé grâce à mes juteuses affaires commerciales en Suisse. J'avais d'ailleurs fermé ma société suisse, et ce, pour plusieurs raisons : fin de certains contrats, lassitude de ce boulot qui n'avait pour seule motivation que l'aspect financier, et puis surtout j'en avais marre de ce pays lent et mou comme du chocolat chaud. J'avais décidé, du jour au lendemain, que la Suisse était devenue ennuyeuse et sans énergie. Tout me paraissait de plus en plus lourd et inodore dans ce petit pays aux reliefs montagneux et aux comptes bancaires démesurés. J'ai débarqué à Miami comme une fleur, comme un jeune dandy millionnaire (en francs). J'ai loué un très bel appartement meublé blanc et rose. Un côté donnait sur une longue et immense plage, et l'autre sur la splendide et majestueuse baie de Miami Beach, incrustée d'îlots paradisiaques.

C'était l'appartement d'un homosexuel – le stéréotype même de l'homosexuel : un petit blond décoloré, toujours bronzé, avec des jeans moulants qui lui collaient à la peau. On aurait presque dit ces collants qu'on utilise en danse classique. Je me suis souvent posé la question, qui est toujours restée une énigme : mais comment faisait-il pour les enfiler ? Il était très gentil et souriant. Il vivait en France et voulait louer son appartement de Miami pour quelques années, le temps de régler quelques affaires d'héritage, m'avait-il dit. Cela me convenait très bien. Je me suis alors rapidement installé dans ce bel appartement face à la mer, « les pieds dans l'eau » à

South Miami Beach : le paradis pour un petit Français d'origine modeste.

Un ami d'enfance m'a cité un jour une phrase qui m'a marqué : « Dans la vie, il ne faut pas essayer de dépenser moins, mais plutôt essayer de gagner plus ! » Je n'aime pas compter les petits sous, budgéter mes dépenses. J'aime vivre à l'intuition, penser que je suis capable de tout faire, de tout vivre, pour autant que je respecte mon environnement. Je vis d'ailleurs toujours comme si demain tout pouvait s'arrêter. Plus je vis et vois la vie en grand et plus de grandes et belles choses m'arrivent.

Karl Lagerfeld a dit un jour : « Je n'aime pas les gens qui vivent en dessous de leurs moyens. » Je comprends très bien ce qu'il a voulu dire. (Bien que je n'apprécie pas spécialement ce vieux dandy filiforme.) Je connais des personnes qui ont des moyens financiers confortables et qui vivent comme des misérables. C'est terrible, ces gens-là représentent à mes yeux le comble de la misère. Que des personnes comme mes parents se privent, je le comprends, ils ne pouvaient pas faire autrement, les pauvres. Mais que des gens qui ont des capitaux confortables vivent comme des smicards, je trouve cela indécent.

Je connais même une personne qui possède d'importants moyens financiers – il est l'héritier d'une grande famille riche et bourgeoise – et qui a quand même trouvé le moyen de s'inscrire au RMI. Je trouve cela tout simplement écœurant. Je lui ai même dit un jour : « Tu devrais avoir honte, tu voles la place d'un autre qui est peut-être vraiment dans le besoin, lui. Tu voles le sandwich d'un malheureux pour aller dépenser tes sous dans les boîtes de nuit de Saint-Tropez ! »

Heureusement pour moi, je n'avais pas ce défaut. De toute manière, j'avais eu assez de défauts pour un seul homme alors, « n'en jetez plus, la cour est pleine ». C'est vrai que j'adore dépenser mon argent, profiter de la vie, m'acheter les jouets qui m'ont fait défaut quand j'étais gamin, et me faire plaisir, surtout en voyageant et en vivant confortablement.

J'avais viré sur un compte en banque en Floride tout mon capital, ce qui représentait tout de même plusieurs centaines de milliers d'euros.

J'ai acheté très rapidement mon premier jouet sur place, un petit bolide des mers, un jet-ski. Ensuite, j'ai eu envie d'un petit yacht. Je voulais vivre sur le port de Miami Beach Marina, ce qui était très à la mode à l'époque. (J'avais sûrement été impressionné par la série télé *Miami Vice*.) Comme je suis un acheteur compulsif, j'ai très vite acquis ce petit yacht de quinze mètres qui avait deux chambres, un salon, une cuisine ultramoderne, une belle salle de bains équipée d'une cabine-douche en verre fumé, ainsi que deux téléviseurs vidéo qui venaient terminer la décoration raffinée de ce beau bateau de luxe. J'ai ensuite acheté, comme il se doit, la panoplie complète qui allait avec mon standing et ce décor de rêves. Une magnifique Ford Mustang décapotable noire, capote noire et intérieur cuir… noir. (Plus agressif que ça, tu prends au minimum dix ans de prison !) Et ce n'était pas tout. Figurait aussi sur la liste de mes joujoux, une magnifique Harley-Davidson noire que j'avais fait complètement customiser de chrome, ce qui lui donnait un aspect bicolore noir et argent.

Dans cette aventure, j'ai bien sûr pris avec moi mon petit Hugo. Il adorait dormir sur le bateau. Il est vrai que les chiens aiment vivre dehors, au grand air. Nous étions donc pratiquement toujours sur le ponton. La température franchissait constamment la barre des trente degrés. La nuit, je me levais souvent pour admirer le spectacle magnifique de la baie de Miami tout éclairée avec, en toile de fond, les tours de verre, ces impressionnants buildings qui restaient illuminés toute la nuit. Les deux gigantesques ponts qui reliaient Miami Beach à la ville de Miami étaient éclairés par des néons bleus. C'était presque magique. Je me suis amusé comme un fou, j'ai fait du bateau, du jet-ski, j'ai rencontré des gens, participé aux réunions A.A. en plein air. Je n'ai pratiquement pas travaillé pendant deux ans, je suis même parti plusieurs fois aux Bahamas avec mon bateau, il faut dire qu'il n'y a que deux heures de navigation.

La première fois que je suis allé aux Bahamas, j'ai eu un véritable choc. Nous étions, ma petite amie de l'époque et moi, accompagnés par un autre couple. Entre deux îlots se trouvait un petit lagon. L'eau y était tellement belle et transparente qu'on aurait presque pu la boire. Il y avait au fond de l'eau, à quelques mètres de profondeur, de magnifiques étoiles de mer écarlates. J'avançais au ralenti avec mon bateau pour savourer ces instants. J'avais mis une superbe musique classique qui couvrait le bruit du moteur ; j'avais l'impression de glisser tout doucement… dans un rêve. Une raie géante était venue planer autour du bateau, je l'ai suivie tout doucement, c'était un moment inoubliable. Le temps, pendant ces quelques minutes, s'était suspendu : arrêt sur images, « séquence émotion », mais à vous couper le souffle. C'était magique. Nous nous sommes tous regardés en souriant comme des enfants, c'était un moment tellement fort qu'on en avait les larmes aux yeux. C'est incroyable la force et la beauté de la nature, de ses paysages naturels, certains encore vierges… L'océan, le soleil, la raie géante, les étoiles de mer… Une parfaite harmonie de couleurs… Quel merveilleux et généreux cadeau offert à nous pour l'éternité, un moment gravé dans nos mémoires et que personne ne pouvait nous reprendre. Merci…

Après presque deux ans de cette vie oisive mais méritée par compensation d'un passé difficile, j'en ai eu assez, j'ai décidé de rentrer en Europe. J'en avais marre de rester sans rien faire. Marre de ces Américaines fausses comme des billets de vingt-huit euros et qui parlent en mâchouillant leurs syllabes. Marre aussi de tous ces gens qui vous tapent dans le dos et vous traitent comme leur meilleur ami après quatorze minutes de conversation « *Yooooo man, I love you, you're my best friend!* » Marre de leurs sourires hypocrites, marre de ces Bibendum aux muscles gonflés de substances chimiques hyper protéinées, marre de cette superficialité ambiante, marre de l'argent roi, marre de moi là-bas, et surtout marre de cette vie trop dorée pour être vraie.

Toutefois, avant de partir, avant de rentrer en Europe, je voulais faire quelque chose de « spécial », quelque chose qui marquerait le coup. J'avais envie de faire le tour des USA à moto : parcourir le trajet Miami – Los Angeles, la grande boucle, sans prendre une seule fois l'autoroute. Le rêve de beaucoup d'Européens, pas vraiment le mien… Néanmoins, ce tour, j'ai eu envie de le faire, surtout pour avoir la même sensation que ces milliers de *bikers* parcourant *the legendary 66 road*, cette route mythique souvent utilisée dans les *road movies* américains. Mais surtout je voulais pouvoir dire : « Je l'ai fait. Moi, le petit Gabriel, celui qui avait dix trains de retard sur tous ses petits camarades, celui que tout le monde avait donné perdant dans la vie, celui qui dérangeait les autres. Maintenant, c'est moi… c'est moi qui vis mes rêves, les gars ! » (Un peu arrogant, je vous l'accorde.)

À ce propos, un ami de mon frère, Yves S., pour ne pas le citer, m'avait dit une chose qui m'avait beaucoup ému : « Gabriel… Gabriel, tu es un vrai cheval de retour. On te croyait fini, démoli, à la casse, et te voilà revenu encore plus résolu qu'avant. Un vrai cheval de retour qui les a presque tous coiffés au poteau ! » Cela m'avait fait beaucoup rire, la manière dont il l'avait exprimé. Oui, je ne suis plus le petit paumé, le désespéré qu'on poussait du bout des yeux, celui dont le regard gênait, celui qui s'excusait souvent d'être là ou de n'être pas plus loin.

Je me suis dit : « C'est vrai, il n'a pas tort. » J'étais complètement foutu, à deux doigts de mourir, et d'un coup de baguette magique – qui avait la forme d'un bâton de policier américain et qui m'avait frappé en pleine tête au bon moment et au bon endroit – le miracle s'était produit. C'est fou. Dire que j'ai été obligé d'aller dans ce que je croyais à l'époque être l'antichambre de la mort, les Alcooliques Anonymes, pour renaître à la vie. En fait, cela m'a servi de tremplin vers un nouveau destin… Un tremplin vers la vie en abondance, l'existence que j'avais rêvé de vivre pendant toute mon adolescence et toute ma douloureuse période d'alcoolo solitaire.

Une phrase de la Bible m'est revenue : « Dieu punit ceux qu'il aime… » Eh bien, moi, je peux vous dire qu'il m'a adoré, ce Dieu, il devait même être amoureux de moi durant une certaine période tellement j'en prenais plein la gueule. Certaines fois avec une violence et un acharnement qui m'avait souvent mis knock-out… rétamé… « à terre comme un ver de terre » devant des amis, des ennemis, des parents, des passants, et ce, des dizaines, des centaines, des milliers de fois…

Merci à toutes les énergies, merci à vous là-haut, à tous les dieux : Adonaï, Jéhovah, Bouddha, Allah, Jésus-Christ… Tous, je vous remercie, tous. Merci de m'avoir fait connaître la souffrance extrême et de m'en avoir sorti, merci pour aujourd'hui, merci car je vois mieux la beauté de ce monde, merci car je comprends mieux les événements, merci car je comprends mieux les êtres, merci… car je comprends mieux la vie.

J'ai appelé mon petit frère Franck (Coco…) au téléphone et je lui ai dit : « Franck, si tu es là dans quarante-huit heures, je t'achète une Harley-Davidson toute neuve et on part tous les deux faire le tour des États-Unis pendant deux mois, aux frais de la princesse… » (En l'occurrence, la jolie princesse, c'était moi !)

Vous le croirez ou pas, trente-quatre heures après, il était là à Miami, ce petit lapin… habillé d'un jeans, d'un débardeur blanc, d'une paire de sandales, son petit baluchon à la main et un sourire jusqu'aux oreilles. Le jour même de son arrivée, on a acheté sa moto… Une Harley-Davidson flambant neuve. Pas de chichi ! Quand je fais les choses, je les fais à fond sinon je ne les fais pas. Excessif jusqu'au bout des ongles.

Pour s'entraîner, un peu avant notre départ, on s'est rendus plusieurs fois à Key West. On en profitait pour s'arrêter dans un grand restaurant de fruits de mer, avec une superbe vue sur l'océan. Il y avait un menu *all you can eat* (en français : « buffet à volonté ! ») On ingurgitait des dizaines de *king crabs* jusqu'à s'en faire péter l'estomac. Lorsque l'on sortait de là, il nous fallait marcher une bonne demi-heure pour pouvoir nous rasseoir confortablement sur nos magnifiques montures d'acier. Nous rentrions ensuite sur Miami Beach, le visage caressé par un vent doux et chaud, typique des climats tropicaux. Dans cette chaleur particulière, nous pouvions rouler toute la nuit, effleurés par le flot de vent produit par la vitesse de nos machines, symboles mécaniques de l'Amérique dans toute sa splendeur et son excentricité.

Le grand jour est enfin arrivé. Nous sommes partis avec, en tout et pour tout dans nos sacs de voyage, deux jeans, trois tee-shirts, cinq slips, cinq paires de chaussettes et quelques affaires de toilette, rien de plus. *Easy Rider* à fond la caisse. Plus synchro et stéréotypé que ça, tu meurs sur place avec enterrement gratuit offert par la municipalité qui vous remercie encore une fois d'avoir donné votre vie à une cause aussi noble : *le travail.*

On a traversé toutes les villes de la côte est des États-Unis : Daytona Beach, Georgia, Virginia Beach, Myrtil Beach (j'en profite pour saluer deux frangines pour leur chaleureuse et sensuelle hospitalité !), Washington DC, New Jersey et New York pour seulement deux minutes d'arrêt. Non... non, je plaisante... Pas à New York, la capitale du monde. Donc une semaine d'arrêt et en plus dans un superbe hôtel, The Grand Plaza, situé sur Broadway Avenue. En plein mois de juillet avec vingt-huit degrés à l'ombre, c'était magique. Ah... New York ! Merveille du monde ! Les gens semblaient courir de tous les côtés, ça grouillait de partout, une énergie à vous couper le souffle, à vous plaquer contre les murs de la ville.

« Voir Venise et mourir... » Tu parles ! « Voir New York et mourir ! » *Le choc,* comme l'a si bien décrit Nougaro dans sa superbe chanson *Nougayork* ! On se promenait partout, mon frère et moi, partout à moto, en taxi, à pied... C'était magnifique. Merci, messieurs les Américains, quel beau cadeau. Une ville construite avec toutes les nationalités : Italiens, Juifs, Arabes, Irlandais, Africains, Asiatiques... Ils ont tous travaillé à l'élaboration de cet ouvrage, de ce gigantesque ouvrage. Bravo ! J'applaudis des deux mains ! Manhattan, Central Park, Soho, Greenwich Village, les ponts, les marchés, les gares, les statues, les musées... Chapeau bas, messieurs dames, chapeau bas, avec courbettes de circonstance.

En revanche, je dois avouer que j'ai souffert dans ma chair lorsque, quelques années plus tard, sur mon écran de TV, un banal après-midi de septembre, deux énormes Boeing se sont encastrés dans les tours jumelles de Manhattan, ces deux magnifiques monuments qui pointaient vers le ciel leur espoir de cristal.

J'ai pleuré, je n'ai pas pu m'empêcher de pleurer... J'avais mal. On m'avait enfoncé un Boeing dans le ventre, et ce Boeing avait explosé dans mes organes, dans mes tripes, dans mes artères en détruisant tout sur son passage : mes poumons, mon tube digestif, mes organes génitaux, tout...

tout était labouré. J'avais mal, j'avais très mal. Une dizaine de terroristes islamistes, « des fanatiquement et dangereusement religieux », avaient trouvé amusant de s'offrir un énorme coup de pub en faisant payer la facture à des milliers d'employés, à des milliers de pauvres gens de diverses origines. Ceux-ci étaient venus de partout pour travailler, pour effleurer du bout des doigts ce rêve américain, ils étaient venus de tous les pays du globe, de tous les continents…

New York n'appartient pas aux Américains, New York est « propriété du monde », c'est la ville la plus multiculturelle du globe. En frappant New York, ces fous fanatiques ont voulu tirer à bout portant sur le monde, pas seulement sur le monde occidental, mais sur tous les peuples de notre planète. Leur but est de nous terroriser afin de mieux nous racketter financièrement et psychologiquement, ***comme un proxénète tape sur sa pute pour lui rappeler qui est le terrorisant.*** Ils nous invitent à marcher droit sans trop nous plaindre, sinon… ?

Les premières à en subir les conséquences sont souvent les populations des pays arabes, qui vivent dans la terreur de se faire lapider, voire exploser, en cas de non-observance des règles dictatoriales imposées par les « dominants »… Ces mêmes dominants qui utilisent de jeunes et malheureux suicidaires (souvent enrôlés malgré eux, ou manipulés…), dont le salaire sera déposé, en monnaie de singe, sur des comptes fictifs et pseudo-spirituels.

Ces pauvres enfants, nos pauvres enfants, souvent en quête de reconnaissance… Celle-ci sera, malheureusement pour eux, *post mortem* !

J'ai eu beaucoup de mal à ne pas en vouloir à tous les Arabes que je rencontrais dans la rue. J'ai été raciste, je l'avoue… Oui et pendant de longs mois. Mais, il fallait que je m'en remette, il fallait que je guérisse, que je me « convalescence » : on m'avait broyé le cœur, on m'avait laminé l'esprit, on m'avait déchiqueté ma ville, on m'avait cassé mes rêves.

Ensuite, bien sûr, j'ai fait la part des choses. J'ai, aujourd'hui, beaucoup d'amis Arabes. Certains que j'aime d'un amour profond d'ailleurs, d'un amour fraternel. Il n'y a pas de bons ou de mauvais Arabes, il n'y a que de bons ou de mauvais êtres humains, c'est tout. Les terroristes sont universels, il y en a de tous les bords et dans toutes les religions. Il y a des terroristes Juifs, américains, irlandais, Catholiques, sud-américains, nazis, français, italiens, espagnols… Il ne faut surtout pas tomber dans une relative facilité en traduisant le mot « terroriste » par le mot « Arabe ». Dans les siècles derniers, le mot « terroriste » se traduisait par : nazis, Français et Belges colonisateurs. Il y eut aussi les meurtrières croisades Catholiques, les gentils esclavagistes nord-américains, les doux exterminateurs des tribus « d'Indiens d'Amérique ». Ce sont les seuls vrais Américains, les Indiens du continent nord-américain. Les autres sont des « importés », des « envahisseurs », expédiés là pour alléger les camps de bagnards européens trop pleins…

Avant de juger les voisins, il faut savoir faire son autocritique. Les meilleures plaisanteries commencent par l'autodérision. Aujourd'hui, l'important n'est pas de savoir qui a raison ou qui a tort mais comment stopper cette escalade de la violence. Certaines personnes essaient de se faire entendre par la plume, d'autres par l'argent, d'autres par la danse ou le chant... mais qu'importe. L'essentiel, c'est qu'il n'y ait pas de violence gratuite et inutile : il faut se battre avec les mots, avec les tripes, avec son cœur mais ne jamais tomber dans la facilité de la violence. Elle n'amène d'ailleurs, à ceux qui l'utilisent, que le contraire du contraire de l'effet souhaité.

Oussama Ben Laden a fait plus de mal au monde arabe en quelques heures que tous les colonisateurs et les racistes en plusieurs décennies. J'ai beaucoup d'amis Arabes modérés qui me disent, qui m'avouent que depuis le 11 Septembre ils se sentent craints et haïs en même temps. L'un d'entre eux m'a même dit : « Je ne suis pas un terroriste. Je suis d'origine arabe, mais tous les Arabes ne sont pas des terroristes. Je ne peux pas endosser la responsabilité d'un fou milliardaire qui a confondu le merveilleux livre du Coran avec les douces théories d'Isabelle la Catholique et la Bible avec la foisonnante idéologie d'Adolf Hitler ! »

C'est terrible d'être jugé pour les faits et gestes d'un autre. Et je comprends ça : combien de fois les gens ont pensé que j'étais radin parce que j'étais d'origine juive. Ça m'emmerdait de devoir leur prouver le contraire à chaque fois. Alors, je ne veux plus juger les gens sur leurs origines, je ne les juge que sur leurs actions personnelles, le reste ne m'intéresse pas.

Soyons citoyens du monde, soyons des frères humains, soyons charitables avec nos voisins, avec nos compagnons, avec nos amours, nos amis de compagnie, nos frères de sang et aussi tous les êtres sensibles qui peuplent cette belle petite planète bleue qui, elle, nous a été offerte, ne l'oublions jamais, « en cadeau de bienvenue » !

J'emmerde tous ces faux religieux ! C'est fou, on ne peut plus rien dire sur les religions sans que cela ne déclenche une guerre civile. J'emmerde les Juifs orthodoxes, les Musulmans fanatiques, les Catholiques fascistes ! Vous nous fatiguez avec vos religions bruyantes, ayez la décence de les pratiquer en silence, sans nous imposer, je vous prie, vos convictions moyenâgeuses. Messieurs les religieux de tous bords… Ce message vous est adressé personnellement. Alors, ouvrez bien vos oreilles, vous qui nous sermonnez depuis des millénaires : « Messieurs, vous nous les brisez royalement. Et au nom du général de Gaulle !… »

Ce qui compte, c'est la fraternité, c'est l'amitié. Les origines n'existent pas, mes seules origines sont moléculaires et elles sont bien plus vieilles que vos fausses origines montées de toutes pièces par des écervelés, des fous fanatiques qui ont soif de pouvoir et de différences pour mieux nous contrôler : « Il faut diviser pour mieux régner ! » Diviser… C'est ce qu'ont essayé de faire les prêtres, les rabbins, les ayatollahs, les curés… ils veulent nous diviser, mais « l'union fait la force ». Unissez-vous, unissons-nous, et dites non à cette drogue, dites non à tous ces diviseurs, ces vampires de l'âme, ces catalyseurs d'amour, ces voleurs d'amitié qui, souvent cachés derrière des habits de lumière ou des parures de circonstance, ne cherchent qu'à détenir un peu plus de pouvoir.

La religion doit être synonyme d'amour, pas de crainte. « L'habit ne fait ni le moine ni le disciple », les longues barbes ne signifient en rien une bonne pratique religieuse. (Tous les orthodoxes dans le même sac : Juifs, Musulmans et Catholiques.) Pour moi, les religieux sont ceux qui passent leur vie dans la dévotion et la charité, ce ne sont pas ceux qui font peur aux enfants avec des « accoutrements grotesques » et des propos outranciers, vulgaires et désuets. J'ai adoré cette citation de la Bible : « Méfie-toi de ces faux anges habillés de lumière, s'ils étaient habillés de haillons ce serait bien trop facile de les éviter ! »

« Tout ce qui n'est pas message d'amour est un message du diable » (*dixit* la Bible). Si vous entendez de faux prophètes vous parler de Dieu en termes de division et de rejet de l'autre, ils vous parlent de la part du diable… Le diable parle plusieurs langues. Mais pour le reconnaître, c'est simple : « la sienne est fourchue », elle ne sait dire que du mal, ne parle que de mort et de destruction.

Mais revenons-en à notre tour des USA. Donc, après New York, nous sommes passés par Chicago. J'ai beaucoup aimé l'architecture de cette ville et aussi ce magnifique lac de plusieurs centaines de kilomètres de long. Il paraît que certaines tempêtes tuent chaque année des dizaines de gens. Je n'aurais jamais pensé qu'il pouvait y avoir des tempêtes mortelles sur des lacs. Impressionnant ? Ce pays géant et hors norme est déconcertant dans sa démesure…

Nous avons ensuite traversé les canyons : Utah, Arizona, le lac Powell, le Nevada, le Grand Canyon… Las Vegas. Cinq jours d'arrêt, tout le monde descend. Nous étions fatigués, nous avions fait des milliers de kilomètres à moto, nous avions besoin de repos : le « repos du guerrier », même si nous n'étions que des guerriers de l'aventure, des guerriers de la route, du plaisir de vivre et de découvrir. Nous avons séjourné au Mirage Hôtel de Las Vegas. Il y avait de superbes chambres avec jacuzzi en plein milieu de la pièce, face à un écran plasma. De plus, les prix étaient imbattables. En fait, ils louent leurs chambres à des prix ridicules pour attirer la clientèle afin que celle-ci dépense « l'argent des jeux » dans leurs satanées machines à sous... Ces terrifiantes machines à avaler nos sous. Il y en a partout : dans les couloirs, les salles de bains, les toilettes, les ascenseurs, les escaliers... partout. C'est complètement fou, complètement disproportionné, tout comme leur pays, tout comme leurs idées, tout comme leurs projets...

Mais, avec moi, ils étaient mal tombés. Je ne suis pas un joueur – en tout cas pas à ce genre de jeux de hasard – alors je profitais royalement de ces superbes chambres et restaurants presque offerts. Au menu : buffet à volonté à des prix ridicules, grâce aux joueurs, grâce à tous ces gens qui venaient de partout, qui s'agglutinaient pour jouer, et qui essayaient de gagner ***le jackpot*** ! (Ah... ce fameux jackpot !) Ne trouvez-vous pas bizarre, d'ailleurs, qu'il soit souvent représenté par des dessins de petits diables rouges ? C'est incroyable ! Ils veulent tous être riches facilement, sans effort, sans mérite, juste en tirant sur un manche, comme ce manche à balai sur lequel voyageaient les sorcières dans nos livres d'enfants.

Merci, continuez, mes amis. Grâce à votre naïveté, des gens comme moi mangent presque gratuitement. Jouez les gars, la machine à sous a faim. Nourrissez-la, elle doit nourrir ses maîtres qui, eux, sont avides d'argent. Comme des vampires qui ont soif de sang. Mais là, le sang, c'est votre sueur, votre temps de labeur, celui que vous avez investi dans votre vie de tous les jours, dans votre travail quotidien, celui que vous faites depuis des années, depuis des décennies, depuis des siècles, depuis des millénaires. Tiens, il n'y aurait pas là aussi comme une boucle de bouclée.

Ces gens-là, ces hydres mafieuses, cette vendetta à plusieurs têtes, ce sont toujours les mêmes. Ils changent seulement d'appellation selon les endroits : Al Capone, Pinochet, Fidel Castro, Hugo Chavez, Adolf Hitler, Bokassa, Mahmoud Ahmadinejad, George W. Bush, Pablo Escobar, Mussolini, Franco… la liste est longue des hommes politiques, ministres, présidents, rois sans lendemain, empereurs autoproclamés, etc. Ces vampires-là, c'est la crème de la crème. Il leur faut du pouvoir, il leur faut de l'argent. Il leur en faut plein. N'arrêtez pas de jouer, mes amis. Si vous ne le faites pas pour eux, faites-le au moins pour moi. Ils en ont besoin, ils ont besoin d'amasser, il leur faut leur dose quotidienne d'argent, de pouvoir, tout comme les drogués ont besoin de leur dose quotidienne d'héroïne. Eux, ils ont besoin d'accumuler des chiffres, des nombres, des milliers de zéros sur leurs comptes en banque. Ces comptes en banque qui ne leur servent plus qu'à compter et recompter. Ils ne peuvent plus le dépenser, il y en a trop. Alors, ils le comptent et le recomptent. Plus rien d'autre ne compte, que de compter et de recompter… Alors, ils comptent sur nous, sur notre sang, sur notre sueur pour les aider à mieux compter.

Ils n'ont pas encore assimilé ce simple proverbe : ***L'argent est un bon serviteur mais un mauvais maître !***

C'est comme le communisme… J'ai été un communiste, un gauchiste pur et dur, même. Mais il a bien fallu que je me rende à l'évidence : cette idéologie ne fonctionnait pas, c'était plutôt un système totalitaire qui nous était proposé. Le communisme a avoué sa faillite totale le jour où le mur de Berlin est tombé, le jour où la Russie et la Chine ont avoué la défaite de leur régime dictatorial et fermé, ce régime qui prenait appui sur des thèses communautaristes pour mieux dissimuler un fascisme de gauche.

Marie-George Buffet et Olivier Besancenot… Il faut que quelqu'un se dévoue pour leur dire que ce n'est pas celui qui gueule le plus fort qui a raison. Ces deux personnages ont le même fonds de commerce, « le milieu ouvrier », qu'ils essaient tant bien que mal d'exploiter indirectement. Ce faux facteur avec sa gueule de jeune premier et la peau et les traits bien trop lisses pour un vrai facteur (dont le véritable métier n'est pas de tout repos). Olivier Besancenot… un nom dont la sonorité se rapproche bien plus du milieu aristocrate que du milieu ouvrier. Ce jeune opportuniste aux dents longues utilise la misère ouvrière comme toile de fond, comme tremplin pour une supramédiatisation… Mais quel est son véritable objectif ? Pourquoi Marie-George Buffet et lui continuent-ils à nous seriner avec leurs discours sur ce régime qui a prouvé son inefficacité et révélé sa fausse naïveté ? OK, ils ont besoin de bouffer et aussi de vendre des cartes de leur parti, mais… un peu de décence point ne nuit…

Comme Jean-Marie Le Pen, d'ailleurs. Comme quoi, les deux extrêmes sont souvent extrêmement proches !

Jean-Marie Le Pen, que dire de Jean-Marie Le Pen ?... Il est affligeant... Mais, en féminisant son nom, on se rapproche de l'effet que cet homme charmant et élégant produit : « Jean-Marie La Pen »... Voilà, c'est exactement cela... Il me fait de « la peine », ce Le Pen, ce clown qui a pris comme masque d'apparat la tête d'un cochon-sanglier. Était-ce un choix vraiment judicieux ? (Sans offense à mes amis les cochons et les sangliers pour cette piteuse comparaison !)

Oui, je sais, je donne mon avis sur tout et avant de juger les autres je devrais me regarder. Mais je suis comme ça, je ne peux m'empêcher de disséquer, de vouloir regarder derrière le rideau. Pardonnez mon indécence. Je suis incorrigible ! On ne se refait pas, on ne change pas, paraît-il... *Mais c'est faux !*... Heureusement, moi, je n'ai pas écouté ces stupides proverbes : *Qui a bu boira ou Alcoolique un jour, alcoolique toujours*... Cela fera vingt ans, ce 24 décembre, que je n'ai pas touché à un verre d'alcool, une drogue, ou une petite pilule pour dormir. Alors, si ce miracle est possible, tout est possible : nous avons le droit de dire ce que nous pensons, le devoir d'utiliser notre beau privilège et notre responsabilité face à la « liberté d'expression » qui est loin d'être de rigueur dans toutes les parties du globe...

Vous avez le pouvoir de changer votre vie, nous avons le pouvoir de changer notre destin. Ne restez pas enfermés dans des cases trop étroites, nous sommes tous magnifiques, merveilleux, magiques... Utilisez vos sens, votre perception, votre intuition d'être humain et vous verrez alors des portes géantes s'ouvrir devant vous.

Nous avions passé, mon frère et moi, quelques jours autour de l'immense piscine de l'hôtel. Elle était bordée de plantes tropicales, de jets d'eau, de toboggans géants et de remarquables attractions, comme savent si bien les concevoir ces grands enfants d'Américains. C'est une des choses que j'adore chez eux : ils vont au bout de leurs rêves, surtout quand il s'agit de jeux, de montagnes russes ou de cerfs-volants géants.

Ensuite, nous sommes allés de Las Vegas à Los Angeles en une seule étape. Nous traversions la Death Valley, un désert de trois cents kilomètres sec et chaud, dans une atmosphère suffocante. Nous nous arrêtions à chaque station d'essence pour mouiller nos bandanas (tirés de notre panoplie de parfaits *bikers*) puis nous nous les attachions autour du cou pour nous rafraîchir un peu (les idées). Cette dernière étape a été exténuante, nous avions hâte de nous installer près des plages de Los Angeles pour retrouver une certaine stabilité et quelques points de repère.

J'y ai rencontré, en quelques semaines, surtout grâce à mes réunions A.A., la plupart des gens du show-business. Je me présentais comme un producteur, car j'avais acheté à Miami les droits d'un petit film d'auteur. C'était très divertissant de rencontrer des gens d'horizons différents. Je me suis beaucoup amusé et instruit, j'ai dîné avec de grands producteurs et ai été invité plusieurs fois dans leurs villas. Il faut dire que j'avais de plus en plus d'aisance dans mes rapports avec les gens, et la plupart des personnes que je rencontrais recherchaient ma compagnie... Moi, le petit rien du tout, l'ancien désespéré, celui qui avait évité pendant des années le regard des passants... je dînais avec des gens dont les seuls noms m'impressionnaient.

Après ces quelques mois de vacances, j'ai compris que la production de films et le monde un peu trop doré et superficiel du show-business n'étaient pas faits pour moi… Trop dangereux pour mon petit ego avide de reconnaissance (c'est mon stupide complexe d'infériorité qui le nourrit).

Je suis enfin rentré en France, à Paris. Paris… reine du monde, Paris de mon enfance, Paris, ma ville maternelle, ma petite maman d'adoption.

À vrai dire, j'aime et je déteste cette ville… Je suis arrivé à Paris à l'âge de quatre ans. Mon père avait trouvé à l'époque un tout petit appartement dans le quartier le plus populaire de Paris, Belleville. L'endroit même où a grandi Édith Piaf, le quartier des titis parisiens. Ces titis parisiens qui valsaient dans les guinguettes avec leurs bérets qui leur donnaient un air de mauvais garçons, ces bérets bizarres qu'ils enfonçaient à moitié de travers sur le front, cachant en partie leurs regards qu'ils voulaient ténébreux…

Nous habitions, avec mes parents, au 122, boulevard de Belleville, dans un ridicule deux-pièces dont la surface était trop réduite pour que je vous la donne en mètres carrés. Il y avait, bien sûr, tout le confort mais sans luxe ostentatoire : w.-c. dans l'escalier (enfants, nous y allions par groupe de deux, car nous en avions peur), une magnifique douche – vous aviez le choix entre l'eau brûlante ou l'eau glacée (très difficile de maintenir un entre-deux). En plus, cette douche ne se trouvait pas très loin de chez nous : il n'y avait que mille huit cents mètres environ à parcourir dans des tenues ridicules… c'était les douches municipales. La classe, mais la vraie : serviettes mouillées qui traînaient par terre et savon gris-noir à volonté.

Nous vivions à dix personnes dans ce splendide loft pour Schtroumpfs. Mes trois grandes sœurs dormaient dans le salon sur un divan convertible qui leur servait de couche pour la nuit. Mes deux frères, mes deux autres sœurs ainsi que mon papa, ma maman et moi-même étions dans l'autre et unique chambre. Non, ce n'était pas une ménagerie, juste une famille d'immigrés pauvres, juste une famille d'importés d'Afrique du Nord, juste une famille juive pied-noir parmi tant d'autres. Les gens qui affirment, sûr d'eux, que les Juifs ont tous de l'argent sont aussi stupides que ceux qui disent que tous les Arabes sont des voleurs et que tous les Américains sont superficiels…

Nous vivions largement en dessous du seuil de pauvreté, pour utiliser un terme actuel. Je n'ai porté que des vêtements offerts par la mairie, je n'ai jamais eu de cadeaux à Noël. Une fois, j'ai rêvé d'avoir un petit vélo, comme certains de mes potes de quartier. J'en ai rêvé pendant plusieurs années. Pas pendant plusieurs mois, non… pendant plusieurs années.

Vous comprenez maintenant un peu mieux, chers amis lecteurs, pourquoi, dans ces conditions, il ne m'était pas facile de faire de brillantes études. J'avais d'ailleurs arrêté les miennes – décision prise en un jour – à l'âge mûr et avancé… de quinze ans et demi.

Nous sommes restés dans cet immense palais jusqu'à mes quatorze ans révolus, de quatre à quatorze ans : pratiquement toute mon enfance.

Mais comme disent certains, avec une pointe de nostalgie : « c'était le vrai Paris, la belle époque, le bon temps » ! La belle époque, tu parles. C'était sale, les gens étaient méchants, les instituteurs frappaient les enfants en classe, les maris tabassaient leurs femmes, personne n'avait vraiment le droit de porter plainte. Mieux, à cette époque, la police riait aux éclats si une femme portait plainte contre son mari. « Nous n'intervenons pas dans les histoires de famille, chère madame. Allez donc vous reprendre encore quelques coups dans la gueule par votre doux et tendre époux et laissez-nous travailler, s'il vous plaît. Tiens Raymond, repasse-moi donc la bouteille de gros rouge sous ton siège. Oui… Merci et au revoir madame. » Ah, la belle époque !… Vous avez la nostalgie, vous ? Eh bien, moi pas… pas du tout même. Je suis heureux d'être à aujourd'hui. Hier, ce n'était pas spécialement très joli, c'était dans un drôle d'état, presque… un État de droit, un État policier, bien souvent dur et injuste. C'est un peu comme ces clowns qui voudraient vivre à l'époque du Roi-Soleil… La plupart s'imaginent y vivre en princes, châtelains ou comtes, parés de beaux costumes et dansant « comme des escalopes » dans ces grands bals, avec à leur bras de belles jouvencelles (chaudes comme de la braise). Un peu comme dans les films d'époque qu'ils voient confortablement assis dans des fauteuils matelassés au cinéma…

Mais dans le passé, les gens crevaient dans les rues par centaines, les ouvriers étaient des esclaves : quatre-vingts heures de travail par semaine, vous appelez ça comment, vous ? Les enfants commençaient à travailler à l'âge de onze ans, deux millièmes de la population faisaient partie des privilégiés, les autres croupissaient dans de minables habitations, sans l'eau, le chauffage ni les soins médicaux l'électricité qui facilitent notre moderne quotidien, et mouraient souvent de froid dans leurs chaumières. Alors, toujours la nostalgie du bon vieux temps ? Je peux vous en remettre encore une tartine, si vous voulez.

C'est amusant, tout le monde pense que sa génération était la meilleure : « De mon temps, il n'y avait pas ça, de mon temps on respectait les gens, monsieur, de mon temps… bla-bla… » Relisez vos livres d'Histoire et placez-vous dans le contexte avec vos moyens financiers actuels, pas avec l'argent de la Pompadour.

Tout le monde pense que c'était mieux avant. Ceux d'avant avant pensaient aussi que c'était mieux avant. Qui a raison ? Ceux qui étaient avant, ou ceux qui étaient avant ceux d'avant ?… Foutaises.

Ils me fatiguent ceux qui veulent toujours avoir raison et qui pensent éternellement qu'hier était mieux qu'aujourd'hui. Bande d'inconscients. Aujourd'hui, c'est le plus beau jour de votre vie, c'est le seul qui existe réellement.

Oui, je pense que le meilleur moment, c'est celui que je vis maintenant, car tous les autres m'échappent. Je n'ai aucun pouvoir sur les autres moments, ils m'empêchent même de vivre convenablement le moment présent… celui-là même que je vis maintenant avec vous ! Quel plaisir d'être dans ce moment présent, ne trouvez-vous pas ? Respirez… Respirez calmement, mes amis ! Prenez le temps de regarder autour de vous… Alors, elle est pas belle, la vie ? Quel plaisir d'être en ce moment en train d'écrire pour vous, en train d'écrire pour moi. Rien d'autre ne compte que de compter sur le temps qui passe pour que ne comptent que les gens qui content, je parle des conteurs, bien sûr ; je les préfère aux compteurs, je parle cette fois des compteurs de zéros, ceux qui ne comptent que sur l'argent.

De retour des USA, je me suis installé dans un appartement rue de Bourgogne avec mon pote Hugo, en plein cœur d'un joli quartier de Paris, dans le septième arrondissement, juste derrière la place des Invalides et le magnifique pont Alexandre-III.

Petit à petit, j'ai repris mes habitudes. J'allais à pied de chez moi jusqu'au Quartier Latin, Saint-Germain-des-Prés, le plus beau, le plus pittoresque et le plus littéraire quartier de Paris. J'avais pris position dans un café qui était petit à petit devenu mon fief : le Café de Flore, plein de merveilleux souvenirs de ce qui faisait le Paris culturel. J'adorais mes retours sur Paris. Je trouvais la capitale toujours plus belle, toujours plus romantique, toujours plus poétique, toujours plus multiculturelle.

Mais voilà qu'au moment où je m'y attendais le moins, le diable est venu me tirer par la queue… celle qui sert normalement à faire des petits chérubins et qui, souvent, trop souvent, nous mène par le bout du nez. J'avais sûrement encore besoin d'une bonne leçon de vie.

Un soir donc, dans un restaurant branché, j'ai rencontré une très jolie blonde américaine qui m'a tout de suite accroché. Elle n'arrêtait pas de me dévisager. C'est drôle, je plaisais de plus en plus aux femmes, je devais dégager quelque chose qui les charmait, quelque chose qui les touchait. (Ah, orgueil !…) Elle m'a invité à sa table. C'était vraiment la plus jolie fille de la soirée, et, ce qui ne gâchait rien elle avait beaucoup d'humour et de répondant. La soirée s'est déroulée de manière assez drôle, un peu comme une partie de ping-pong entre elle et moi. Il y avait avec moi un copain, assez particulier, un sacré personnage dont le caractère se rapprochait des rôles qu'interprétait Victor Lanoux. Il s'appelait Jean-Louis H. C'était une « grande gueule » qui dissimulait ses maladresses en parlant très fort… malgré tout, il me faisait souvent rire aux éclats. L'Américaine était avec une amie, blonde elle aussi, mais d'un blond fade, et qui était très maigre, avec un visage ingrat et légèrement coincé.

Nous avons passé la soirée ensemble. Vers trois heures du matin, ils décidèrent d'aller en boîte de nuit. Moi, je ne supportais ni la fumée de cigarette ni le bruit assourdissant des haut-parleurs qui vous explosent les oreilles. Tous ces bruits me rendent malade. (Je parle surtout du bruit assourdissant qu'émettent les petits orgueils, les orgueils de ces danseurs dandys ou de ces danseuses allumeuses, lolitas d'un soir !)

Les discothèques n'étaient plus depuis longtemps mes endroits de prédilection. Je trouvais cela triste, ces êtres humains qui essayaient de s'impressionner à coup de bouteilles de champagne, à coup de bassins ondulants, à coup de poitrines siliconées, à coup de qui-sera-le-plus-sexy, à coup de qui-sera-la-plus-aguicheuse, à coup de qui-sera-le-plus-ridicule… Ridicule, tout le monde gagnait à ce jeu-là. Tous ces pantins gagnaient haut la main. C'était les champions du monde du grotesque, du pathétique et de l'insupportable… « Les paumés du petit matin, ils se racontent à minuit les poèmes qu'ils n'ont pas lus, les romans qu'ils n'ont pas écrits, les amours qu'ils n'ont pas vécues, les vérités qui ne servent à rien […] Et ça pleure les yeux dans les seins*. »

Cette blonde américaine jolie et sexy, Natalie M. (désolé, j'avais oublié de vous la présenter, mes amis… mais est-il vraiment élégant de présenter ce genre d'être humain… à des amis ?), m'a proposé d'aller prendre un verre chez elle… elle et moi seulement, en tête-à-tête, vous voyez ce que je veux dire ? « Il n'y a pas plus con qu'un mec qui a les couilles pleines », *dixit* San Antonio.

Chère Barbara, j'aurais dû me rappeler tes conseils et tes mises en garde : « Gabriel, un homme qui pense avec sa queue est une proie facile pour la lionne ! » Mais, ce soir-là, mon taux de testostérone était trop élevé pour la saison. Je me suis donc bêtement laissé embarquer dans cette stupide histoire glauque. Nous sommes arrivés chez elle dans un magnifique appartement de l'avenue Mozart, dans le seizième. On a bavardé un peu, puis on s'est embrassés, puis on s'est allongés, puis on s'est mis « plus confortables ». N'allez pas croire, messieurs dames, chers amis lecteurs, qu'il y avait, à ce moment-là, d'autres intentions… Je suis un gentleman, tout de même. Mais que fait un gentleman à quatre heures du matin dans le lit d'une lady ? D'ailleurs, elle… était-elle vraiment une lady ? Suis-je bête ! La réponse est contenue dans la situation, pas dans la question cette fois ! Ma drôle de lady m'avait quand même reçu dans son lit après seulement quelques heures de notre première rencontre… Vous avez dit *bizarre*, chers cousins, comme c'est bizarre ! On s'embrasse à pleine bouche (c'est vrai que ses lèvres avaient un goût de pêche ou de mangue, je ne sais plus trop bien, mais elles étaient agréablement fruitées !), puis elle se lève, va dans la salle de bains et ramène avec elle une petite boîte marron qui contenait tout un attirail spécifique : une pipe à eau, des feuilles à rouler, une pince… toute la panoplie du parfait fumeur d'opium. Je la regarde, surpris, étonné, catastrophé même : elle ne va tout de même pas se droguer là, devant moi ?

MOI : « Mais, tu veux fumer de la drogue ? Ça va pas, non ? Je suis désolé, je ne touche plus à ça. Il faut que tu arrêtes tout de suite, je ne supporte même plus l'odeur. »

ELLE : « Mais c'est rien, arrête. Tu ne vas pas mourir pour un petit joint ! »

MOI : « Mais si, justement, je ne supporte plus du tout ça. Si tu n'arrêtes pas tout de suite tes conneries, je mets mon jeans et je m'en vais. » (Oui, messieurs dames, j'avais enlevé mon jeans entre-temps, mais je n'osais pas vous le dire !)

ELLE : « Si tu n'es pas content, tu n'as qu'à partir. Pas de problème, la porte est grande ouverte ! »

MOI : « OK, pas de problème. Je me casse d'ici avec plaisir et tout de suite, en plus ! »

J'enfile alors mon jeans. Je ne plaisantais pas, je ne bluffais pas : je ne voulais plus jamais me retrouver en face de quelqu'un qui se droguait avec quoi que ce soit. Je tenais trop à mon bien-être, à la sobriété que j'avais méritée... à la force du poignet. Elle pensait sûrement que je bluffais. Lorsqu'elle a compris que ce n'était pas le cas, elle s'est levée et m'a supplié de rester dormir avec elle. Elle était prête à poser tout de suite son attirail de droguée, sa petite panoplie de dépendante des drogues douces (« drogues douces » : c'est pour moi une expression contradictoire) à condition que je reste dormir chez elle. J'étais complètement refroidi. J'ai insisté pour rentrer chez moi, je n'avais plus aucune envie de rester là. Je lui ai dit que l'ambiance était cassée et qu'il serait préférable que je rentre tranquillement et que l'on se revoie une autre fois.

Elle s'est presque mise à genoux et m'a supplié de rester, elle ne voulait pas se retrouver toute seule, elle avait peur, elle était angoissée, bla-bla-bla… Je trouvais cela un peu exagéré, je lui ai demandé de se calmer, cela devenait grotesque. Finalement, je suis resté, un peu parce que j'avais la flemme de rentrer chez moi à cinq heures du matin, mais aussi parce que j'avais envie de lui faire l'amour. Un homme a toujours envie de faire l'amour à une nouvelle conquête pour la première fois, surtout si elle est jolie et sexy. On a toujours l'impression qu'il va y avoir quelque chose de différent cette fois-ci, on est attiré par le mystère, par l'inconnu, par une odeur différente, par des sensations nouvelles. On cherche inconsciemment la fusion sexuelle afin de ne plus faire qu'un seul corps, de ne plus faire qu'un seul être. Chaque fois, on se dit que ce sera avec la prochaine. Mais avec la prochaine, c'est pareil. Alors, ce sera sûrement la suivante… On attend en fait l'impossible, la princesse charmante. Mais nous, sommes-nous des princes charmants pour attendre tant de l'autre ?

Quand je me suis recouché auprès d'elle, elle m'a dit en anglais : « *You gonna be sorry, you gonna be very sorry!* » Elle avait raison, j'ai regretté très longtemps de ne pas être parti à ce moment-là.

J'ai eu trois mois de galère avec cette femme. Au début, les premières semaines, ça a été génial. On est allé partout, en Normandie, sur la Côte d'Azur, à Londres… un mois idyllique. J'avais l'impression d'être vraiment tombé amoureux. Elle m'avait demandé de l'épouser de manière symbolique à Las Vegas, ceci pour plusieurs raisons : elle avait deux enfants, un de cinq ans et un de huit ans, avec un Syrien multimilliardaire qui voulait à tout prix en récupérer la garde. Il était prêt à tout pour cela. Il ne voulait plus verser l'énorme pension alimentaire que le tribunal de Paris lui avait infligée. Il avait monté un dossier calomnieux contre elle disant qu'elle était une pute, bla-bla… le baratin habituel des hommes qui se séparent. Mais là, malheureusement pour moi, ce baratin était très proche de la réalité. Son avocate nous avait dit (en plaisantant à moitié) : « Si vous voulez donner un coup de pouce au dossier, mariez-vous ! » Alors, en rentrant à son appartement, l'Américaine m'a dit : « Si tu veux m'aider, on peut se marier à Las Vegas rapidement. Je paie tous les frais, on n'enregistrera pas le mariage à notre retour ce qui te permettra d'être tranquille. Par contre, moi ça m'arrangera pour mes enfants que j'adore. » (Je crois qu'elle aime ses enfants autant que les machines à sous aiment l'argent !)

Nous sommes allés à Las Vegas sur un coup de tête, on s'est mariés dans une petite chapelle très kitsch. À la fin du séjour, au moment du paiement des dépenses, comme par hasard, sa carte de crédit s'est bloquée. J'ai dû payer moi-même tous les frais qu'elle ne m'a, d'ailleurs, jamais remboursés.

Il avait été convenu entre nous que je me marie avec elle pour l'aider à récupérer ses enfants. Mais en fait, pour elle, c'était surtout dans le but de conserver sa généreuse pension alimentaire qui s'élevait quand même à huit mille euros par mois. Une somme importante, vous en conviendrez, que lui avait attribuée généreusement le tribunal de Paris en première instance.

Après cette période idyllique, je n'ai eu que des problèmes avec cette femme. Elle était en fait un stéréotype des femmes que l'on pouvait admirer dans les feuilletons américains du style *Dallas, Dynastie*… Elle avait, en réalité, deux autres enfants (un de quatorze ans et un autre de vingt ans), elle n'avait pas trente et un ans mais trente-neuf ans, elle m'avait fait passer son fils de vingt ans pour son frère, son ancien amant pour le garde du corps du Syrien, les deux enfants n'étaient en fait même pas ceux du Syrien mais ceux de l'amant faussement ancien garde du corps, et elle n'était pas bonne sœur mais une ancienne pute de luxe qui avait généreusement accepté, contre une grosse somme d'argent, d'enfanter et ainsi d'offrir une pseudo-progéniture à ce fameux Syrien.

C'était complètement embrouillé, de quoi en perdre son latin, surtout pour quelqu'un comme moi qui n'en avait jamais fait.

Plus les jours passaient, plus j'apprenais de nouvelles histoires rocambolesques sur cette charmante et honnête personne, et moins je pouvais dormir. Sa vie était pleine de surprises et de rebondissements, malheureusement au sens le plus péjoratif du terme. Il y a des gens qui gagnent à être connus, et d'autres… non.

Un matin, à six heures, la sonnerie de la porte d'entrée a retenti avec insistance. Accompagné de Natalie, je vais ouvrir la porte, et voilà que tout à coup se jettent sur nous des policiers en civil, arme au poing. Ils nous mettent directement les menottes et nous embarquent comme des malfrats dans une fourgonnette de police garée juste en bas de l'immeuble, sous les rires sarcastiques de la concierge, qui bizarrement n'aimait pas Natalie.

Nous avons passé la journée au poste. L'inspecteur m'a dit, après m'avoir entendu : « Monsieur, vous ne correspondez pas à la description que certaines personnes m'ont faite de vous. Je vous relâche tout de suite, vous êtes libre. Mais si je peux vous donner un conseil d'ami, si vous me le permettez, bien sûr, éloignez-vous rapidement de ce milieu qui ne semble pas être le vôtre. Attention, à force de s'approcher trop près de la lumière, on risque de se brûler les ailes ! »

Je suis sorti du commissariat. Ils ont gardé Natalie vingt-quatre heures de plus. Elle m'a rappelé en sortant et m'a dit : « Ne t'inquiète pas... Tout va bien, j'ai tout arrangé, je les ai embrouillés, ils n'y ont vu que du feu ! » (Même les deux pieds dans la merde, certains sifflotent encore.)

Je suis allé la voir chez elle, je lui ai demandé de s'asseoir et de m'écouter attentivement et puis, tout doucement, en la regardant droit dans les yeux, je lui ai dit : « Je ne veux plus jamais être mêlé à cette histoire, tu m'entends bien ? Ma mère et mes sœurs n'en dorment plus de la nuit, ni moi non plus d'ailleurs. Je ne veux plus avoir de contact avec aucune personne de ton entourage, toi y compris, bien sûr. Je suis désolé, mais je ne veux pas finir en prison, je ne sais pas qui a raison ou qui a tort, et, en plus, ça ne me regarde pas, à qui sont ces enfants, qui est leur père, qui en aura la garde, qui va toucher la pension, qui va aller en prison. Je ne veux plus rien entendre de tout ça. Si je peux te donner un conseil, sauve-toi vite et retourne aux USA, sinon tu vas te retrouver en prison, et plus vite que tu ne le penses. Tu es dans un drôle de merdier, dont tu es sûrement d'une certaine manière un des protagonistes. Je ne sais pas qui à tort ou raison, je ne suis d'ailleurs ni juge, ni flic, mais tout est en train de se refermer sur toi, et franchement je ne souhaite pas être mêlé à ce bordel sans nom (même s'il avait un nom, d'ailleurs), car je ne cautionne en rien tes agissements antérieurs que tu m'avais habilement cachés jusqu'à ce jour ! »

Cette Américaine de pacotille s'est mise à pleurer, ce qui ne pouvait en rien altérer ma décision ferme et définitive. D'autant qu'elle était tellement comédienne que je ne savais plus quand elle était sincère. Même quand elle pleurait, j'avais des doutes sur la véracité de ses larmes et sur le bon fonctionnement de ses glandes lacrymales qui éjectaient trop brusquement et trop fréquemment leur liquide naturel (il y avait enfin quelque chose de naturel chez elle). Cette fausse naïveté ne pouvait plus émouvoir qui que ce soit de son entourage. Son fils de six ans ne cessait de lui répéter inlassablement « *Mom, don't lie, don't lie this time...* », ce qui avait pour effet de la faire rire aux éclats ou de la mettre dans une colère noire.

Je suis sorti de son appartement. Je ne voulais plus entendre parler d'elle, ni de toute cette équipe de malades imbriqués dans ce vaudeville machiavélique. J'ai fait quelques pas dans la rue, je me suis senti tout à coup complètement libéré : j'avais l'impression d'être aussi léger qu'une plume. J'ai tout de suite senti, au fond de moi, que j'avais pris la bonne décision.

Après cette désagréable histoire, je suis parti m'installer au Luxembourg. J'avais signé quelques mois auparavant un contrat avec une fédération gouvernementale luxembourgeoise. Cela me permettait de mettre une certaine distance géographique entre cette lugubre et malsaine aventure et moi. Ce contrat luxembourgeois concernait un anniversaire, un cinquantenaire très exactement, dont je devais m'occuper. Mon installation et mes premières démarches commerciales fructueuses m'ont permis de rebondir rapidement aussi bien financièrement que psychologiquement.

Quelques mois plus tard, l'Américaine m'a rappelé pour me dire qu'elle retournait vivre en Floride près de son frère, un garçon charmant qui, à l'époque, avait refusé de me rencontrer… parce que j'étais d'origine juive. (Je trouve que c'était une raison suffisante, une raison très réfléchie même, relevant sûrement d'un cerveau tolérant, raffiné et intelligent – telle sœur, tel frère !) Cette pauvre Américaine m'avait demandé aussi de garder le doberman que l'on avait acheté pour elle, quatre mois auparavant, afin qu'il puisse la protéger, au cas où. Je devais le garder quelques mois pour lui apprendre un peu de discipline – mais il était tellement mignon que c'était lui qui me l'apprenait. J'avais laissé entre-temps mon pote Hugo chez une amie adorable, Marianne, qui passait justement un moment difficile à la suite d'une déception amoureuse. Elle avait perdu dans cette douloureuse période plus de dix kilos, et elle ne sortait presque plus de chez elle… Elle adorait Hugo. Elle m'avait dit : « Heureusement que je l'ai, c'est un amour, grâce à lui, je sors, je marche plusieurs fois par jour, cela me fait un bien fou d'avoir ce petit amour à mes côtés ! »

Après quelques mois, Marianne ne voulait plus se séparer d'Hugo. Elle me disait chaque fois : « Tu ne vas pas me reprendre Hugo, pas tout de suite, j'en ai tellement besoin, attends un peu que j'aille mieux, je t'en prie. » Si bien qu'à la fin, petit à petit, c'est devenu son propre chien. Je dois même dire qu'elle a rencontré son futur mari, le père de son enfant actuel, grâce à mon Hugo. Ils aimaient tellement Hugo qu'ils ont acheté un véhicule break pour pouvoir aller se promener dans les bois avec lui.

Je sais que mon Hugo est très heureux avec eux, c'est pour cela que j'ai accepté de le leur laisser : quand on aime un être, on doit penser à son bonheur avant tout.

J'ai gardé Octave, le doberman, avec moi au Luxembourg. C'était un magnifique chien noir, une gravure, une sculpture, un superbe animal. Il était, de surcroît, encore bien plus gentil qu'il n'était beau, ce qui ne gâchait rien. Je me rappelle que je disais à tout le monde : « Je suis tombé sur le seul doberman avec l'âme et la sensibilité d'un labrador. » Tout le monde l'adorait. Après quelques minutes passées à ses côtés, on ne pouvait d'ailleurs que l'aimer.

La gardienne d'une grande propriété que j'avais louée à Compiègne (qui avait été terrorisée la première fois qu'elle l'avait vu) m'avait dit, quelques semaines après mon installation : « Monsieur Alexander, Octave est vraiment le chien le plus gentil que je connaisse. Il a un cœur en or, une gentillesse sans pareille, "il est bon comme du bon pain". En plus, c'est un vrai gentleman : il attend toujours que je passe pour avancer, il a des yeux tellement expressifs. Il ne lui manque plus que la parole ! » (Mais peut-être est-ce mieux, ils évitent ainsi de dire des conneries, surtout lorsqu'on voit la manière maladroite dont la plupart des humains utilisent ce beau privilège !) J'avais eu la chance d'être tombé sur le plus beau des chiens, doué, qui plus est, de la vraie beauté intérieure. J'étais vraiment amoureux de mon Octave. Il y avait un courant qui passait entre nous. On était faits pour se rencontrer, tout le monde me le disait : « J'ai jamais vu un chien qui aime autant son maître. Quand tu pars aux toilettes, ne serait-ce que pour deux minutes, il est complètement en transe. Plus rien ne compte pour lui que ton retour ! »

Après deux ans passés au Luxembourg où la société que j'avais constituée pour ce fameux cinquantenaire avait bien fonctionné (pas aussi bien prospéré que celle de Suisse, mais largement assez pour me permettre de continuer à mener une vie confortable), je suis parti m'installer sur la Côte d'Azur, à Nice. Eh oui, à nouveau. Mais là, c'était huit ans plus tard, en septembre 1999 très exactement, et avec des capitaux plus importants. La raison principale de mon installation à Nice, c'était Octave. Il ne supportait pas le froid : les dobermans ont la peau très fine et un pelage très ras, quand on s'installait dans un café il tremblait de froid sur le carrelage… Alors, amitié oblige, je prenais mon pardessus en cuir fourré de laine et le posais à même le sol afin que mon bel Octave puisse y allonger son majestueux corps d'athlète.

J'ai pris un appartement sur la Promenade des Anglais, face à la mer. Il était beaucoup moins prestigieux que le premier mais de bon standing. Je m'y suis installé avec Octave, mon petit amour. Nous avons fait tous les deux de superbes balades sur les plages. Il adorait courir, et les gens s'arrêtaient, interloqués, pour l'admirer galoper. Il était majestueux, c'était un vrai sphinx. On avait l'impression que son corps était sculpté au burin dans le marbre : une vraie merveille, une magnifique et majestueuse statue vivante.

J'adorais faire du roller avec lui. J'avais la chance d'avoir une superbe piste « offerte » devant chez moi. Je n'avais qu'à traverser la rue pour profiter de l'immense trottoir de la Promenade des Anglais, sept kilomètres de long et aussi large qu'une piste d'atterrissage... C'était le paradis pour les passionnés de roller.

Mon petit Octave adorait courir avec moi, je lui ai donc appris très rapidement comment galoper droit devant moi afin que je ne le percute pas, ce qui aurait pu être très douloureux, à la vitesse que me faisait atteindre ce beau sportif de haut niveau qu'il était devenu. J'avais attaché un harnais autour de son poitrail et, à mon coup de sifflet, nous démarrions tous les deux dans une course folle sur ce long et large trottoir qui longeait la magnifique plage de Nice. Les gens du pays l'appellent très justement « la baie des Anges ».

Octave était tellement rapide et puissant qu'à une certaine vitesse, je ne pouvais plus le suivre en patinant. Alors, très vite, je devais prendre une position aérodynamique et me laissais complètement traîner par lui. Je me baissais légèrement pour avoir un meilleur centre de gravité et nous atteignions ensemble des vitesses tellement élevées qu'elles me faisaient couler des larmes. Il adorait courir, il adorait me montrer sa force et sa rapidité. Le matin, dès que je prenais les rollers, avant même de quitter la maison, il sautait de joie, trépignait sur place. Il était tellement surexcité, tellement fou, que j'attendais la dernière minute avant de prendre mes rollers en main.

Il aimait aussi faire la course avec les gens à vélo. Certains matins, tôt, avant que la foule n'envahisse la Promenade, nous faisions (il faisait, car moi, je suivais) des sprints avec des cyclistes. Cela amusait beaucoup ces sportifs de faire des pointes de vitesse avec un aussi beau chien. Il était drôle et tellement mignon. Alors, dès qu'il y avait un challenge avec un cycliste, il s'emballait et atteignait de très grandes vitesses. Il se donnait au maximum pour gagner ces courses improvisées. C'était vraiment impressionnant de voir un doberman géant qui courait de tout son souffle, de toute sa grâce. Les enfants que nous croisions sur notre route disaient : « Maman, regarde ce beau chien. Maman, regarde comme il est beau ! » Oui, il était beau, mon petit Octave, son poil était noir avec des reflets bleutés.

Une fois, en pleine course, un cycliste qui avait regardé son compteur de vitesse m'avait crié, étonné : « Incroyable, j'étais à quarante-cinq kilomètres à l'heure et votre chien m'a dépassé. En plus… en vous tirant derrière lui ! » Je fais quand même un mètre quatre-vingts pour quatre-vingts kilos, je ne suis donc pas spécialement un poids plume. Mais il était tellement puissant qu'il m'embarquait comme une boîte d'allumettes dans ses courses, et cela, sans presque aucun effort apparent. Mon petit amour d'Octave, tu me manques tellement, aujourd'hui. Je t'aime très fort et je pense à toi presque tous les jours avec une petite larme à l'œil… que j'essuie rapidement pour éviter de sangloter comme un enfant chaque fois que je repense à nous.

Je vous avoue que je pleure à chaudes larmes en ce moment même, désolé de vous le faire partager, mais nous avons passé tous les deux des moments mémorables sur la Côte d'Azur. Je ne le quittais pas une seconde. Je l'emmenais partout. Tous les grands restaurants connaissaient mon pote Octave, mon petit amour d'Octave.

Au bout d'un an, mon capital financier avait commencé à fondre. Or, un matin d'hiver, s'est produit un événement qui allait changer à jamais mon existence, une chose incroyable allait m'arriver, en partie grâce à ma sympathie, mon amour, plutôt mon empathie envers les animaux.

Comme tous les matins, après avoir descendu Octave sur la plage pour qu'il fasse ses besoins (que je récupérais dans un petit sachet en plastique bien sûr, n'allez pas croire que je le laissais souiller le sable), je suis remonté chez moi, j'ai allumé la télévision et j'ai regardé l'émission *Télématin* avec le fameux et intemporel présentateur William Leymergie.

J'aime bien cet homme car, sous des aspects parfois un peu « bourgeois coincé », il cache un certain humour, une certaine dérision et surtout un grand cœur. C'est un des rares animateurs, avec Christophe Dechavanne et Laurent Baffie, qui réussissent à déclencher chez moi de véritables crises de rire spontanées.

Les infos de sept heures trente nous présentaient les scénarios catastrophiques de l'accident du pétrolier *Erika* : des centaines d'oiseaux innocents qui venaient s'enliser dans cette mélasse noire. Le journaliste nous expliquait qu'une fois leurs ailes prises dans cette épaisse marée noire, le pétrole attaquait la pellicule de protection naturelle qui assurait leur parfaite étanchéité. Ce film protecteur se décomposait complètement et les pauvres animaux se retrouvaient coincés dans ce bourbier sans pouvoir s'envoler. Le corps frigorifié, ils périssaient ainsi d'une mort lente et atroce qui pouvait durer plusieurs heures, voire plusieurs jours. (C'est gentil, messieurs les armateurs, charmants passeurs de produits inflammables et mortels, bonnes vacances aux Bahamas, mes amis, profitez-en bien !)

Petite rectification, l'exception qui confirme la règle : j'ai rencontré une famille d'armateurs français, la famille Bozzoni, des gens charmants, sérieux, travailleurs et conscients de l'intérêt d'une meilleure protection de l'environnement.

Je me suis mis à pleurer comme à mon habitude face à l'innocence et l'impuissance de ces pauvres animaux. Je pensais à ces petites mamans, ces beaux oiseaux adultes qui voyaient leurs petits, qu'elles avaient mis au monde et avaient eu tant de mal à nourrir et à élever becquée après becquée, mourir maintenant devant elles sans pouvoir leur venir en aide.

Merci, bande d'enfoirés. (Je devrais dire, *Merci, bande d'enculés !* Mais je n'ose pas trop, on ne sait jamais, ils seraient capables d'interdire mon livre. Vous savez, en général, les gens n'aiment pas qu'on les appelle par leur vrai nom !)

Merci pour eux, merci d'être toujours ce que vous êtes : de bons calculateurs, compteurs de barriques de fioul, conteurs de fausses bonnes nouvelles, compteurs de machines à explosion, compteurs de véhicules utilitaires, compteurs d'actionnaires, lèche-cul du monde arabe, suceurs de pipeline, avaleurs de bittes d'amarrage, esclavagistes pour pétroliers en souffrance, compteurs de morts, conteurs de morts... Compagnies pétrolières, compagnies pétrolifères qui riment d'ailleurs avec enfer.

J'étais donc devant mon écran de télévision quand, soudain, j'ai vu ce navire-citerne, non… ce navire-poubelle, l'*Erika*, englouti par cent mètres de fond avec sa cargaison poisseuse, qui était aussi dure que du bitume, aussi nocive que du poison, aussi crasseuse que la vermine, aussi polluante que nos cités et aussi gluante que de la merde ! Non… ! La merde, c'est une denrée naturelle qui sert d'engrais et qui, de plus, est biodégradable. Mille excuses aux excréments, je vous ai traités de barriques de fioul, de compagnie pétrolière, la pire des insultes. Je sais bien que j'ai une voiture. Je conduis, donc je pollue. Je vous ai vus arriver avec vos gros sabots de plomb. La véritable question est : qui bloque ? Qui essaie de ralentir les nouveaux projets ? Qui cela arrange-t-il que de nouveaux combustibles ne voient pas le jour ? Qui préconise et propose de nouvelles énergies ? Qui les ralentit ? Comme disait Lénine : « Il faut savoir à qui profite le crime. » Ce n'est sûrement pas à moi, pas à vous non plus… enfin je crois, j'ose espérer, chers amis lecteurs. Sinon, reposez tout de suite ce livre, qui ne saurait supporter une telle infamie. (Un peu d'humour ça détend les neurones, moi qui en ai très peu, je me détends donc bien plus rapidement !)

Alors qui ? Sûrement ceux qui ont du stock, vous ne croyez pas ? Des milliers de milliards de tonnes de fioul, des quantités astronomiques. Il faut d'abord vider les stocks, c'est important. C'est valable pour tout, même s'il y a des vies en jeu. Le stock avant tout, le stock est roi aujourd'hui. Comme disait mon ami, et second parrain d'adoption, Coluche : « Il est roi, OK, mais je ne suis pas obligé de faire la reine tout de même ! »

Je ne changerai jamais. Quelle insolence, quelle arrogance, quelle prétention. Ne m'en veuillez pas trop, s'il vous plaît ! Je ne suis qu'un ancien malade alcoolique, un pauvre bougre sans intérêt, passez votre chemin, braves gens, il n'y a rien à voir ! Juste un alcoolo en fin de carrière qui se prend pour un penseur, qui se prend pour un allumeur de réverbères ! On aura tout vu. Mille excuses pour mon audace.

Alors pour en revenir à nos boutons, en voyant la cargaison emprisonnée dans les soutes de ce satané pétrolier naufragé, et cela par cent mètres de fond, je me suis écrié tout à coup *Eurêka*… ! (Non, pas *Erika* !)

Pourquoi ne pas inventer un système pré-embarqué qu'on installerait dans les cuves des navires-citernes et qui serait ainsi à disposition en cas de naufrage afin de récupérer tout leur sale or noir rapidement en cas d'urgence ?

Je me suis mis à chercher comme un fou un système simple qui devait pouvoir fonctionner quelle que soit la position que le navire échoué pouvait adopter au fond des mers. Il devait aussi pouvoir fonctionner selon différents degrés d'inclinaison, étant donné que le fond des océans n'est pas, comme nous le savons tous, aussi plat que celui d'une piscine. J'ai cherché, cherché comme un fou… Je sentais que je pouvais trouver la solution… Je ne sais pas pourquoi, mais j'avais comme une petite voix qui me disait : « Vas-y mon pote, tu vas trouver, ne lâche pas le morceau ! » (Vous voyez, il n'y a pas que Jeanne d'Arc !)

Pourtant, beaucoup de gens ont essayé de me décourager. L'un des plus virulents avait été mon frère Michel. Un soir, dans mes débuts, il m'avait complètement démoralisé : « Tu es fou, tu perds ton temps. Mais tu te rends compte du nombre d'ingénieurs qui essaient de trouver une solution à ce problème ? Tu ferais mieux de reprendre tes activités commerciales dans la pub. » Il m'avait tellement buriné le cerveau que j'en avais fait des cauchemars toute la nuit. Au matin, j'étais complètement démoralisé, prêt à tout laisser tomber. J'ai alors appelé un ami A.A. au téléphone, mon bon Jean-Pierre D. (que je remercie au passage) qui m'a remis amicalement la tête en place : « Ne t'arrête pas à ce que te disent les gens autour de toi. Tu crois en ton projet ? Alors, fonce, mon pote. N'écoute que ton cœur et fonce ! »

C'est ce que j'ai fait. J'ai passé des nuits blanches avec Octave sur les genoux – enfin, la tête d'Octave sur mes genoux. Il était tellement mignon… Il se foutait de tout. Pour lui, l'important c'était d'être auprès de moi, collé à moi si possible, mon petit amour. (Je crois que c'est l'être que j'ai le plus aimé au monde, avec, bien sûr, mon papa Maurice… Je n'aime pas dire « Maurice », je préfère dire « mon papa » car, pour moi, il ne s'appelait pas Maurice, il s'appelait *Papa*.)

Je dessinais des croquis en partant de la base d'une cuve cubique. J'avais dessiné des centaines de croquis lorsqu'une nuit de janvier, donc trois mois à peine après avoir démarré mes recherches et mes premiers dessins (je dois même dire juste avant de laisser tout tomber, car la veille j'avais dîné avec un copain à l'hôtel Carlton à Cannes et il m'avait complètement démoralisé), je suis rentré à la maison, je me suis mis devant ma table à dessin comme toutes les nuits… et, tout à coup, à cinq heures du matin, j'ai crié en sautant de joie *Eurêka* ! J'avais trouvé la solution. Oui, je l'avais trouvée, j'en étais sûr, elle était là, devant moi, sur mes petits croquis. Je vais essayer de vous expliquer, si possible, son fonctionnement. Sans dessin, cela ne va pas être très facile. Alors, ne vous étonnez pas si vous ne parvenez pas à tout comprendre.

Attention... Prêts pour une partie d'échecs ?

On place une connexion à chaque angle en haut de la cuve, qui elle-même a une connexion haute et une connexion basse. L'une rejoint le point bas de cette même cuve par un tube qui longe l'angle de la cuve jusqu'au point le plus bas ; quant à l'autre, son embout de connexion est à l'angle tout simplement. Ce qui nous donne un accès à un point haut et un accès à un point bas dans chaque angle de la cuve – étant donné que le point le plus haut et le point le plus bas ne peuvent être qu'un angle. (Entraînez-vous avec une boîte, vous verrez, c'est simple.) Donc, en offrant une connexion à chaque angle, on peut avoir accès, comme je le disais plus haut, à tous les points hauts et tous les points bas de la cuve. Il suffit ensuite, tout simplement, de laisser entrer l'eau de mer sous pression hydrostatique à l'intérieur de la cuve vers le point d'accès qui mène au point bas et ainsi profiter de la différence de densité entre le fioul et l'eau de mer – qui, elle, est plus lourde – pour enfin faire remonter le fioul vers le point le plus haut, l'accès où se trouve obligatoirement une connexion haute d'angle. On aura, bien sûr, préalablement connecté un tuyau venant de la surface. Le fioul, ainsi dirigé à travers ce tuyau de connexion, serait poussé par l'eau qui devient, par l'effet de la différence de densité, un moteur naturel.

Voilà, chers amis lecteurs, que tous ceux qui ont compris lèvent le doigt… OK, ne vous en faites pas, même moi je n'ai rien compris à mon explication… J'ai aussi voulu citer l'initiale du prénom de mon papa sur l'intitulé de mon brevet pour l'associer symboliquement à cette belle petite réussite.

Dès le lendemain, je suis allé déposer mon brevet à l'INPI de Sophia-Antipolis. J'étais surexcité, je sautais comme une puce, je ne dormais qu'à peine deux à trois heures par nuit, j'étais en transe, en état d'excitation permanente, je ne tenais plus en place… une vraie pile électrique, je sentais au fond de moi, que ce système allait faire Bingoooo !

Ensuite, j'ai contacté une société d'ingénierie. J'ai réussi à prendre rendez-vous avec le directeur du site qui m'a reçu sur le pas de la porte. Les ingénieurs m'ont demandé d'un air sceptique d'expliquer rapidement mon système, ma prétendue invention révolutionnaire. Ils étaient perplexes : comment un être aussi atypique que moi, ne faisant pas partie de leur milieu, pouvait-il se permettre de croire qu'il avait trouvé une solution à un problème aussi épineux ?

Une fois le principe expliqué à l'aide de mes croquis, leur attitude à mon égard a changé rapidement : « Monsieur Alexander, votre système a l'air d'être intéressant, mais nous ne pouvons nous prononcer comme cela. Laissez-nous quelques jours pour l'étudier, nous vous ferons alors un compte rendu précis. » Je leur ai répondu que je n'en attendais pas moins de leur part et les ai salués tous très courtoisement. À la sortie, les regards étaient tout à fait différents : ils étaient plus respectueux et beaucoup plus courtois à mon égard.

Quelques jours plus tard, ils m'ont donné un autre rendez-vous. Là par contre, on avait mis à ma disposition une grande salle avec vidéoconférence, où nous étions en contact avec d'autres ingénieurs d'une filiale appartenant au groupe, près de Bordeaux, enfin pas très loin de l'océan.

Il y avait du café et des croissants à volonté, tout le monde n'arrêtait pas de me faire des compliments : je nageais dans le bonheur. Vous vous rendez compte, des ingénieurs qui me félicitaient pour mon travail, toutes ces nuits de labeur avec Octave enfin récompensées, saluées par les professionnels de l'ingénierie et de la mécanique des fluides.

Puis cela a été très vite : j'ai contacté un journaliste – j'ai eu la chance de tomber sur un chroniqueur qui n'était pas très conciliant mais qui était honnête et sincère. Il m'a dit : « Ce que vous dites, c'est du chinois pour moi. Y a-t-il quelqu'un qui puisse me confirmer techniquement ce que vous avancez ? » Je lui ai donné les coordonnées de la société d'ingénierie. Quarante-huit heures après il m'a téléphoné et m'a dit : « Monsieur Alexander, bravo ! Il semble que vous ayez fait une belle découverte. J'ai eu confirmation de la faisabilité de votre invention par des professionnels. Mon rédacteur en chef m'a donné l'accord : on vous fait une belle demi-page couleur sur notre prochaine édition… et avec mes sincères félicitations ! »

Après de belles photos prises sur la plage avec Octave, par un photographe professionnel, j'attendais tous les matins mon article avec impatience. Enfin, six jours plus tard, très exactement un samedi matin, un ami m'appelle sur mon portable, vers dix heures : « Gabriel, tu es au courant, tu as un article fantastique sur le journal *Nice matin* ? On te voit en grand et en couleur avec Octave sur la plage. Un article fabuleux… plus vendeur, tu meurs. On dit que c'est un système qui pourrait te rapporter des centaines de millions d'euros ! »

Après ce coup de fil, cela n'a pas arrêté de la semaine. Tous mes amis m'ont appelé pour me féliciter. Puis, mes oncles, mes tantes, mes cousins. C'était magique, j'étais euphorique, j'étais plus que comblé. Recevoir tant de compliments de toutes parts. Moi qui avais été la brebis galeuse, le mouton noir, la *persona non grata*, ils voulaient tous être mes meilleurs amis. (Mon ego en redemandait, il adorait ça, ce petit coquin !)

Je ne peux pas vraiment vous décrire le sentiment intérieur qui m'a habité pendant toute cette période, je n'avais plus l'impression de toucher le sol, je ne dormais que quelques heures, j'étais trop joyeux pour m'endormir. « Méfie-toi des compliments et des complimenteurs. » J'essayais malgré tout de garder les pieds bien sur terre… avec la tête dans les étoiles.

Un bonheur n'arrivant jamais seul, le magazine *Science & Vie* m'a contacté pour publier un article sur mon invention : une double page couleur avec plusieurs photos. Ensuite, il y a eu la télé : je suis passé au *20 heures* de TF1 avec PPDA, puis sur France 2, France 3, ensuite un reportage de dix minutes avec *E=M6*, etc. Je suis passé sur toutes les chaînes, même dans l'émission du matin que présente notre ami, notre tonton à tous, William Leymergie. C'était vraiment jouissif d'entendre tous ces amis qui m'avaient enterré m'encenser maintenant. Tout le monde me téléphonait, en s'excusant de me déranger : « Excuse-moi de t'appeler comme cela, je sais que tu es un homme important maintenant, mais je voulais te féliciter. » Mes amis d'enfance, mes amis d'école, des gens que j'avais vus un jour, une heure, un moment dans ma vie.

Suis-je un homme important ? Oui... Bof... OK, mais alors seulement pour les chats et les chiens de mon quartier qui, eux, voient en moi de très bons repas pour passer l'hiver. Pour eux, *oui, et pour eux seulement*, j'étais un homme *très important*. J'avais l'impression de prendre ma revanche sur la vie qui m'avait mis à terre – enfin, c'était plutôt moi qui m'étais mis à terre tout seul, avec mes pensées lugubres, mes angoisses cérébrales, mes frayeurs de penseur égoïste et égocentrique. À présent, j'étais heureux, je savourais ma victoire. Moi qui avais été plusieurs fois « dernier de la classe » (plus pour faire rire mes petits camarades que par profonde stupidité), maintenant les gens autour de moi encensaient mon intelligence. En plus, pas n'importe qui : des ingénieurs, des journalistes scientifiques, des professeurs d'école supérieure. (Alors, impressionnés ? Faites attention, parce que ma mère l'est, elle !)

J'ai reçu par la suite des e-mails d'étudiants qui me disaient avoir analysé mon système dans leur cours de mécanique des fluides en classe supérieure... Moi qui avais arrêté l'école à quinze ans et qui aurais dû disparaître quelques années auparavant dans un banal et anodin suicide. Vous vous rendez compte, quand même, un gars comme moi, respecté par des étudiants ingénieurs en mécanique des fluides... Pincez-moi, les gars, je rêve, c'est pas possible. J'avais toujours fait partie des abrutis, des nuls, des ratés, et voilà qu'on me regardait comme un cador. Je ne m'y suis jamais habitué, encore aujourd'hui j'ai chaque fois l'impression qu'on parle de quelqu'un d'autre.

Ce qui m'a le plus étonné, c'est que lors d'une convention maritime en Allemagne, l'un des jeunes ingénieurs qui travaillaient dans ma société a rencontré sur notre stand de présentation plusieurs étudiants d'écoles d'ingénieurs d'une des grandes villes d'Allemagne. Ils sont venus féliciter mes employés sur le stand pour l'intelligence logique et pratique du système. Ils avaient, eux aussi, étudié mon *système* en classe.

Je n'étais pas le Juif tunisien qui avait réussi dans les vêtements ou dans le show-business, non monsieur, ***en mécanique des fluides***, s'il vous plaît ! (Quelle recherche stupide d'admiration, non ?)

Un de mes amis d'enfance m'avait appelé après m'avoir vu au journal de vingt heures et m'avait dit : « Tu te rends compte, tu les as battus sur leur propre terrain, pas dans le Sentier ou au théâtre, non, sur leur terrain… en mécanique des fluides ! En plus, avec un système antipollution qui va aider à la protection de l'environnement ! » Il m'avait presque fait pleurer, ce con… oui, il avait réussi à m'émouvoir avec ses inepties. Car je ne cautionne pas ce genre de propos qui renforce la différence de race ou de religion. En ce qui me concernait, je ne me sentais pas du tout comme un Juif tunisien qui avait réussi à faire quelque chose de bien, mais plutôt comme un être humain qui s'était battu contre ses fantômes, contre ses peurs et qui était allé au bout de lui-même dans un long et épuisant bras de fer dont la persévérance avait été le maître-mot. La persévérance avait remporté une victoire, pas moi !

(Restons humble ! Une victoire, ce n'est pas remporter la guerre. Il faut toujours être vigilant, car la vie est pleine de pièges surtout pour ceux qui prennent la grosse tête.) Il ne faut jamais oublier de se moquer de soi en premier. Pour moi, j'étais un sale petit gosse culotté et persévérant qui avait eu beaucoup de chance, voilà tout. Il faut toujours garder les pieds bien sur terre, qu'importe la grandeur de l'individu. « La bonne hauteur pour un homme, c'est quand les pieds touchent bien le sol ! » (Michel Colucci, dit Coluche). Une autre citation que j'adore : « Je veux bien être humble, mais il faut que cela se voie ! »

Pour résumer cette période, après quelques passages dans les médias, j'ai été contacté par plusieurs investisseurs (on appelle cela des *Business Angels*).

J'en ai choisi un, Richard A., celui qui m'avait fait la meilleure proposition – sûrement pas pour la beauté et le charme de mon profond regard slave, mais plutôt je pense, pour réussir à éliminer la concurrence. J'ai signé un accord avec lui. Ensuite, comme tout bon businessman qui se respecte, il n'a eu de cesse, pendant presque toute la durée de notre association, de tenter de m'évincer de mon projet. Ah, mes amis êtres humains, « ni le courage d'être Juif, ni l'élégance d'être nègre ; on se croit mèche, on n'est que suif* ! »

Mais fort heureusement, j'avais quelques amis qui me conseillaient. L'un d'entre eux, Michel M. (qui avait réussi dans les affaires et connaissait bien ce genre de personnage) contrôlait tous les événements par téléphone. Ce merveilleux associé, Richard A., de *business angel* s'était métamorphosé en *business devil* !

Après deux ans à me battre contre lui et à me démener en même temps pour faire avancer mon projet, un autre investisseur suisse, Martial C., s'est proposé de verser un million d'euros au capital de la société afin de vraiment faire démarrer le projet, de manière industrielle, cette fois. À ce propos, il y a une anecdote que je me dois de vous raconter : un après-midi, alors que j'étais sur mon bateau, entre les deux îles de Lérins, face à la prestigieuse baie de Cannes, mon portable sonne. Je réponds. (Un de mes amis parisiens m'avait fait une blague quelques jours auparavant, en se faisant passer pour le secrétaire du ministre de l'Environnement, donc j'étais assez méfiant.) J'entends une voix grave et sérieuse : « Monsieur Alexander, voilà, je vais être bref : le prince Albert m'a chargé de vous contacter. Il serait très heureux de voir où vous en êtes dans votre projet antipollution et aussi de quelle manière il pourrait vous aider, le cas échéant. Comme vous le savez sûrement, le prince Albert est très concerné par la protection de l'environnement et particulièrement en ce qui concerne la protection du littoral. » J'étais sur mes gardes, je ne savais pas si c'était une blague, j'avais un peu peur de me faire encore une fois avoir par un copain. Donc, j'ai répondu de manière très évasive : « Oui… Pourquoi pas ? Après tout, tout est possible dans ce monde, même le contraire. Mais puis-je vous demander de me laisser vos coordonnées sur mon répondeur ? Je suis sur mon bateau et en maillot de bain, cher ami, je ne peux rien noter, je raccroche et vous rappelez afin de me donner plus de précisions ! »

Quand j'ai enfin compris que c'était vraiment le lieutenant-colonel Thierry Jouan, aide de camp du prince Albert, qui m'avait réellement appelé, j'ai attrapé un fou rire nerveux pendant une bonne demi-heure, et une deuxième fois en le racontant un peu plus tard à un de mes associés !

À croire que ce genre d'histoires n'arrive qu'à moi. Pourquoi n'ai-je pas répondu normalement, et quelle importance cela avait qu'un copain me fasse une plaisanterie ? Sûrement mon foutu orgueil qui avait peur de passer pour un idiot.

Ce lieutenant-colonel, je l'ai rencontré quelques jours plus tard dans son bureau au palais princier. Il était très sympathique, pas du tout formel, ni pompeux, ni même ennuyeux, plutôt le genre sportif, dynamique et drôle.

Nous nous sommes tout de suite bien entendus, le courant est passé dès la première rencontre. Je ne le remercierai jamais assez d'avoir été l'un de mes atouts principaux dans le développement de mon projet.

J'ai eu l'opportunité et la chance de déjeuner deux fois avec le prince Albert. Je dis la chance, car c'est un homme charmant, sensible, légèrement timide mais extrêmement gentil. C'est vraiment ce qui ressort de mes brefs contacts avec cet être humain dont la profession était tout bonnement… d'être prince.

Déjeuner avec le prince de Monaco, c'est quand même drôle, vous ne trouvez pas ? Il y a eu des centaines d'articles sur moi (MOI ! il faut qu'un jour je brûle ce mot) et sur mon invention. Plus de cinq cents articles dans le monde entier. Mais l'article qui a vraiment fait pleurer ma maman (voir *Nice matin*, dimanche 29 juin 2003), c'est celui du lendemain de la conférence de presse organisée en collaboration avec la principauté. Le prince Albert nous avait fait la gentillesse d'être présent, ce qui a eu pour effet de déplacer un nombre très important de journalistes.

Le lendemain, en première page des journaux locaux, on me voyait sur une demi-page couleur discutant de manière décontractée avec le prince Albert. C'était pour ma mère la consécration. Elle s'est promenée avec cet article dans son sac pendant des mois. Et aujourd'hui encore, elle le sort à la moindre occasion. (Ah, les mères juives !)

Une fois que de gros capitaux ont été investis dans ma société, je suis passé directement à la phase supérieure, j'ai loué des bureaux et engagé du personnel : deux ingénieurs, une secrétaire, une attachée de presse et mon banquier en tant que directeur commercial.

J'ai ensuite fait le tour de la Terre en business class dans des avions long-courriers pour aller présenter mon système. On me préparait des mini-conférences de presse dans toutes les villes et tous les pays où je passais : New York, Washington, Abou Dhabi, Dubaï, les Émirats arabes unis, le Qatar, l'Arabie saoudite, Bahreïn, le Koweït, Tokyo, Hong Kong, Taïwan, Singapour, Shanghai, la Corée du Sud, Stockholm, la Norvège, etc.

J'étais reçu presque partout comme un ambassadeur. J'ai eu des articles dans la presse et des passages télé dans pratiquement tous ces pays, c'était comme dans cette chanson à succès qu'avait chantée en son temps Daniel Balavoine, *Le Blues du businessman*. J'étais toutes les semaines en avion entre Paris et Singapour, entre Paris et New York, entre Paris et Dubaï, entre Paris et le reste du monde, surtout entre Paris et Monaco où j'avais installé un deuxième bureau en accord avec la principauté. Ensuite, il y a eu un moment où je n'en pouvais plus… J'étais crevé, j'étais épuisé, j'envoyais de plus en plus à ma place mes ingénieurs pour me représenter dans ces conférences de presse… J'étais exténué, plus de force, plus aucune énergie.

Heureusement, j'avais trouvé une activité sportive (sportive surtout pour le cheval) qui me permettait de me déconnecter et de cette réalité et de ces pressions : j'avais appris à monter à cheval, alors je faisais de merveilleuses balades de plusieurs heures en forêt. C'était magique : j'oubliais tout… les actionnaires, les clients, les employés, la TVA, les impôts… Plus rien n'existait, à part ce superbe et majestueux animal. Comme disent les Arabes du désert : « Le cheval est un cadeau de Dieu à l'homme ! »

J'ai loué une propriété aux alentours de la magnifique forêt de Compiègne. C'était une splendide demeure avec deux hectares de prairie. J'avais maintenant trois chiens et six chevaux. J'étais au paradis. Être en contact permanent avec des animaux me permettait de me ressourcer. Il y avait une gardienne qui s'occupait de mes animaux, madame Jocelyne Piloua. C'est une femme adorable… et je pèse mes mots. En plus, elle aimait, elle aussi, les animaux. Je ne pouvais donc espérer meilleure personne pour s'occuper de mes petits amours quand j'étais en voyage d'affaires. En revanche, dès que je revenais dans cette maison, je passais mon temps libre à faire de longues promenades à cheval et à jouer avec mes chiens dans la forêt. Je dois dire, pour être sincère, que je me plaisais bien mieux avec mes chiens dans mon parc qu'avec tous ces bonimenteurs, tous ces suceurs d'énergie et tous ces businessmen imbus d'eux-mêmes dans les grands palaces du monde entier. Mes chiens étaient bien plus affectueux que les affectueux, bien plus sincères que les sincères et bien plus humains que les humains… qui, eux, se disent civilisés.

Quatre ans se sont écoulés entre le moment où j'ai eu l'idée d'inventer ce système et le jour de son installation sur un pétrolier en Corée. ***On avait installé mon système sur un pétrolier…*** Attention, un pétrolier flambant neuf. J'avais même été invité en première classe pour assister à la cérémonie de baptême de ce gigantesque navire. Mes amis, vous m'imaginez, moi, invité officiellement en Corée comme un ambassadeur du savoir-faire français (c'est presque comique).

Je ne vous dis pas l'émotion que j'ai eue de monter sur ce gigantesque navire-citerne où flottait, à chaque angle des cuves, le sigle de mon brevet. Mon papa avait son nom un peu partout sur un pétrolier de plus de cent vingt millions d'euros. Drôle de pied de nez à l'existence. Il était mort à cause de la pollution pétrolière, et moi, son fils, quinze ans plus tard, je créais un système antipollution dont l'intérêt avait été reconnu par les plus grandes instances du monde maritime.

J'ai même obtenu trois nominations officielles aux Seatrade Awards. J'y avais été invité à Londres, en grande pompe. J'étais habillé en pingouin de cérémonie et j'avais été personnellement félicité par le duc de Windsor. (Eh oui, mes amis, vous ne lisez pas le livre de n'importe qui. Alors, impressionnés ? Parce que mes chiens, eux, le sont vachement !) Mon papa pouvait être fier de moi, là-haut. En tout cas, ma mère, elle, l'était largement pour deux.

Beaucoup d'amis me demandent pourquoi je ne parle pas plus de ma mère. J'aime beaucoup ma mère, mais depuis la mort de mon père (un petit peu avant même), elle est tombée malade : le diabète, mais le vrai, celui qui nécessite plusieurs injections d'insuline par jour. Je crois que je lui en veux un peu d'avoir manqué de clairvoyance et de tolérance vis-à-vis de mon papa les deux dernières années avant sa mort, pendant sa longue convalescence. Mais pour être tout à fait honnête, nous avons tous manqué d'indulgence vis-à-vis de mon papa, nous ne comprenions pas à quel point il était malade, donc il y a un mea culpa général, ce qui n'excuse en rien nos agissements qui manquaient de réelle compassion. Pourtant, mes parents s'aimaient d'amour. Plus de trente ans à vivre et à affronter ensemble les coups du destin qui ne sont pas, comme nous le savons tous, toujours très tendres. Ma mère a quand même eu le courage d'élever huit enfants dans des conditions financières qui n'étaient pas des plus aisées.

Voilà pourquoi je ne parle pas beaucoup de ma mère, qui a été une maman drôle et aimante pendant toute mon enfance. Malheureusement, en vieillissant, elle a beaucoup changé : la maladie et la perte de l'homme qu'elle a aimé pendant près d'un demi-siècle l'ont sûrement déstabilisée.

C'est comme mon frère Michel, il a une tendance à dépenser tout son argent en très peu de temps et une certaine partie dans les salles de jeu. Ce frère dont je n'apprécie ni la présence, ni la mentalité, ***je l'aime d'amour...*** Oui, car j'ai des souvenirs d'enfance très attendrissants avec lui... Mais je ne l'apprécie pas. On ne choisit pas sa famille. (Formule facile, mais tellement vraie.) J'ai plus d'affection pour des amis récemment rencontrés que pour ce frère qui m'a été imposé par le destin et à qui je ne souhaite absolument aucun mal d'ailleurs. Comme dit Chimène à Rodrigue dans *le Cid* : « Va, je ne te hais point ! »

J'ai appris à ne plus céder au chantage affectif, familial ou amical. Je me dois d'aimer tous les êtres autour de moi, mais je ne suis pas obligé de les apprécier… Je n'apprécie et n'aime d'amour que les êtres proches de ma sensibilité. Ma famille, je me la choisis moi-même aujourd'hui. Personne ne me l'impose. Pour mes amis, c'est pareil. Je n'ai pas à être fidèle à mes amis, mais plutôt fidèle à l'amitié, à ce que représente l'amitié pour moi. Ma religion, je la choisis moi-même. Je veux être un homme libre et responsable de mes choix. Une personne de votre quartier, de votre religion, de vos origines, du même club de sport, de la même famille, peut être plus éloignée de vous qu'un être que vous rencontrerez demain au Japon ou en Australie. Tout est dans la sensibilité : elle vous éloigne ou vous rapproche des êtres. Le reste n'est qu'enveloppe. L'important, c'est l'invisible, c'est l'âme, c'est l'impalpable.

Encore une anecdote assez drôle que je me dois de vous narrer (j'adore ce mot) : Natalie, l'Américaine avec qui j'ai failli avoir les pires ennuis, celle qui avait réussi à me convaincre de l'épouser à Las Vegas pour la bonne cause… est réapparue soudainement dans le paysage comme un champignon vénéneux. Des gens bien intentionnés l'avaient informée que je passais dans les journaux et à la télévision. Elle a soudainement, comme par magie, retrouvé tout son amour pour moi. « L'argent n'a pas d'odeur, mais pas d'odeur nous monte au nez ! » (Jacquot pour les intimes, Jacques Brel pour les autres.)

La charmante enfant m'a menacé plusieurs fois par téléphone de porter plainte contre moi si je ne lui donnais pas rapidement une forte somme d'argent. Je lui ai, bien sûr, ri au nez. Souvent les menaces me font ce genre d'effet. Ensuite, elle a pris un avocat de Miami qui, lui, a dépêché un avocat sur Paris, qui lui-même a pris pour le représenter un avocat sur Nice. Trois avocats pour me prouver la force de son amour... Ils ne sont pas beaux, ces Américains ? Ils ne sont pas mignons tout plein ? (Heureusement, ils sont loin d'être tous comme ça. Je dois reconnaître que c'est grâce à eux et aux A.A. si je suis encore en vie aujourd'hui.)

Je lui ai dit qu'elle perdait son temps et son argent, mais surtout que cela allait lui retomber dessus un jour ou l'autre. L'Univers récompense toutes les actions, l'Univers voit tout... entend tout.

Quelques mois plus tard, son frère est mort dans un accident de voiture ; ensuite, son fils, que j'aimais beaucoup, s'est suicidé. Le pauvre petit amour, c'était le plus touchant et le plus gentil des membres de sa famille. Il s'est jeté par la fenêtre. Trop sensible pour patauger dans ce mélodrame avec une maman à moitié pute de luxe et à moitié maléfique. (J'ai mis moitié-moitié, car je ne connais pas le dosage exact.)

Cette anecdote me rappelle la fable du crapaud et du scorpion que je vous livre ci-dessous :

Un scorpion demande à un crapaud de l'aider à traverser la rivière car il doit rejoindre sa dulcinée de l'autre côté.

LE SCORPION : Je t'en prie aide-moi à traverser la rivière sur ton dos.

LE CRAPAUD : Jamais, si je te mets sur mon dos, tu vas sûrement me piquer et je mourrai.

LE SCORPION : Mais non, si je te pique, nous coulerons et mourrons tous les deux.

Après beaucoup d'insistance et de discussions, le crapaud accepte enfin. Mais à peine arrivés au milieu de la rivière, le scorpion pique le crapaud.

LE CRAPAUD : Pourquoi as-tu fait cela, nous allons tous les deux mourir maintenant ?

LE SCORPION : Je sais, tu as raison, mais je n'y peux rien, c'est ma nature.

Voilà comment finit souvent la vie des gens qui ne sont pas réellement sincères et honnêtes ou qui fréquentent des gens malsains... Il faut savoir s'en protéger. Dans la vie, il faut être simple comme la colombe mais vigilant comme le serpent (*dixit* la Bible). Cette femme a confondu toute sa vie l'intelligence et la malice. Elle a voulu gagner de l'argent sans le mériter à la sueur de son front et a toujours voulu profiter de l'argent des autres. « Elle a voulu être boss... sans jamais vouloir bosser ! » (MC Solar) Une pauvre femme perdue, mais qui n'a même pas l'excuse de l'alcool ou de la drogue pour justifier son comportement.

Elle a évidemment perdu son procès contre moi. Cet épisode lui a coûté cher, très cher, trop cher à mon goût... Il ne faut jamais prendre ce qui n'est pas à nous, ce que nous ne méritons pas vraiment par nos efforts et par nos tripes... L'Univers sait tout... l'Univers voit tout.

Proverbe : *Quand une personne vous vole une fois, c'est de sa faute ; quand elle vous vole deux fois, c'est de la vôtre !*

Je commençais à être fatigué de ces voyages incessants. Moi qui avais rêvé d'être un jour un homme d'affaires international, surtout pour les voyages et multiples déplacements, je n'en pouvais plus, je m'ennuyais à mourir dans les chambres d'hôtel. Les décalages horaires me pompaient toute mon énergie, mes chiens et mes balades à cheval me manquaient ; je ne prenais plus trop plaisir à ce que je faisais, j'en avais tout simplement marre de diriger ma société et de jouer à l'homme d'affaires. J'étais à bout de force, plus de cinq ans à porter ce projet à bout de bras. Je n'en pouvais plus, j'aspirais au repos, au farniente et surtout aux balades dans la nature.

J'ai informé mes actionnaires de mon désir de vendre la moitié de mes parts ainsi que celui de vouloir acquérir une propriété pour mes chiens et mes chevaux. En moins d'une semaine, j'ai vendu mes actions pour une somme très importante, qui se comptait quand même en millions d'euros.

Je vivais déjà en Belgique à l'époque. J'ai donc cherché une grande propriété et, en moins de vingt-quatre heures, j'ai trouvé un magnifique haras avec cinq hectares de prairie et des grands box, un véritable petit îlot sans aucun vis-à-vis. L'agent immobilier m'a dit : « Monsieur Alexander, en dix-huit ans de carrière professionnelle, c'est la première fois que je vends une telle propriété en si peu de temps ! »

Ce domaine se situe, géographiquement, exactement où je voulais, c'est-à-dire à vingt-cinq kilomètres de Bruxelles, et à cinquante kilomètres de la frontière française.

C'est un lieu sublime. J'ai fait d'énormes travaux pour y construire tous mes rêves d'enfant : une grande piscine chauffée à vingt-neuf degrés couverte par une véranda, elle aussi chauffée toute l'année, une salle de billard, une piste intérieure pour monter à cheval quels que soient les caprices de la météo, deux pistes extérieures, une piste de galop, sept cents mètres carrés habitables, des chambres, des salons, une énorme cuisine tout en baie vitrée donnant sur des prairies où je peux admirer à longueur de journée mes chevaux occupés à brouter l'herbe bien verte et à galoper avec grâce et légèreté.

Parmi eux, il y a un magnifique cheval noir, Booster, un frison tellement beau et charmant que tous les gens qui l'approchent en tombent amoureux. Il est tellement mignon, on dirait une énorme peluche. Je le prends souvent dans mes bras, il ne bouge pas d'un poil, il attend sagement que je finisse de le câliner pour retourner brouter… C'est pas mignon, ça ?

Il est le plus majestueux de mes chevaux. Quand il trotte, il devient léger, sautillant, presque aérien. Lorsqu'il galope, il donne l'impression d'être irréel, comme une peluche géante qui viendrait présenter un joli spectacle pour enfants.

J'ai toujours eu une chance phénoménale avec les animaux, je tombe souvent sur des êtres très beaux et très gentils.

« Merci, les gars, là-haut. Depuis quelques années, j'ai l'impression que vous essayez de rattraper votre grossière erreur. Avoir créé des écorchés vifs, des êtres ultrasensibles sans leur fournir le mode d'emploi, c'était pas très sympa, tout ça… Alors, vous essayez de me gâter un peu plus maintenant, pour vous faire pardonner de m'avoir oublié… Je vous pardonne. Même si j'ai beaucoup souffert, même si j'ai eu parfois très mal, je vous excuse au point de vous dire (mais, discrètement, entre nous – je ne voudrais pas que mes lecteurs me prennent pour une « grenouille de bénitier ») : ***Merci… Merci pour tout !*** Encore une dernière chose… Je vous aime, je crois même que ***je vous suis reconnaissant*** de m'avoir donné la vie, mais chuuuuuut, ne le dites à personne, j'ai peur de passer pour un con devant les copains ! »

J'ai aujourd'hui réalisé mon rêve, je vis là-bas avec mes cinq chiens et mes quatre chevaux. C'est un vrai paradis sans luxe apparent ou ostentatoire, tout est fait dans un esprit traditionnel… Une ancienne ferme, reconvertie en haras et en écurie d'élevage de chevaux. J'aime la présence des animaux, je me ressource en leur compagnie, j'aime leur gentillesse, leur sensibilité, leur sincérité.

Comme vous avez pu le constater, je n'aime pas trop les chasseurs (il faut dire que je le dissimule très mal, peut-être même intentionnellement, je suis tellement fourbe parfois), les tueurs, les bouchers, les charcutiers, je parle de ceux qui se prennent pour des Rambo, ceux qui s'habillent comme des paramilitaires pour aller assassiner de mignons petits lapins et de pauvres biches fragiles et sans défense. Si quelqu'un, un jour, pouvait m'expliquer le plaisir qu'il prend à tuer un magnifique et majestueux cerf, une jolie biche fragile et gracieuse, ou un adorable petit lapin… Mais aura-t-il seulement le temps de finir sa phrase avant que je me lève et le gifle avec mon gant (… ou du regard : je ne veux pas passer pour une brute devant vous).

Il y a à peine trois ans de cela, dans la magnifique forêt de Compiègne, je me promenais à cheval avec deux autres amis pendant la « maudite » période de chasse. Nous avons croisé une jolie famille de sangliers, les trois marcassins collaient de très près leurs parents, ils étaient complètement apeurés. Le papa, puissant, semblait très concerné, très inquiet pour ses mignons petits. Il s'est arrêté et nous a regardés droit dans les yeux. Rassuré à moitié par nos regards amicaux, il a finalement poussé de sa truffe ses petits protégés et ils se sont tous enfuis dans les bois. Ce fut adorable de les apercevoir, on aurait presque dit mon papa occupé à surveiller et protéger sa petite famille. Nous avons tous les trois été touchés par cette rencontre sympathique et impromptue.

Une vingtaine de minutes plus tard, nous avons croisé un troupeau de chasseurs parés de costumes d'époque (de circonstance pour la chasse à courre). Nous avancions à cheval, au pas, et mes deux amis connaissant mon aversion pour la chasse m'ont gentiment demandé de ne pas faire d'histoires. Je leur ai promis de me tenir tranquille (promesse d'alcoolique !)

Ces maudits chasseurs étaient à l'arrêt. Les deux tiers d'entre eux étaient descendus de cheval. Beaucoup de vieilles bourgeoises grasses et enfarinées reprenaient leur respiration. J'essayais de ne pas trop les regarder quand l'une d'elles s'est adressée à moi (la malheureuse), avec une intonation ironique et une voix insupportablement aristocrate : « Dites-moi, jeune homme, vous n'auriez pas rencontré des cochons sur votre chemin par hasard ? » Je me suis retourné tout doucement, je l'ai regardée droit dans les yeux et après un léger temps de pause, je lui ai répondu calmement : « Les seuls cochons que j'ai rencontrés aujourd'hui, chère madame… c'est vous et vos amis ! » Silence radio… Pas un bruit, pas une seule parole, aucune réponse. Nous avons traversé ce camp de fortune, ce troupeau de porcs et ce truies déguisés en êtres humains dans un silence quasiment religieux. Dans ma voix, il y avait une telle détermination, une telle rage contenue qu'aucun d'entre eux n'avait osé me répondre.

Je dois vous avouer que chaque fois que je repense à ce moment privilégié où j'ai pu dire en face à ces monstres ce que je pensais d'eux, un sentiment de fierté et de bonheur m'envahit. Je suis heureux et fier de m'être dressé face à ces clowns... pour mes amis, pour nos frères d'âme, les « animaux ».

J'ai donné ma démission de mon poste de P.-D.G. et de celui de président du conseil d'administration avec l'accord et la bénédiction de mes actionnaires. Ceci m'a libéré de toutes mes fonctions professionnelles et je me suis enfin senti léger et libre comme un oiseau. Certaines personnes ne sont pas faites pour vivre dans ce genre d'environnement, le monde des affaires... Pas fait pour moi, c'est certain.

J'habite maintenant avec mes meilleurs amis, mes animaux de compagnie. Bien sûr, je ne vis pas en ermite, je rencontre même beaucoup trop de gens à mon goût. Je vais souvent à Bruxelles, parfois à Paris, voir les musées, les expositions, profiter un peu de l'ambiance de ces villes qui, de par mes origines citadines, me manque certaines fois.

J'apprécie beaucoup la Belgique. On y a l'impression que les jours défilent moins vite qu'en France. Les gens prennent le temps de se parler, de se dire bonjour, de se dire merci, de se dire pardon, de se dire veuillez m'excuser... Ce n'est pas grand-chose, me direz-vous, mais ces petits détails anodins peuvent changer l'état d'esprit d'une journée entière.

J'ai d'ailleurs rencontré dans ce pays des amis dont j'aime la personnalité et la sensibilité. Par exemple, David B, un lecteur qui est ensuite devenu un ami proche et Laurent S, un personnage charmant au sens propre et figuré du terme. Il a été l'un de ceux qui m'ont le plus encouragé, avec un autre Belge, Alexis, à écrire ce livre, ce récit autobiographique qui m'a déjà comblé et apporté de très belles émotions, avant même qu'il ne soit édité.

Je ne suis pas un véritable businessman, je m'en suis rendu compte rapidement, cette vie-là me rend malade. Les voyages, les conseils d'administration, les assemblées générales d'actionnaires, les rôles que chacun se doit d'adopter… Non, moi, je suis un doux rêveur. J'aime contempler les nuages, prendre le temps de réfléchir, de voir défiler les saisons, de me promener à cheval, de faire des balades avec mes chiens, de manger biologique, de participer à des réunions A.A., de philosopher, de me croire intelligent, raffiné, instruit, cool, révolutionnaire, etc.

J'aime aider des nouveaux amis alcooliques en souffrance, partager avec eux mon expérience et mon espoir. C'est un plaisir très intense, pouvoir assister quelqu'un qui souffre, et ainsi contribuer à son retour à la vie, à sa sortie du véritable enfer qu'est l'alcoolisme.

Il y a eu malheureusement un événement pénible, une touche de tristesse dans cette belle période : j'ai eu la grande douleur de perdre mon petit amour d'Octave. Il est parti en quelques jours, à cause d'une tumeur de la prostate. Jusqu'à la dernière minute de sa vie, il aura été superbement beau. Son poil était toujours aussi brillant et aussi soyeux. Quand il a fallu le piquer parce qu'il souffrait trop, le pauvre amour, je lui ai tenu la tête et je lui ai dit : « Fais dodo, mon petit amour. Tout va bien, dors mon petit ange, fais dodo, fais dodo… » Sa tête est devenue lourde sur ma main, il était parti doucement, tranquillement en pensant s'endormir…

Voilà comment j'ai perdu mon petit sphinx noir bleuté, ma belle sculpture de marbre noir, mon beau doberman au cœur et au regard doux comme ceux d'un ange.

Nous l'avons enterré dans mon parc, près de la terrasse, face aux rosiers. C'était lui-même une merveilleuse rose, ce chien dont j'étais tombé amoureux dès la première nuit, quand nous avions marché ensemble le long du jardin du Luxembourg… Il était trois heures du matin, je n'oublierai jamais sa magnifique démarche et son majestueux port de tête. Il était tellement élégant qu'on aurait dit… un prince. Un prince qui me faisait la grâce et l'honneur de me tenir compagnie. Je me sentais vraiment privilégié de marcher à ses côtés.

Après son enterrement, j'ai passé plusieurs nuits à pleurer. Je voulais le sortir de ce trou noir où on l'avait mis pour le reprendre encore une dernière fois dans mes bras, pour lui dire que je l'aimais, que je l'aimais très fort, que je l'aimerai toute ma vie.

Je vous avoue que je suis en train de pleurer à chaudes larmes en écrivant ces lignes. Le clavier de mon portable est rempli de petites gouttes qui sont des messages d'adieu à mon petit amour d'Octave, et qui, en s'évaporant, vont remonter en vapeur d'eau le rejoindre, lui, installé là-haut dans ces merveilleux nuages de coton blanc.

Je réside dans ce haras depuis deux ans maintenant. J'ai rencontré l'année dernière un nouvel ami, Christian, un être sensible et drôle mais complètement déphasé. Quand je l'ai connu, j'ai tout de suite vu qu'il buvait de manière compulsive. En plus, comme moi, il mélangeait tout cela avec des barbituriques, c'est de circonstance chez les alcoolos de mon… de notre gabarit.

Je l'ai emmené à sa première réunion A.A., je l'ai aidé tant que j'ai pu afin de lui faire prendre conscience de son état, de sa maladie. Après quelques semaines de partage d'émotions et de discussions intenses, il est enfin arrivé chez moi un matin et m'a dit : « Gabriel, je suis un alcoolo moi aussi. Mais j'arrête de boire demain matin avec l'aide des A.A. et la tienne, si tu le veux bien. » On s'est tapé dans la main en se regardant dans les yeux : j'ai senti qu'il était prêt, mûr, à point… tout à fait cuit, même. Comme on dit chez les A.A. : « Maître Bacchus avait été notre meilleur avocat ! »

Le mois dernier, Christian a fêté sa quatrième année sans alcool et sans anxiolytique. C'est pour moi un des plus beaux cadeaux que l'existence m'ait offerts : voir évoluer des êtres qui essayaient de survivre dans le même désespoir que le mien renaître petit à petit à la vie.

Merci à l'Univers pour ces cadeaux, merci aux familles de ces pauvres bougres désespérés de m'avoir appelé pour me faire partager leur nouveau bonheur. Ces remerciements gentils et sincères sont pour moi le salaire de mon petit dévouement. Je ne fais, en réalité, que tendre la main, celle qui m'a été tendue si gracieusement, il y a vingt ans, en réunion A.A. !

Je n'ai aucun véritable signe extérieur de richesse, sauf un cadeau, un beau et grand jouet que je me suis offert il y a cinq mois (j'ai un peu honte de vous l'avouer, amis lecteurs) : j'ai craqué dernièrement pour une belle voiture, moi qui ne roule qu'en 4 × 4 depuis toujours. (À la campagne, on est un peu obligé !) J'ai craqué pour une magnifique Ferrari noire décapotable : capote noire, intérieur cuir noir, avec un petit liseré rouge… un vrai bijou. Moi qui n'avais jamais été attiré par les voitures de sport, j'ai craqué pour ce beau petit bolide. Enfin, jamais attiré… oui et non… ! Un jour, lorsque j'étais môme, dans le quartier de mon enfance, est passée une Ferrari jaune décapotable. Elle s'est arrêtée devant nous. Un homme d'une quarantaine d'années en est descendu, vêtu d'un jeans et d'un blouson en cuir noir. Il nous a fait un clin d'œil amical, a ouvert son capot pour y vérifier le moteur et est reparti avec son merveilleux engin dans un bruit rauque et puissant, sous nos yeux ébahis de petits gosses de onze ans. Nous étions tous interloqués par cette vision époustouflante qui n'a duré que quelques secondes. Nous avons alors tous fait le pari… non, le serment de nous acheter une Ferrari lorsque nous serions grands et riches (ce qui n'est malheureusement pas un pléonasme). En ce qui me concerne, j'ai eu la chance de pouvoir honorer le mien, j'ai tenu mon engagement, mon pari d'amis, comme on disait à l'époque ! Un rêve d'enfants pauvres qui a été réalisé. Ce n'est pas beaucoup sur les milliers en attente mais, pour une fois, j'étais *du bon côté de la barrière* ! (Expression utilisée dans les quartiers de mon enfance.)

Mais, amis protecteurs de l'environnement, ne vous offusquez pas plus que cela. Je ne la conduis que très peu, à peine quelques heures par semaine, juste pour entendre ce merveilleux petit bruit rauque qui nous avait tant fascinés mes petits camarades et moi quand nous étions *hauts comme trois pommes* (vertes). De plus, au calcul des heures utilisées, son taux de pollution à l'année est sûrement moins important qu'une mini-citadine utilisée tous les jours de chaque mois. Alors, pour participer à ma manière à la protection de l'environnement, je viens de commander un 4 × 4 équipé d'un moteur hybride, mécaniquement : une pile à combustion prend le relais du moteur standard à explosion dès que possible, ce qui produit dix fois moins de pollution qu'un 4 × 4 classique. (Vous voyez bien que je ne suis pas complètement égoïste !)

Ce n'est pas une excuse, vous allez me dire, je le sais. Mais, à mon corps défendant, je ne bois pas, je ne fume pas, je ne joue pas aux jeux de hasard, je ne sors pas dans les boîtes de nuit, je ne dîne jamais le soir, je mange bio, je trie mes déchets… Alors, un peu de compréhension pour ce rêve de gosse concrétisé. Mon petit péché mignon, aujourd'hui, c'est de piloter une Ferrari quelques heures par semaine. C'est une magnifique œuvre d'art, on peut admirer le moteur au travers du capot en plexiglas transparent… une Ferrari Modena Spider F1 flambant neuve.

Voir le petit Gabriel dans sa Ferrari décapotable noire se promener sur les petites routes de campagne, cela m'amuse beaucoup. Ce modeste fils d'immigrés qui a vécu dans un appartement sans w.-c., sans douche et sans aucun confort pendant des années, et qui regardait les autres familles manger au restaurant pendant que, lui, au bar du café-tabac d'en face, avalait des sandwiches préparés par sa maman… Je dois avouer que cela me ravit de me savoir dans cette voiture, avec les regards des passants qui me saluent, qui me sourient et qui pensent sûrement que je suis un de ces nantis privilégiés de naissance. J'essaie, à chaque fois, de répondre gentiment aux gens qui me parlent, qui me posent des questions sur le moteur, sur le pilotage de ce splendide engin (bien que je n'y connaisse absolument rien). Je fais très attention de ne jamais paraître arrogant, dédaigneux ou prétentieux.

Dernièrement, alors que je sortais d'un petit resto, il y avait autour de ma voiture quatre jeunes. Ils avaient entre dix et douze ans. Les mêmes qui étaient déjà là, lorsque je suis entré. Ils étaient donc restés plus d'une heure trente en admiration devant ma voiture. Je suis arrivé à leur hauteur en leur faisant un petit clin d'œil complice. Quand j'ai ouvert la portière, l'un des garçons m'a dit : « Monsieur, c'est à vous la voiture ? On peut prendre une photo, s'il vous plaît ? » Je lui ai répondu : « Non, mais tu peux monter faire un tour, comme cela tes amis pourront te prendre en photo dedans, et eux aussi feront un tour, s'ils le veulent, bien sûr ! » Le sourire de ces enfants, la joie qu'il y avait sur leur visage m'a apporté plus de bonheur à moi qu'à eux. Qui a le plus de joie ? Celui qui donne le cadeau espéré ou celui qui le reçoit ?

Sachez que pour remercier l'Univers de m'avoir gâté (sans vouloir passer pour un saint homme ce qui est vraiment loin d'être le cas), j'aide des associations de défense des animaux, j'envoie de l'argent à différents organismes, j'assiste des amis alcoolos dans le besoin, j'essaie de recueillir les animaux égarés chaque fois que je peux… Mais, je reste persuadé que vous en faites bien plus que moi.

Je vois très bien qu'il y a des gens qui s'investissent totalement dans la compassion, l'aide aux autres… Je n'ai pas encore ce don, j'ai besoin de m'occuper de moi, de faire attention à mes émotions, à mes comportements, à mes paroles, car je reste très maladroit, alors je dois toujours contrôler mes réactions pour ne pas blesser les autres. Cela fait partie de ma maladie : trop émotif et parfois légèrement fragile, pas vraiment adapté à la réalité. Mais au moins, je ne suis pas six pieds sous terre, ou pire dans un asile psychiatrique, comme c'est souvent le destin pathétique des personnes atteintes d'alcoolisme. Alors, c'est vrai, je suis loin d'être parfait, loin du moins d'être tel que j'aurais rêvé, mais je ne peux que remercier la vie de m'avoir fait éviter le pire…

J'ai un autre problème ou défaut, d'ailleurs, mais ne le dites à personne : je suis fainéant, je suis un « bulleur », j'adore me promener dans la nature et contempler, sans rien faire, les papillons de toutes les couleurs… Mais si j'aime ne rien faire pendant des heures, je peux parfois aussi être super actif : je ne connais pas les demi-mesures… Je suis un éternel excessif.

Il y a une sensation que j'aimerais bien connaître avant de partir dans une autre dimension, c'est celle d'avoir un bébé, un enfant qui aurait en partie mes gènes et ceux de la femme qui aura accepté de partager avec moi cette grande émotion… cette grande aventure. La plupart de mes amis me disent souvent : « Gabriel, il faut absolument que tu le fasses, que tu connaisses la merveilleuse sensation d'être papa. En plus, je suis sûr que tu seras un gentil papa gâteau ! »

Pour ma part, j'attends toujours la femme qui me fera ce cadeau… qui nous fera ce formidable cadeau à tous les deux *afin de redonner à la vie ce qu'elle nous a donné… la vie !*

Voilà, mes amis, j'ai partagé avec vous une tranche de ma modeste existence, j'ai dû vous paraître parfois maladroit, parfois un peu moralisateur, parfois prétentieux. Veuillez me pardonner si je vous ai choqués par certains de mes propos. Sachez, par contre, que tout au long de ce livre, j'ai essayé d'être le plus honnête et le plus sincère possible. Je vous ai livré mes angoisses, mes peurs, mes doutes, mes espoirs, mes pensées, tout ce que j'ai ressenti, ce que je ressens, ce que j'aime et n'aime pas dans ce monde… dans notre vie de tous les jours.

Cette vie magique et originale que nous avons tous la chance de vivre, ne la vivez surtout pas par procuration au travers de vos idoles, qui, elles, se pavanent au soleil, les cuisses bien écartées, étalées comme des escalopes dans la presse de caniveau qu'elles financent et alimentent elles-mêmes pour vous faire rêver, pour mieux vous endormir, pour vous faire oublier quelques instants la morosité de votre vie. Non, dites non !… Vivez !… Éteignez votre téléviseur. Allez vous promener dans la campagne, dans les bois, sur les plages, autour des lacs, respirez l'air encore pur de certains de nos magnifiques espaces, observez les étoiles, contemplez le mouvement des saisons, les couleurs de l'automne, le charme des brumes matinales, écoutez le chant de nos amis les oiseaux, regardez les magnifiques yeux de nos compagnons les chats, donnez de l'amour à vos gentils et fidèles petits chiens, regardez le visage de vos enfants… de nos enfants. Tous ces cadeaux offerts en guise de bienvenue chez vous, en guise de bienvenue chez nous…

Il y avait si longtemps que j'avais envie de parler, si longtemps que j'étais muet, j'en avais marre de me taire. J'espère que vous n'en voudrez pas à un pauvre bougre, ancien buveur, de s'être pensé intelligent, de s'être pris pour un objecteur de conscience. Mais rassurez-vous, je ne suis qu'un malade alcoolique, un doux rêveur, un idéaliste.

J'espère aussi que je ne vous ai pas trop bousculés dans votre vie, dans vos petites habitudes. Je n'ai eu qu'une seule prétention avec ce manuscrit, c'est d'avoir été pour vous un petit allumeur de réverbères, rien de plus.

Vous êtes d'ailleurs, vous aussi, dans votre domaine, des petits allumeurs de réverbères. Nous avons tous le pouvoir d'être des petits allumeurs de réverbères, rien de plus, aucune autre prétention que celle d'éclairer un bout de chemin… Mais on ne sait jamais, peut-être qu'à force d'allumer des réverbères, nous, les petits allumeurs de réverbères, nous pourrons éclairer des rues, des boulevards, des cités, voire des villes entières… Pourquoi pas, on peut rêver après tout. Peut-être même que cela pourra éclairer des consciences.

La vie est pleine de petites et grandes surprises. Moi, par exemple, moi qui vous parle, j'aurais dû normalement m'éteindre à vingt-quatre ans, il y a une vingtaine d'années. Mais j'ai survécu. Si ce miracle a eu lieu, c'est que d'autres miracles sont possibles.

Il faut croire aux miracles. Il y a des miracles partout, toutes les minutes, toutes les secondes. Levez la tête au ciel, baissez-la, tournez-la à gauche, puis à droite… Vous voyez ? Des miracles partout, tout est un miracle, cette Terre, qui tourne, moi qui vous parle, tout est magique.

Pouvez-vous imaginer une seconde l'énergie nécessaire pour faire tourner une énorme boule, une masse immense, lourde de plusieurs milliards de tonnes, et cela, à plus de mille six cents kilomètres par heure sur son propre axe, la faire pivoter selon les saisons, et la propulser à plus de cent mille kilomètres par heure dans l'espace et autour d'une étoile. Cette étoile, notre Soleil – dont la masse représente plus de trois cent trente mille fois celle de notre planète –, cette énorme boule de feu en fusion thermonucléaire chauffe notre Terre de ses rayons, ni trop, pour que nous ne brûlions pas comme des barbecues, ni trop peu, pour que nous ne mourions pas dans des froids glaciaux de – 180 °C (le zéro absolu est à – 273,15 °C) comme sur certaines planètes voisines de la nôtre, telles que Jupiter, Saturne… C'est quand même une chance que le hasard, comme par hasard, ait apporté, par hasard, à cette planète autant d'éléments naturels pour en faire, par hasard, un si joli petit paradis. ***Cette planète, la planète Terre, notre mère, notre maman, qui nous aime, nous protège et nous nourrit tous ! Si ça, ce n'est pas de la magie… qu'on me dise alors ce qu'est la magie !***

Il ne faut pas se réveiller en se disant qu'est-ce que les autres peuvent faire pour moi, mais qu'est-ce que moi, je peux faire pour aider mes amis, ma famille, ma ville, mon pays, la Terre et tous ces êtres qui la peuplent et qui sont mes frères de sang, de chair et d'âme.

C'est en commençant à adopter cet état d'esprit dans ma vie que j'ai changé le cours des événements, le tracé même de ma vie qui, elle, aurait dû s'arrêter il y a vingt ans dans un banal suicide.

Si certains d'entre vous, chers amis lecteurs, ont été touchés par ce modeste ouvrage que j'ai écrit de tout mon cœur et de toute mon âme, le seul remerciement, la seule marque de reconnaissance qui me touchera réellement, et ce, jusqu'au plus profond de mon être, sera l'attitude que vous aurez avec les chiens, les chats et tous ces gentils petits êtres qui cohabitent avec nous sur notre belle planète.

Chaque fois que vous rencontrerez un de ces animaux sur votre chemin, faites-lui un petit câlin de ma part, donnez-lui à manger ou un toit pour la nuit s'il en a besoin. Cette simple marque d'affection montera directement au ciel, qui, lui, m'enverra un signal radio en plein cœur… je saurai que c'est vous qui me l'avez envoyé, et ce sera alors moi qui vous en serai reconnaissant pour la vie.

FIN

P.-S. : Pardonnez l'écriture naïve et les fautes d'inattention. Je dois vous avouer que j'ai écrit ce livre en cinq semaines, car j'avais fait le pari avec un de mes amis A.A. de sortir un petit pamphlet de quarante pages sur l'alcoolisme avant les fêtes de Noël. Mais pris dans mon élan, et excessif comme je suis, j'ai… enfin vous voyez quoi.

J'ai perdu beaucoup d'amis que j'aime par maladresse, n'oubliez pas « La confiance se gagne en gouttes et se perd en litres » Faites attention aux mots qui parfois peuvent êtres cinglants tout en vous paraissant anodins.

Une dernière chose, et après je vous laisse tranquille, « sur la tête de moi » (expression recueillie à l'arrêt d'un bus d'une banlieue parisienne).

Quand j'ai commencé l'écriture de ce livre, j'avais dit à mon ami Jean-Pierre D. : « Si une seule personne devenait sobre et veuille changer de vie grâce à ce livre, je serais payé au centuple. » Eh bien, mes amis, bonne nouvelle, c'est fait… (En effet, une édition restreinte a déjà été distribuée en Belgique.)

Il y a d'abord eu trois personnes qui ont décidé d'arrêter de s'anesthésier le cœur avec des substances et de changer de vie. La toute première s'appelle Magali M., elle habite Liège. Elle me donne régulièrement de ses nouvelles, et je la remercie de m'avoir fait partager ce bonheur. Aujourd'hui le nombre de personnes qui ont décidé de modifier leur existence, pour une vie plus saine, plus authentique, plus humaine après avoir lu ce livre a augmenté de manière exponentielle. Il y en a actuellement plusieurs centaines à Bruxelles, à Paris, à Monaco, et je l'espère encore beaucoup d'autres à venir.

Changez nos mauvaises habitudes ne dépend que de nous et peut aussi motiver notre proche entourage à le faire, si vous ne le faites pas pour vous, faites-le pour vos frères et sœurs humains… :-)

Je vous en supplie ne fermez plus les yeux sur la souffrance de nos gentils animaux de ferme et aussi de tous les autres animaux… Ils ne demandent qu'une chose, c'est de vivre et de profiter de chaque journée (comme nous). Ne leur volez pas leurs enfants pour en faire des escalopes de veau saignantes ou pas, ce sont des mamans, elles souffrent comme vous du sort de leurs petits !!!

Je suis vraiment fier d'une chose, que les israéliens ont entamés avant tout le monde, c'est la libération du premier veau L219 qui devait aller à l'abattoir pour se faire égorger (un petit bébé que sa maman a aimé et réclamé). Sauver un petit veau peut paraître ridicule, mais lui n'a surement pas trouvé cela inutile ni ridicule ! « Qui sauve une vie, sauve l'humanité »… Action qui a été suivi dans le monde entier par des milliers d'êtres humains sensibilisés par la vie et la souffrance de l'autre… Amis israéliens, merci d'avoir montrés l'exemple à suivre ! Nous sommes tous les témoins du viol et du massacre de cette merveilleuse planète, qui elle, nous a été offerte en cadeau de bienvenu.

N'OUBLIEZ JAMAIS

QUI NE DIT MOT CONSENT, QUI CONSENT EST COMPLICE, QUI EST COMPLICE EST COUPABLE...
TOUS COMPLICES, TOUS COUPABLES !

MAIS NOUS POUVONS CHANGER, C'EST EN NOTRE POUVOIR ET C'EST AUSSI NOTRE DEVOIR D'ETRES HUMAINS (AVEC, SEMBLE-T-IL, UN CŒUR ET UNE AME QUI VIBRE EN COMPASSION).

N'hésitez surtout pas à me donner vos impressions

gabriel.alexander.books@gmail.com

* Jacques BREL, né le 8 avril 1929 à Schaerbeek (Belgique), et mort le 9 octobre 1978 à Bobigny (France), était un auteur-compositeur-interprète, poète, acteur et réalisateur belge. Il commence à écrire dès l'âge de 15 ans, inspiré par la lecture de Jules Verne et de Jack London. Ses interprétations de Ne me quitte pas, Amsterdam, Les bonbons ou encore de Jef lui confèrent le statut de légende du music-hall. Artiste tourmenté, très physique, son insoumission totale lui aura aussi permis de briller en toute liberté dans des formes d'art différentes, notamment au cinéma.

PS : J'ai eu entre temps, deux beaux garçons… Le premier Gabriel, bientôt 5 ans et le deuxième Alexander 6 mois. La magie de la génétique et de l'ADN, je retrouve les points communs et les gènes de toute ma famille en eux : Mains, cheveux, yeux, rires, sourires, sensibilité… Comme disent les asiatiques quand ils voient les européens « Same same, but different »

Livre imprimé en France par Goliath Éditions
goliath-editions@gabriel-alexander.com